미국인 사용빈도 다반사

영어회화 구동사

PHRASAL VERBS

2

미국인 사용빈도 다반사 영어회화 구동사 2

지은이 김아영, Jennifer Grill
초판 1쇄 인쇄 2023년 11월 2일
초판 1쇄 발행 2023년 11월 10일

발행인 박효상　**편집장** 김현　**기획·편집** 장경희, 김효정　**디자인** 임정현
마케팅 이태호, 이전희　**관리** 김태옥

기획·편집 진행 김현　**교정·교열** 조미자
본문·표지 디자인 고희선

종이 월드페이퍼　**인쇄·제본** 예림인쇄·바인딩

출판등록 제10-1835호　**발행처** 사람in　**주소** 04034 서울시 마포구 양화로 11길 14-10 (서교동) 3F
전화 02) 338-3555(代)　**팩스** 02) 338-3545　**E-mail** saramin@netsgo.com
Website www.saramin.com

ISBN
979-11-7101-040-0 14740
978-89-6049-994-2 (세트)

우아한 지적만보, 기민한 실사구시　**사람in**

미국인 사용빈도 다반사
영어회화 구동사

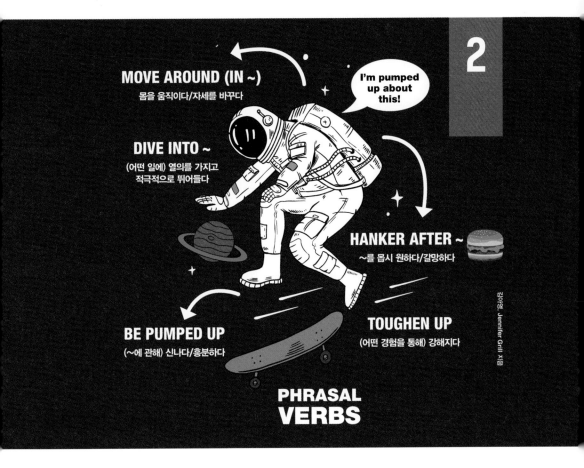

2

MOVE AROUND (IN ~)
몸을 움직이다/자세를 바꾸다

I'm pumped up about this!

DIVE INTO ~
(어떤 일에) 열의를 가지고
적극적으로 뛰어들다

HANKER AFTER ~
~를 몹시 원하다/갈망하다

BE PUMPED UP
(~에 관해) 신나다/흥분하다

TOUGHEN UP
(어떤 경험을 통해) 강해지다

글의그림, Jennifer Grill 지음

PHRASAL
VERBS

사람in

아선생은 아주 어릴 때부터 영어를 너무너무 좋아했다. 어떤 이들은 프랑스어가 세상에서 가장 아름답다고들 말하지만, 아선생에게는 영어, 특히 미국 영어 발음이 대단히 아름답게 들렸다. 그토록 영어를 사랑하고 영어 공부하는 것을 즐겼던 아선생이 학교 다닐 때 가장 하기 싫어했던 영어 공부가 있었는데, 그것이 바로 구동사(Phrasal Verbs)를 외우는 일이었다. 특히 고등학교 때는 친구들이 어렵다고 하는 고급 문법 내용들보다도 아선생에게는 구동사가 오히려 더 헷갈렸던 기억이 난다.

돌이켜보면, 아선생이 구동사 공부를 싫어했던 이유는 간단했다. 당시 구동사를 다룬 책들이 모두 비슷한 구동사를 죽 나열해 놓았을 뿐, 별 내용이 없었기 때문이다. 책에서 가르치는 내용이라고는 구동사 하나당 그 뜻과 짧은 예문 하나가 전부였다. 이를테면 이런 식이다. Get about, get across, get after, get ahead, get along, get around, get at, get away … 이렇게 get이 들어가는 모든 구동사의 의미를 전부 외우고 그다음 페이지로 넘어가면, 알파벳 순으로 바로 다음에 나오는 주요 동사인 give가 등장한다. 그리고 따분한 구동사 리스트가 또다시 나열된다. Give away, give back, give in, give off, give out… 이런 식으로 하루에 구동사를 딱 10개씩만 외우라던 영어 선생님 말씀대로 공부하던 어느 날, 진짜 토할 것만 같았다! 공부하는 게 재미가 없다는 사실보다도 더 큰 문제는 일주일치 공부한 구동사에 관한 시험을 볼 때면, 그 뜻이 헷갈려서 미쳐 버릴 것만 같았다. 그 당시 시험을 보면서 take in과 take up의 뜻이 헷갈려서 울고 싶었던 기억은 아직도 지워지지 않는다. 게다가 어찌어찌해서 점수를 잘 받고 나서도 시험이 끝나고 나면 그렇게 외웠던 구동사의 반이 머릿속에서 마법처럼 사라져 버렸다. 그때 결심했다. 내가 영어 선생님이 되면 구동사를 절대로 이런 식으로 가르치지 않겠노라고! 솔직히 한편으로는 만만하게 보였던 구동사를 그토록 헷갈리는 내가 영어 선생님이 될 수는 있을까 하는 생각에 자신감마저 잃어가던 우울한 경험이었다.

아무리 학문에는 왕도가 없다지만, 영어의 구동사를 이렇게 가르치고 공부하는 건 정말 아니다! 그런데 사람in 출판사 편집장에게 그때로부터 30년도 더 지난 지금 나오는 구동사 교재도 크게 다르지 않다는 이야기를 듣고 아선생은 무척 놀랐다. 바로 그런 이유로, 편집장은 현재 외국어 분야 베스트셀러이자 제니퍼 그릴 박사와 내가 공저한 〈미국적인 너무나 미국적인 영어회화 이디엄〉 시리즈와 같은 포맷으로 구동사 시리즈도 써 보라는 제안을 했다. 영어 회화를 연습하면서 문맥과 함께 배우는 구동사라면, 구동사를 배우고 습득할 수 있는 최고의 방법이라는 것을 학습자로서의 내 경험으로 알고 있었기에 나는 그 제안을 바로 수락했다. 그리고 이번 책이 첫 번째 책(미국인 일상 다반사 영어회화 구동사)에 이어지는 두 번째 구동사책이다.

첫 번째 책과 마찬가지로 이 책에 등장하는 모든 구동사는 미국 일상 회화에서 너무나도 빈번하게 들을 수 있는 것들로만 선정했다. 예를 들어, 미국 ESL 영어 수업 초급반에서 가르치는 내용의 구동사까지도 모두 포함했다. 게다가, 각 주제에 따른 상황별 대화 속에서 구동사를 소개하는 방식으로 진행하여, 초·중급 회화 교재로 사용하기에도 적합하게 구성했다. 그리고 미국인들이 너무도 자주 사용해서 회화 실력을 향상시키는 데 꼭 필요한 표현은 구동사가 아니지만 포함시켰다는 점을 밝힌다. 무엇보다 가장 중요한 것은, 이디엄 시리즈와 마찬가지로 이 책에 나오는 모든 대화에 미국인들의 생활과 문화를 최대한 녹여내려 했다는 점이다. 좀 더 깊은 문화의 이해를 요구하는 대화문의 경우에는 〈Culture Point〉를 통해서 따로 설명을 추가했다. 그릴 박사와 내가 공저로 작업하는 영어책들이 국내의 다른 영어 교재들과 가장 큰 차이점이 바로 이 부분이 아닐까 싶다. 그러니 이번에는 구동사를 통해서 미국의 영어와 문화를 배워 보자!

플로리다에서
공저자, 김아영

구동사는 '구'가 뒤에 붙는 동사구와 동사라는 공통점은 있지만 문법적으로 완전히 다릅니다. 많은 사람이 헷갈려하는 구동사와 동사구의 차이부터 설명합니다.

동사구와의 차이, 그리고 형태

동사구(verbal phrase)

둘 이상의 단어가 문장에서 동사 역할을 하는 것을 말합니다. 예를 들어, '에린은 자고 있었다'라는 문장에서 '에린'은 주부, '자고 있었다'는 술부에 해당합니다. 영어로 하면, Erin was sleeping.에서 was sleeping이 바로 동사구에 해당합니다. 즉, 간단히 말해 문장 전체에서 술부 역할을 하는 것으로 파악하면 됩니다.

구동사(phrasal verb)

'동사 + 전치사/동사 + 부사' 형태로 돼 있는 동사 형태를 말합니다. 전치사와 붙는 동사는 자동사(목적어 없이 자력으로 쓰이는 동사)고요, 부사와 결합하는 동사는 타동사입니다. look for, look at, take up, take in 같은 형태로 이뤄진 동사를 말하는 것이죠.

자동사 + 전치사

예를 들어 look for를 볼까요? Look은 자동사로(목적어가 필요한 타동사일 것 같지만 자동사입니다) 뒤에 전치사 for와 함께 쓰이면 '~을 찾다'가 됩니다. 뒤에 전치사 at이 오면 look at으로 '~을 보다'의 뜻이 되지요.

타동사 + 부사

Take는 타동사(목적어가 필요한 동사)로 뒤에 부사 up이 붙어서 take up이 되면 '~을 배우다, 시작하다'의 뜻이고요, 부사 in이 붙어서 take in이 되면 '~을 받아들이다'의 뜻이 됩니다. "어, 왜 in이 부사죠?"라고 놀라는 분도 계실 거예요. 사실 in은 전치사 외에 부사로도 쓰입니다. 이렇게 타동사와 함께 구동사를 이룰 때의 in은 부사로 쓰인 거예요.

구동사 학습의 목적

영어에는 동작과 상태를 나타내는 수많은 동사들이 있습니다. 영어 사전에서 거의 70%에 육박하는 단어가 동사죠. 그렇지만 그 수많은 동사 어휘를 다 알고 쓰는 건 현실적으로 불가능합니다. 회화에서 쓸 일이 거의 없는 동사도 많고요. 그 옛날 영어를 쓰던 조상들은 어떤 뜻을 나타내는 개별 동사를 일일이 아는 것보다 기본 동사라고 부르는 동사에 전치사나 부사를 붙여 새로운 의미의 동사를 만들어내기 시작했고, 그것이 지금까지 내려온 게 현재의 구동사입니다. 물론 시간이 지나면서 새로운 뜻이 더해졌고, 예전에는 쓰였지만 지금은 안 쓰이는 뜻들도 생겼지요. 즉, 원어민들이 회화에서 다양한 동사의 뜻을 나타낼 때 개별 동사 단어보다 구동사를 훨씬 많이 쓰고, 이것이 구동사를 공부하는 궁극적인 이유입니다.

구동사 학습의 효과

구동사를 공부한 효과는 다른 고급 어휘 학습에 비해서 더 빨리 확인할 수 있습니다. 왜냐하면 원어민들이 일상적인 회화문이나 설명문에서 구동사를 굉장히 많이 쓰기 때문이죠. 일상 회화가 자주 나오는 소설에서, 대화가 이야기를 이끌어가는 미드와 영화에서, 정보 전달을 목적으로 하는 유튜브 동영상에서도 자주 접할 수 있습니다. 다른 어떤 것보다 계속 반복하여 확인할 수 있다는 점이 구동사 공부의 가장 큰 매력입니다.

다른 구동사 책과의 차별성

– 미국 구어체 영어에서 가장 빈번히 쓰이는 250여 개 구동사를 25개 상황별로 선별했습니다.
– 상황별 구동사 표현이 자연스럽게 녹아들어간 구어체 회화 지문을 수록했습니다. 여기에 개별 구동사마다 풍부한 예문을 달아 여러 번 확인할 수 있게 합니다.
– 형태는 같지만 다른 뜻으로 쓰이는 구동사들은 어디에서 나왔던 구동사인지 저자가 친절하게 알려 주어 한 번 더 복습하고 넘어가게 합니다.
– 원어민에게 바로 쓸 수 있는 현실감 넘치는 예문이 풍부하고, 문법과 어휘 포인트와 필요할 때마다 학습자들이 알아두면 좋은 미국 문화 관련 포인트를 함께 제시해 어학 외적인 부분까지 커버합니다.
– 다른 책의 음원에 비해 속도가 빠른 음원을 제공합니다. 언제까지 우리를 배려해서 원어민이 천천히 말하는 걸 기대할 수는 없으니까요. 처음에는 잘 들리지 않을 수 있지만, 책을 보면서 계속 듣다 보면 그런 속도에도 익숙해집니다.

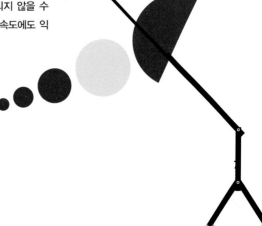

마음 내키는 곳부터 시작해도 OK! 처음부터 차근차근 하면 금상첨화!

사실, 이 책은 앞에서부터 차근차근 하면 정말 좋습니다. 하지만 페이지를 획획 넘기다 사진이 예뻐서, 혹은 어느 한 구절이 마음에 닿아서 멈췄다면 그 페이지부터 시작해도 괜찮습니다. 중요한 건 끝까지 놓치지 않고 가는 거니까요. 그러니 한 번에 너무 많이, 다 하겠다는 욕심은 버리고 다음의 순서로 학습을 진행하시길 추천합니다.

- 영어 회화 지문을 읽으면서 거기에 볼드 표시된 구동사는 어떤 뜻일까 생각하고 끝까지 읽어 주세요. 해석이 잘 안 되는 문장은 체크도 꼭 해 주세요.

- 우리말 해석을 보면서 자신이 이해한 내용과 같은지, 혹은 많이 차이 나는지 확인해 주세요. 틀리게 해석했던 부분도 꼭 짚고 넘어가야 합니다.

- Phrasal Verbs는 회화 본문에 나왔던 구동사들이 예문과 함께 제시됩니다. 개별 구동사의 영영 풀이와 우리말 뜻, 그 아래 해당 구동사가 들어간 예문들이 나옵니다. 알아두면 원어민과 대화할 때 바로 활용할 수 있는 부분들이니 그냥 넘어가지 마시고 꼭꼭 씹어서 소화시킨다는 마음으로 봐 주세요.

반드시 소리 내어 읽기!

구동사책을 고른 학습자들에게 꼭 권하고 싶은 건 소리 내어 읽기입니다. 우리 두뇌는 시각에 잘 속습니다. 눈에 익숙하니 이건 자기가 알고 있다고 생각하죠. 하지만, 실제로는 두뇌가 아는 게 아닙니다. 입 근육을 활용하고 귀를 통해 들었을 때 비로소 두뇌가 자기 것으로 만들 수 있는 것입니다. 이런 과정을 도외시하면 이 책을 눈으로 백 번 읽어도 입에서 나오지 않습니다. 발음이 유창하지 않은 건 두 번째 문제입니다. 소리 내어 읽어야 실전에 닥쳤을 때 활용할 수 있습니다.

원어민이 녹음한 음성 파일을 매일 꾸준히 듣기!

소리 내어 읽는 것만큼 중요한 것이 원어민은 실제로 어떤 속도로 말하는지 듣는 것입니다. 듣는 데서 끝나는 게 아니죠. 그 사람들이 말하는 것을 알아듣는 게 가장 중요합니다. 듣기의 목적이 결국 이것이니까요. 우리가 원어민이 아니니까 원어민처럼 빠르게 말하지 못해도 문제될 게 별로 없습니다. 그러나 빠르게 말하는 원어민의 말은 알아들어야 합니다. 이건 실제 빠른 속도의 원어민 말을 많이 듣고 빨리 말할 때의 발음 변화 등을 캐치하려는 노력 외에는 그 어떤 것도 해결책이 될 수 없습니다.

하지만 오늘은 컨디션이 좋아서 한 시간 듣고, 다음 날은 컨디션이 별로여서 하나도 안 듣는 이런 학습법은 지양해 주세요. 많이 듣는 것에는 장사가 없습니다. 한 달 정도 독하게 마음먹고 하루에 한 유닛씩 꾸준히 들으세요. 처음에는 책을 보지 않고서 듣고, 다음에는 책을 보면서 듣고, 마지막으로는 성우의 속도대로 따라 읽으려고 하면서 들으세요. 그리고 그날 듣기가 끝나면 그 전날 들었던 것을 다시 한번 책을 보지 말고 들으세요. 꾸준히 하면 분명히 청취와 말하기에서 효과를 볼 수 있습니다.

한글만 보고 영어 문장으로 말하기/단어 바꿔 응용해 보기

여러 번 읽고 들어서 자신감이 생길 때쯤 각 유닛의 한글 해석만 보고 영어를 말해 보세요. 한글 해석만 보고도 영어가 자연스럽게 나온다면 각 문장을 단어를 바꿔 응용해 보는 것도 영어가 느는 좋은 방법입니다.

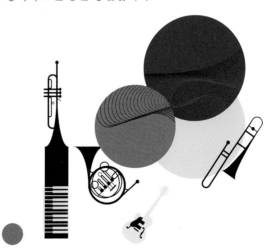

차례

LESSON 1
동작과 행동

(In a medium-sized student lounge at a university)

Victoria: (Chatting with her friend, Amy)… so in order to **get around** in Seoul, we were trying to rent a car, but…

Bonnie: Sorry for **cutting in**, but can you **scoot over** a little bit so that I can **sit down** here?

Victoria: Sure!

Bonnie: Oh, you didn't have to **stand up**.

Victoria: No, **I'm** just **taking away my backpack** to make more room for you.

Bonnie: Thanks! I **fell down** outside and needed to sit somewhere.

Victoria: Oh, I'm so sorry. When did that happen?

Bonnie: **They're cutting down some trees**, and I was startled by the loud noise. There's also a protest going on, and it's a mess out there.

Victoria: For real?

Bonnie: Yup, some environmentalists keep shouting something, insisting they should stop **cutting down those trees**. Gosh, those tree huggers should really **cut it out**.

Victoria: I agree some of them are too extreme, but I still think we should **hear them out**. I read a truly scary article about climate change by a NASA climate scientist.

Bonnie: Hey, I want to read that article. Can you please **print out one copy** for me?

Victoria: I can e-mail you the PDF version instead. That way, we can save the trees as well.

Bonnie: Just tell me the title of it, and I'll **look it up** online. I think someone's knocking on the door.

Victoria: (Looking at the door of the lounge) **Come in!** The door's open.

Bonnie: I don't think they heard you.

Victoria: Let me get the door for them first, and I'll **get back to you**.

MP3 001

영어로 말하고 싶은, 또는 못 알아들을 것 같은 예문에 체크해 보세요.

(어느 대학의 중간 정도 크기의 학생 휴게실 안에서)

빅토리아: (친구인 에이미와 수다를 떨면서)…그래서 서울에서 돌아다니려고 우리가 차를 하나 빌리려고 했지만 말이야.…

보니: 말하는 데 끼어들어서 미안. 나 여기 앉게 자리 조금만 좁혀 앉을래?

빅토리아: 그래!

보니: 어, 일어설 필요까지는 없었는데.

빅토리아: 아냐, 너 앉을 자리를 만들게 내 가방을 치우는 것뿐이야.

보니: 고마워! 밖에서 내가 넘어져서 어디 좀 앉을 자리가 필요했거든.

빅토리아: 어머, 어떡하니. 언제 넘어졌어?

보니: 사람들이 나무를 베어내고 있는데, 시끄러운 소리에 내가 놀랐거든. 게다가 시위도 벌어지고 있어서 지금 밖이 완전히 엉망이야.

빅토리아: 진짜?

보니: 응, 어떤 환경 운동가들이 뭔가를 소리치고 있거든. 그 나무들 베어내는 걸 멈춰야 한다면서. 에이, 얼간이 같은 환경운동가들은 정말이지 그만 좀 해야 해.

빅토리아: 나도 그들 중 몇몇은 지나치게 극단적이라는 데 동의하지만, 그래도 난 그 사람들이 하는 말을 다 들어 봐야 한다고 생각해. 내가 NASA의 어느 기후 과학자가 쓴 기후 변화에 관한 진짜 무서운 기사를 읽었거든.

보니: 얘, 나도 그 기사 읽어 보고 싶다. 나한테도 그 기사 출력해 줄 수 있니?

빅토리아: 대신 PDF 버전으로 이메일로 보내 줄 수 있어. 그러면 나무도 아끼고 말이야.

보니: 그냥 나한테 그 기사 제목만 알려 줘. 그럼 내가 인터넷에서 찾아볼게. 누가 문을 두드리는 것 같은데.

빅토리아: (휴게실 문 쪽을 보면서) 들어오세요! 문 열렸어요.

보니: 네 말을 못 들은 것 같아.

빅토리아: 내가 저 사람 문부터 열어 주고 나서 가르쳐 줄게.

LESSON 1 동작과 행동　　**13**

Get around

: To go to many different places

여기저기 돌아다니다

I just love **getting around** in this city.

난 이 도시 여기저기를 돌아다니는 게 그냥 참 좋아.

He **gets around** easily in his wheelchair.

그는 휠체어를 타고서 수월하게 잘 돌아다녀.

My grandma has trouble **getting around** because of her knee problem.

우리 할머니는 무릎 문제 때문에 돌아다니시는 게 힘드셔.

Cut in (on ~)

: To interrupt someone while they are speaking

(다른 사람이 말하는 도중에 자르고) 대화에 끼어들다/(남이 말하고 있는 도중에) 끼어들다

We're talking about something important, so stop **cutting in on our conversation**!

우리 지금 중요한 이야기하고 있으니까, 제발 우리 대화에 그만 끼어들어!

He's always **cutting in** when I'm talking with Katherine!

그는 내가 캐서린과 대화할 때 항상 끼어들어!

It's extremely rude to **cut in on other people's conversation**.

다른 사람들이 대화하고 있는 도중에 끼어드는 건 엄청 무례한 거야.

* 참고로, 운전 관련 문맥에서는 이 구동사가 '(운전하면서) 다른 차 앞으로 끼어들다'(to drive into a parallel lane and get in front of another car)라는 의미로 쓰입니다. (1권 Lesson 17 참조) 남이 말하는 도중에 끼어드는 거나 다른 사람이 운전하고 있는 도중에 그 차 앞으로 끼어드는 것이나 끼어드는 행위라는 점에서 똑같죠?

Scoot over

: To move along to make room for other people
몸을 조금 움직여 자리를 좁혀 앉다

Could you **scoot over** a little? I don't have enough room here.

자리를 조금만 좁혀서 앉아 주시겠어요? 제가 여기 자리가 좁아서요.

You don't have to bring more chairs here. If I **scoot over**, I can make enough room for two people.

여기 의자 더 안 가지고 오셔도 됩니다. 제가 자리를 좁혀 앉으면, 두 사람이 앉을 충분한 공간을 만들 수 있어요.

I'll **scoot over** so that both of you guys can get in the car.

너희 둘 다 차에 탈 수 있게 내가 자리를 좁혀서 앉을게.

Sit down

: To move from a standing position to a sitting position
앉다 (서 있다가 앉는 동작)

Why don't you **sit down** here?

여기 앉는 게 어때?

My legs are a little sore. May I **sit down**?

제가 다리가 좀 아파서요. 앉아도 될까요?

Welcome! Please **sit down**.

어서 오세요! 여기 앉으세요.

Stand up

: To move from a sitting position to a standing position

일어서다 (앉아 있다 일어서는 동작)

He suddenly **stood up** and yelled at the CEO.

그는 갑자기 벌떡 일어나더니 CEO에게 소리를 질렀다.

Could you **stand up** and introduce yourself, please?

일어나서 자기소개를 좀 해 주시겠습니까?

The minister will tell you when to **stand up** during the ceremony.

목사님께서 너한테 식 도중에 언제 일어나야 하는지 말씀해 주실 거야.

Take away ~ / Take ~ away

: To remove ~

~를 제거하다/치우다/ 가지고 가 버리다

The baby is holding the toy too tight, so I cannot **take it away** from him.

아기가 장난감을 너무 꼭 쥐고 있어서 내가 빼앗을 수가 없어.

Hey, don't **take it away** from me. Bring it back to me.

야, 나한테서 그거 빼앗아 가지 마. 다시 가지고 와.

I can't believe she just left without cleaning up her desk. We'll have to **take away her stuff** before the new person comes.

그 사람은 어떻게 자기 책상을 치우지도 않고 나갈 수가 있는지 난 이해가 안 되네. 신임이 오기 전에 그녀의 물건을 우리가 다 치워야 할 거야.

Let's just **take away this coffee table**. No one's using it.

우리 이 커피 테이블을 그냥 치워 버리자. 아무도 사용하지 않으니까.

Fall down

: To collapse to the ground

(땅에) 넘어지다

I stepped on a banana peel and **fell down**.

나는 바나나 껍질을 밟아서 넘어졌어.

I don't know why my kids **fall down** so easily.

난 내 아이들이 왜 그렇게 쉽게 넘어지는지를 모르겠어.

A: Oh, my God! What happened?

B: This tree **fell down** during the storm last night.

A: 어머나! 무슨 일이 있었니?
B: 어젯밤 폭풍이 치는 동안 이 나무가 쓰러졌어.

Cut down ~ / Cut ~ down

: To make ~ fall by cutting it

~를 잘라서 넘어뜨리다

You cannot **cut any trees down** here because it's illegal.

여기서는 그 어떤 나무도 못 잘라. 왜냐하면 그게 불법이거든.

Let me tell you why **cutting down trees** increases global warming.

왜 나무를 베어내는 게 지구 온난화를 가중하는지 내가 너한테 알려줄게.

The city is going to **cut down the telephone pole**.

시는 전봇대를 베어낼 겁니다.

Cut out ~ / Cut ~ out

: To stop doing ~ /To stop eating ~

~를 그만두다/~를 그만 먹다

I'm so fed up with your complaints. Could you please **cut it out**?

난 네 불평을 듣는 게 너무 지겨워. 제발 그만 좀 할래?

Why are you interfering again? **Cut it out** and mind your own business!

왜 또 참견이니? 그만하고 네 일에나 신경 써!

In order to reduce cholesterol, I decided to **cut out red meat**.

콜레스테롤 수치를 낮추기 위해서, 난 붉은 고기를 그만 먹기로 했어.

Hear out ~ /
Hear ~ out

: To listen to all that someone is trying to say

～가 하려는 이야기를 끝까지 들어주다

Hey, I understand why you're upset with him, but you should still **hear out what he has to say**.

야, 나도 네가 왜 그 사람한테 화가 났는지는 이해하지만, 그래도 그 사람이 하는 이야기는 끝까지 들어 봐야지.

Stop cutting in and **hear me out**.

그만 끼어들고 내가 하는 말을 끝까지 들어 봐.

Please **hear me out** before yelling at me!

나한테 소리 지르기 전에 제발 내 말 좀 끝까지 들어 봐!

Print out ~ /
Print ~ out

: To produce a paper copy of ~ using a printer

프린터로 ～를 출력하다

Dr. Ness accepts an electronic copy, so you don't have to **print out your paper**.

네스 박사님은 전자 문서도 받으니까, 네 논문을 프린터로 출력할 필요는 없어.

A: Excuse me, but I've filled out the form. What should I do now?

B: I'll **print it out** so that you can take it to the doctor.

A: 저기요, 제가 문서를 다 작성했거든요. 이제는 뭘 해야 하죠?
B: 환자분께서 의사 선생님께 가지고 가실 수 있게 제가 출력해 드릴게요.

If I want to **print out a document**, what should I do?

내가 서류를 하나 출력하려면, 어떻게 해야 하죠?

Look up ~ / Look ~ up

: To search for information about ~

(~에 관한 정보를) 찾아보다

When you see an unfamiliar word, try to guess what it means using context clues first instead of **looking it up** in the dictionary.

모르는 단어를 보게 되면, 그걸 사전에서 찾아보는 대신 먼저 문맥을 이용해서 무슨 뜻인지 추측해 봐.

I can **look up their business hours** on the website.

내가 웹사이트에서 영업시간을 찾아볼 수 있어.

You can **look up any employee's phone number and address** in the directory.

명부에서 어떤 직원의 전화번호와 주소라도 찾아볼 수 있습니다.

Come in

: To enter a place

어떤 장소로 들어가다

You can just **come in.** The door will be open.

그냥 들어오면 됩니다. 문이 열려 있을 겁니다.

A: (Knock knock)

B: **Come in!**

A: (똑똑)
B: 들어오세요!

(On a rainy day) Oh, my God! You're dripping wet. **Come in** quickly and dry yourself with this towel.

(비가 오는 날) 어머나! 물이 뚝뚝 떨어지잖아. 빨리 들어와서 이 수건으로 닦아.

Get back to ~

: To talk to ~ later in order to give a reply

~에게 나중에 답을 주다

A: Jen, do you think you can help me with my homework assignment?

B: Sorry, but I'm in the middle of doing something now. Can I **get back to you** later?

A: 젠, 너 나 과제하는 것 좀 도와줄 수 있겠니?
B: 미안한데, 내가 지금 뭘 좀 하는 중이거든. 좀 있다 말해도 될까?

A: Have you found the answer?

B: Let me do a little more research about it and **get back to you**.

A: 답을 찾았니?
B: 내가 그것에 대해 조금 더 찾아보고 너한테 알려줄게.

A: Excuse me, but Mr. Rubio said he would contact me by 4.

B: He's still in the meeting, but he'll **get back to you** as soon as the meeting ends.

A: 실례지만, 루비오 씨가 저한테 4시까지 연락을 주실 거라고 했거든요.
B: 루비오 씨가 아직 회의 중이시거든요. 회의 끝나자마자 연락드릴 겁니다.

G RAMMAR POINT 1

Print out ～은 '프린터로 ～를 출력하다'라는 뜻의 구동사지만, 이 두 단어를 붙여서 printout이 되면 '프린터기로 출력한 인쇄물'이라는 한 단어의 명사가 됩니다.

Can I get a printout of the file?
그 파일을 인쇄한 프린트물을 하나 받을 수 있을까요?

G RAMMAR POINT 2

Get back to ～는 누군가가 질문이나 요청을 했을 때 '당장은 다른 일 때문에 답을 못해 주지만 나중에 답을 해주겠다'(to contact ～ later and give a reply)라는 뜻입니다. 그런데 여기서 전치사 to를 at으로 바꾸면 완전히 다른 뜻이 되어, '～에게 복수하다'라는 뜻이 되니 전치사 사용에 주의하세요.

Get back at ~: To take revenge on ~ ～에게 복수하다

Why did you do something like that to her? I hope she doesn't get back at you!
너 도대체 왜 그녀한테 그런 짓을 한 거야? 그녀가 너한테 복수 안 하길 바랄게!

Don't you know why she did that to you? She got back at you for beating her brother up.
너 그녀가 너한테 왜 그랬는지 모르겠어? 네가 자기 남동생 때린 것 때문에 복수한 거야.

G RAMMAR POINT 3

Down은 '아래로'의 뜻을 가진 부사입니다. 이 부사가 동사와 결합하여 구동사가 될 때는 무언가가 위에서 아래로 움직이는 느낌이 들게 합니다.

Sit down: 앉다 (서 있다가 아래로 앉는 동작)
Lie down: 눕다 (서 있다가 아래로 눕는 동작)
Jump down: 점프해서 뛰어내리다 (높은 곳에 있다가 낮은 곳으로 뛰어내리는 동작)
Bend down: 허리나 몸을 굽히다 (바로 서 있다 몸을 아래로 굽히는 동작)
Fall down: 넘어지다 (바로 걷거나 뛰어가다 낮은 곳으로 넘어지는 동작)

비슷한 맥락에서 부사 down은 뭔가를 아래로 넘어뜨리거나 무너뜨린다는 의미를 가진 구동사에도 등장합니다.

Cut down ∼: ∼를 잘라서 넘어뜨리다
Burn down ∼: ∼를 태워서 무너뜨리다
Break down ∼: ∼를 부러뜨리거나 헐어서 무너뜨리다
Shoot down ∼: ∼를 쏘아서 아래로 떨어뜨리다/격추하다

𝒱ocabulary POINT

이 과에는 우리에게 친숙한 stand up과 sit down이 나옵니다. 그렇다면 동사 stand와 구동사 stand up의 차이는 무엇일까요? 동사 sit과 구동사 sit down의 차이는요? 동사 stand는 동작이라 기보다는 서 있는 상태를 말할 때 쓰이며, 구동사 stand up은 앉거나 누워 있다가 일어서는 움직임 (movement), 즉 동작(action)을 말합니다. 그러니 그 둘의 쓰임새는 다를 수밖에 없습니다. 마찬가지로 동사 sit은 앉아 있는 상태를, 구동사 sit down은 움직임이나 동작을 말합니다. 예문을 보며 차이점을 이해해 보세요.

I know I should **stand up** and move around if I want to lose weight, but I just want to lie on my bed and watch TV all day long.
살을 빼고 싶으면 벌떡 일어나서 움직여야 한다는 건 아는데, 그냥 종일 침대에 누워서 TV만 보고 싶어.

I've been standing in this line for two hours, but the line is still very long.
내가 여기 줄 서서 두 시간 동안 기다렸는데도 줄이 아직도 너무 길어.

Why are you guys all standing there? Please **sit down**.
왜 모두들 거기 서 계시는 겁니까? 앉으세요

Could you please, please help me clean the house instead of just **sitting** there watching TV?
거기 앉아서 TV만 보지 말고, 제발 나 집 청소하는 것 좀 도와줄래?

POP *Quiz!*

PHRASAL VERBS(구동사)에
얼마나 익숙해졌는지 체크하며
뜻이나 생각나는 영어 표현 등을 써 보세요.

Get around ☐

Cut in (on ~) ☐

Scoot over ☐

Take away ~ /Take ~ away ☐

Cut out ~ /Cut ~ out ☐

Hear out ~ /Hear ~ out ☐

Print out ~ /Print ~ out ☐

Look up ~ /Look ~ up ☐

Come in ☐

Get back to ~ ☐

Tim: Gosh, there's still a lot to do! Now I remember why I hate moving so much!

Lynn: I know, there's still so much **packing up** to do. I don't know how we're going to **fit everything into all the boxes**, but we'll manage it somehow.

Tim: Are you keeping all these teacups? I mean, they're so delicate. We'll have to **wrap them up** carefully for the movers.

Lynn: Yes, I'm keeping them. I know we don't use them often, but they were my great-grandmother's, and I just can't **part with them**. But I did **give away a lot of books**. That will definitely **cut down on the number of boxes we need**.

Tim: That's good. Books are heavy, too. Let's see, what should we tackle next?

Lynn: Hmm. I still need to **pack up some of the cabinets** in the kitchen. I think the bedroom is finished, except for the bed, so maybe you could **take that apart**. That'll make it easier for the movers.

Tim: That sounds good. The bed isn't difficult to **take apart**, and when we have it in pieces, it will be easier to move into the new house. Of course, then we have to **put it together** again!

Lynn: I know. Moving is always more work than we think it will be. You think you'll simply throw a few things in a box and be done with it, but no. Plus, we have so much stuff!

Tim: I have to say, this move is a little easier for me. I'm looking forward to moving. Ever since our best friends, Andrew and Jessie **moved away**, I've been a little sad living here.

Lynn: Yeah, me too. But now we'll be living only half an hour away from them. I'm really looking forward to being closer to them again.

Tim: Yes, and they said they'll come and help us unpack. I think being near them again will help us **settle in** more quickly.

팀: 에휴, 그래도 할 일이 많네! 이제야 내가 왜 그렇게 이사하는 걸 싫어하는지 생각이 나!

린: 맞아. 아직도 쌀 짐이 너무 많아. 이 모든 걸 상자에 어떻게 다 집어넣을 수 있을지 모르겠지만, 어떻게든 하겠지.

팀: 이 찻잔들 다 가져갈 거야? 내 말은, 그게 깨지기 너무 쉽잖아. 이삿짐 옮기는 사람들을 위해서 이 잔들을 조심스럽게 싸야 할 거야.

린: 응, 가져갈 거야. 우리가 그 잔들을 자주 안 쓰는 건 나도 아는데, 증조할머니께서 쓰시던 거라서 그냥 버릴 수가 없어. 하지만 책은 많이 없앴어. 그래서 우리한테 필요한 상자 수가 확실히 많이 줄어들 거고.

팀: 좋아. 책도 무겁지. 자, 다음에는 뭘 해야 하지?

린: 음. 아직 부엌에 있는 찬장을 챙겨야 해. 침실은 침대 빼고 다 끝난 것 같아. 그래서 당신이 침대 분해해도 돼. 그렇게 하면 이삿짐 운반하는 사람들이 옮기기 더 쉬울 거야.

팀: 좋은 생각이야. 침대는 분해하기 어렵지 않아서, 우리가 그걸 분해해 놓으면 새집에 이사 들어가기 더 쉬울 거야. 물론, 우리가 다시 조립은 해야 하지만!

린: 알지. 이사하는 건 항상 우리가 예상하는 것보다 일이 더 많아. 사람들은 그냥 상자에 물건 몇 가지 집어넣으면 다 끝나는 줄 알지만, 아니야. 게다가, 우리는 물건도 지나치게 많고!

팀: 그래도 이번 이사가 나한테는 좀 더 쉽다는 걸 인정해야겠어. 이사 가는 게 고대돼. 우리 절친인 앤드루와 제시가 이사 가고 나서부터, 난 여기 살면서 좀 슬펐거든.

린: 맞아, 나도 그랬어. 하지만 이제 그들과 고작 30분 거리에 살게 될 거잖아. 나도 다시 그들 가까이서 살게 되는 게 정말 기대돼.

팀: 응, 그리고 앤드루하고 제시가 자기네가 와서 우리 이삿짐 푸는 걸 도와준다고 했어. 다시 그들 근처에 있으면 우리가 더 빨리 정착하는데 도움이 될 것 같아.

---

tackle 힘든 문제와 씨름하다

Pack up ~ /
Pack ~ up

: To pack items into a container such as a box or bag

짐을 싸서 어딘가에 집어넣다

In some supermarkets, you have to **pack up your own items**, but in others, they have an employee who does it for you.

어떤 슈퍼마켓에서는 자기가 사는 물건을 자기가 직접 담아야 하지만, 또 어떤 곳에는 그걸 대신해 주는 직원이 있어.

Every year when we go on our summer vacation, my father carefully **packs up our car** so that we can fit as many things into it as possible.

매년 우리가 여름휴가를 갈 때면, 우리 아버지는 조심스럽게 차에 짐을 실으셔. 우리가 가능한 한 많은 것들을 차에 실을 수 있게 말이야.

I'm almost ready for our trip. I just have to finish **packing my suitcase up**.

난 여행 준비 거의 다 됐어. 여행 가방 싸는 것만 끝내면 돼.

Alex: Susie, where is the special Christmas ornament my grandmother gave us?

Susie: **It's packed up** in a box in the attic, but I can get it for you.

알렉스: 수지, 우리 할머니가 주신 특별한 크리스마스 장식이 어디에 있지?
수지: 다락방에 있는 상자 안에 다 들어 있는데, 내가 갖다 줄 수 있어.

Fit ~ into ...

: To find enough room for items in a container, or space for people

(사람들이나 물건들이) …에 다 들어가다

I have a lot of office supplies: staples, tape, pens, extra paper. I'm not sure if I can **fit it all into my desk drawer**.

난 사무용품이 많거든. 종이찍개, 테이프, 펜, 종이. 내 책상 서랍에 이게 다 들어갈지 모르겠네.

Oh, I wish this kitchen were a little bit bigger. I don't have enough room to **fit my small appliances into the cabinets**.

오, 이 부엌이 조금만 더 크면 좋겠어. 내 소형 가전제품들이 다 찬장 안에 들어갈 자리가 없거든.

I put these candles into a bag. I tried to **fit them into a box**, but I didn't have enough room.

난 이 양초들을 가방에 넣었어. 상자 안에 넣으려고 했는데 공간이 없어서.

We had 40 guests at the house for a birthday party. I didn't think we had the space, but somehow, we were able to **fit everyone into the living room** comfortably.

우리 생일 파티 때 집에 손님이 40명 왔거든. 난 우리 집에 그만한 공간이 없다고 생각했지만, 어찌 어찌해서 우리 거실에 모두가 편안하게 들어가게 할 수가 있었어.

Wrap up ~ / Wrap ~ up

: To wrap an item with a material, such as paper or cloth, for protection

(종이나 천 등으로) ~을 싸다

When he purchased some glass bottles, the shopkeeper **wrapped each one up** to keep them from breaking.

그가 유리병을 몇 개 샀을 때, 가게 주인이 깨지지 않게 하나하나 (종이 등으로) 따로 쌌어.

We made a fresh loaf of bread to take to our friends. We **wrapped it up** in a clean towel so that we wouldn't get crumbs everywhere.

우리는 친구들에게 갖다주려고 신선한 빵을 한 덩이 만들었거든. 빵 부스러기가 여기저기 있지 않게 깨끗한 타월로 빵을 쌌어.

The nurse **wrapped up the boy's injured hand** in bandages to keep it clean and dry.

간호사는 그 아이의 다친 손을 깨끗하고 마른 상태로 두기 위해 붕대로 감았다.

Part with ~

: To give up ownership or possession of ~

~를 다른 사람에게 주거나 없애다

My wife and I moved into a small apartment in the city. We had to **part with many pieces of furniture** that we loved, but we simply did not have the space.

아내와 나는 도시에 있는 작은 아파트로 이사 들어갔어. 우리는 아내와 내가 무척이나 좋아했던 많은 가구를 없애야 했는데, 그것들을 놓을 공간이 없었거든.

When my sister was a baby, she did not want to **part with her security blanket**, so my parents let her keep it until she was three.

내 여동생이 아기였을 때, 동생이 자기한테 안정감을 주는 담요를 버리고 싶어 하지를 않아 했어. 그래서 부모님은 동생이 세 살이 될 때까지 그걸 갖고 있게 하셨어.

My dad kept an old car in our garage for years. He said he would restore it one day. When he bought a new car, my mother told him to get rid of the old one, and finally, he was able to **part with it**.

우리 아빠는 오래된 차를 몇 년 동안 차고 안에 두셨거든. 아빠는 언젠가는 그 차를 복원할 거라고 말씀하셨어. 그런데 아빠가 새 차를 사자, 엄마는 아빠한테 오래된 그 차를 없애라고 하셨고, 마침내 아빠는 그 차를 없애실 수가 있었어.

Give away ~ /
Give ~ away

: To give or donate ~ to someone without asking for payment

~를 (돈을 받지 않고 그냥) 주다/ 기부하다

We have a closet full of old clothes that we never wear. I think we should **give them away** to people who could use them.

> 우리 옷장이 우리가 전혀 안 입는 오래된 옷들로 가득 차 있어. 그 옷들을 사용할 수 있는 사람들에게 기부해야 할 것 같아.

I know I could make some money on this old computer, but **I'm giving it away** to a friend of mine who could really use it.

> 이 오래된 컴퓨터를 팔면 돈을 좀 받을 수 있다는 건 알지만, 난 그걸 정말로 사용할 내 친구에게 그냥 줄 거야.

My grandparents were very generous people. They **gave away a lot of money** over the years to several local charities.

> 우리 조부모님은 인심이 매우 후하신 분들이었어. 그분들은 지난 수년간 몇몇 지역 자선 단체에 많은 돈을 기부하셨어.

Eva: Doug, should we keep this camping gear? It's still good, but we almost never go camping.

Doug: Let's **give that stuff away**. I can drop it off at the thrift store on my way to work tomorrow.

> 에바: 더그, 이 캠핑 장비 계속 가지고 있어야 하나? 지금도 괜찮긴 한데 우리가 거의 캠핑을 안 가잖아.
> 더그: 그거 그냥 기부하자. 내일 출근하는 길에 중고 물품 가게에 내가 갖다 줄 수 있어.

Cut down on ~

: To reduce ~

~를 줄이다

We're moving tomorrow, and my parents are trying to **cut down on the number of boxes**.

> 우리 내일 이사하는데, 부모님께서 상자 개수를 줄이려고 하셔.

My doctor says I should **cut down on caffeine**.

> 내 주치의가 나는 카페인을 좀 줄여야 한다고 해.

Eating at home is one of the best ways to **cut down on your expenses**.

> 집밥을 먹는 것이 지출을 줄이는 가장 좋은 방법 중 하나이다.

Take apart ~ / Take ~ apart

: To disassemble ~

~를 분해하다

Our dryer was full of lint, so I had to **take it apart** and clean everything out.

우리 건조기가 보푸라기로 가득해서 내가 그걸 분해해서 전부 깨끗이 치워야 했어.

Mark: I think I can fix this fan and get it to work again, but I'll need to **take it apart**.

Alice: Well, if you do that, just remember how you **took it apart**. Sometimes it can be hard to remember how all the pieces fit when you have to put them back together.

마크: 내가 이 선풍기 고쳐서 다시 작동하게 할 수 있을 것 같기는 한데, 이걸 분해해야 할 거야.
앨리스: 뭐, 그렇게 할 거면 어떻게 분해했는지만 기억해. 가끔은 다시 조립해야 할 때 어떻게 부품들을 다 딱 맞게 조립하는지 기억하기 힘들 수도 있거든.

Sharon wanted to move a desk upstairs, but she was alone. She decided to **take it apart** and move each piece upstairs.

섀론은 책상 하나를 위층으로 옮기고 싶었지만, 혼자 있었거든. 그래서 책상을 분해해서 분해된 부분을 하나씩 위층으로 옮기기로 했어.

It's no surprise that my brother became a mechanical engineer. When he was a kid, he **was** always **taking things apart** to see how they worked.

우리 형이 기계공학자가 된 건 놀랍지 않아. 아이였을 때, 형은 항상 그것들이 어떻게 작동하는지 보려고 이것저것 분해하곤 했거든.

Put together ~ / Put ~ together

: To assemble ~

~를 조립하다

I wish you hadn't taken my cell phone apart. It's going to be very hard to **put it back together** properly.

네가 내 휴대폰 분해 안 했으면 좋았을 텐데. 다시 제대로 조립하는 게 정말 어려울 거란 말이야.

My wife and I are renovating our kitchen. We spent the weekend **putting together Ikea kitchen cabinets**.

아내와 내가 부엌을 보수하고 있거든. 이케아 부엌용 찬장을 조립하면서 주말을 보냈어.

Our son just turned six, and we let him choose a bike for his birthday. Unfortunately, the one he wanted was not assembled, so we had to **put it together** at home.

우리 아들이 이제 막 여섯 살이 됐는데, 생일 선물로 아이에게 자전거를 하나 고르도록 했거든. 운 없게도, 아이가 원한 게 조립이 안 된 거라서 집에 와서 그걸 조립해야 했지.

Every year at Christmas, my mom makes a gingerbread house. She bakes all the pieces of the house, and then **puts them together** using icing.

매년 크리스마스 때면, 엄마는 생강빵 집을 만드셔. 집의 부분 부분을 모두 굽고서, 당의를 이용해 그걸 조립해.

Move away

: To move from one house/ place to another

이사하다/떠나다

I was so sad when my best friend **moved away** when I was 11.

난 11살 때 가장 친한 친구가 이사 갔을 때 너무 슬펐어.

Stella: Don't the Jacksons live in the house on the corner?

Luis: They did, but they **moved away** last month.

스텔라: 잭슨 씨네가 모퉁이에 있는 저 집에 살지 않아?
루이스: 살았는데, 지난달에 이사 갔어.

Before our friends **moved away**, we had dinner with them every week. Fortunately, they did not move far away, so we still see them often.

우리 친구들이 이사 가기 전에는 우리가 그들과 매주 저녁 식사를 같이했어. 다행히도, 그 친구들이 멀리 이사 가지는 않아서 여전히 자주 봐.

Settle in

: To become familiar with a new situation such as a new home, job, or school

(새집, 새 직장, 새 학교 등에) 적응하다

Jane has only been in her new job for a week, so she **hasn't** completely **settled in** yet.

제인은 새로 직장 들어간 지 일주일밖에 안 돼서, 아직 완벽히 적응한 건 아니야.

When you move to a new home, it can take months to unpack all of your things and **settle in**.

새집으로 이사 가면, 짐을 다 풀고 적응하는 데 몇 달이 걸릴 수도 있어.

After my family moved to a new city, our kids started going to a new school. My teenage son had a hard time **settling in** because he didn't know anyone. After he joined the math team, he made friends, and now he loves his new school.

우리 가족이 새로운 도시로 이사한 후, 우리 아이들이 새로운 학교에 다니기 시작했어. 10대 아들내미는 적응하는 걸 힘들어했어. 아는 사람이 아무도 없었거든. 수학 팀에 들어간 후에야, 아이가 친구를 사귀었고, 지금은 새 학교를 아주 좋아해.

We can't wait to have our friends over to see our new apartment, but we need another two weeks to **settle in** before we have people over.

하루빨리 우리 친구들이 새 아파트를 보러 오면 좋겠지만, 사람들을 초대하기 전에 2주 정도 우리가 새집에 적응할 시간이 필요하거든.

Vocabulary POINT 1

대화에서 팀과 린은 이사를 하는 중입니다. 이사하는 과정을 묘사하는 표현 중에 동사 move를 이용한 다양한 구동사가 있습니다. 어떤 경우에는 그냥 move라고만 해도 같은 말이지만, 많은 미국인이 move 뒤에 전치사나 부사를 더해 구동사로 말합니다. 그렇게 하면 그 의미가 좀 더 구체적으로 되기 때문이죠. 이런 구동사에는 move away, move out, move in(to) 등이 있는데, 예문을 보면서 익히고 넘어가세요.

Move away: To move from one house/place to another 이사하다/떠나다

My sister **moved away** last June, and I miss her all the time.
내 여동생이 지난 6월에 이사를 갔는데, 난 늘 걔가 그리워.

* 여기서 이사를 갔다는 의미로 그냥 moved만 써서 My sister moved last June, ~이라고 할 수도 있지만, away를 붙인 구동사를 사용함으로써 '멀리 이사 갔다'라는 느낌이 더해집니다.

Move out (of ~): To vacate a home or building (~에서) 이사를 나가다

Our lease ends at the end of the month, and we have to **move out of the apartment** by then.
우리 임대 계약이 이달 말이면 끝나서, 우리가 그때까지 이 아파트에서 이사 나가야 해.

My mom found a better location for her massage therapy business. **She's moving out of her old building** in another week.
우리 엄마가 마사지 치료 사업에 맞는 더 좋은 장소를 찾으셨거든. 일주일 후면 엄마가 지금까지 일하시던 건물에서 이사 나가셔.

Move in/Move into ~: To start living in a new house, apartment, or office
새로운 곳에 이사 들어가서 살기 시작하다

* Move in과 move into ~는 같은 의미의 구동사지만, move in은 목적어 없이 쓰고, move into ~뒤에는 목적어를 써야 한다는 차이점이 있습니다.

We have closed on our first home! We **move in** next Saturday.

We have closed on our first home! We **move into** it next Saturday.
우리가 우리 첫 번째 집을 샀어! 다음 주 토요일에 거기로 이사 들어가.

Luisa: Wow! Your new apartment sounds awesome! When do you **move in**?
Mike: Soon. Some of the rooms are being painted, so I can't **move in** until that work is completed.
루이사: 우왜! (들어 보니) 네 새 아파트 멋진 것 같대! 언제 이사 들어가니?
마이크: 곧. 방 몇 개가 아직 페인트칠 중이라서 그 작업이 다 끝나기 전까지는 이사 못 들어가.

My colleagues and I are super excited about **moving into our new office building** this summer. The building has a gym and a great coffee shop.
내 동료들과 나는 올여름에 우리의 새 사무실 빌딩으로 이사 들어가는 것에 아주 들떠 있어. 그 빌딩에 헬스클럽과 멋진 커피숍이 있거든.

Vocabulary POINT 2

이사하는 과정에서 미국인들이 가장 흔히 사용하는 구동사 두 개가 part with ~와 give away ~입니다. 이 둘과 비슷한 의미의 구동사로 get rid of ~도 있습니다. 이 세 가지 구동사는 모두 동의어로 볼 수도 있지만, 서로 살짝 다른 의미를 내포합니다. 이를테면, get rid of는 나머지 구동사와 달리, 없애려는 물건이 너무 오래됐거나 망가졌을 때 주로 사용합니다. 즉, 없애려는 물건에 부정적인 어감이 담긴 표현입니다. 다음 예문을 보면서 이들 구동사 하나하나가 함축하는 의미와 그에 따라 살짝 달라지는 뉘앙스를 확인해 보세요.

I need to **part with these old shoes**. (= I really liked these shoes and am sorry to discard them.)
아쉽지만, 이 오래된 구두는 없애야겠어.

I need to **give away these old shoes**. (= I don't need these shoes anymore, but they are still usable, and I should donate them, or give them to a friend.)
이 오래된 구두는 기부해야겠네.

I need to **get rid of these old shoes**. (= I don't need these shoes anymore, possibly because they are old or damaged, and I need to throw them away).
이 오래된 구두는 버려야겠네.

이제 이 세 구동사의 미묘한 차이를 이해했나요? 그럼 get rid of가 들어간 예문을 좀 더 보면서 확실하게 하고 넘어가세요.

Oh, that bathing suit is really old. I think you should **get rid of it** and buy a new one.
에이, 그 수영복은 너무 오래됐다. 그건 버리고 네가 새 걸 하나 사야 할 것 같은데.

This bug spray uses harsh chemicals. I think you should **get rid of it** and find something less toxic.
이 살충제는 독한 화학물질을 사용해요. 그걸 없애고 독성이 덜한 다른 살충제를 구하셔야 할 것 같습니다.

Culture POINT

미국인들은 다른 나라 사람들보다 이사를 더 자주 하는 편입니다. 미국 인구 조사국 (The US Census Bureau)에 따르면, 미국인들은 평균적으로 평생 11번 이사를 한다고 합니다. 미국인들은 왜 그렇게 이사를 많이 할까요?

가장 큰 이유는 직장 때문입니다. 요즘은 많은 회사가 재택근무를 허락하면서 이런 추세가 서서히 바뀌고 있는 것 같긴 합니다. 부동산 시장 상황 또한 미국인들의 이사 여부에 영향을 줍니다. 집값이 올라가고 모기지론 이자율이 높을 때는 이사를 잘 안 합니다. 반면, 집값이 내려가고 모기지론 이자율이 낮을 때는 많은 미국인이 더 큰 집을 사서 이사하려고 합니다. 적지 않은 미국인들이 가족과 가까이 있으려고 직장을 옮기고 이사를 하기도 하지요. 그래서 미국에서는 노년의 가족을 돌보기 위해 가족 근처로 이사하는 일이 흔합니다. 또 은퇴 후에는 오랫동안 살던 집을 팔고 먼 곳으로 이사 가는 미국인들도 많습니다. 그런 경우, 보통 따뜻한 기후인 곳으로 이사하는데, 기후가 따뜻한 플로리다주에 은퇴한 노인들이 많이 삽니다. 미국이 워낙 큰 나라다 보니, 한 나라 안에 여러 개의 기후대가 존재해서 그런 것 같습니다.

그런데 또 어떤 미국인들은 평생을 같은 도시에서 살면서, 그 도시 안에서만 여러 번 이사한다는 점입니다. 예를 들어, 플로리다 주립대가 있는 탈라하시에는 자란 곳이 여기인데도 대학에 들어가면서 부모님 집을 나와 아파트를 얻어서 친구들과 함께 사는 학생들이 아주 많습니다. 만 18세가 넘으면 부모에게서 독립하려는 미국인들의 독립적인 성향에서 비롯된 문화인 것 같습니다. 이런 사람들은 결혼하면서 배우자와 함께 또 다른 아파트로 이사합니다. 그러다 아이가 생기거나 하면 뜰이 있는 작은 집을 사고, 아이들이 크거나 형편이 더 좋아지면 조금씩 더 큰 집으로 옮겨갑니다. 사실 평생을 같은 도시에 살더라도 삶에서 일어나는 이런저런 변화에 따라 이렇게 여러 번 이사하게 되는 것은 어찌 보면 자연스러운 일이 아닐까 싶습니다.

마지막으로, 미국에는 더 나은 기회를 찾아서 새로운 곳으로 떠나는 걸 독려하는 문화가 있습니다. 그래서 많은 미국인이 가족을 중시하고 자기 고향에 자부심을 느끼는 것과는 별개로, 또 언제든 새로운 기회를 찾아 새로운 곳으로 기꺼이 떠날 수 있다는 마음가짐도 갖고 있는 것 같습니다.

POP *Quiz!*

PHRASAL VERBS (구동사)에
얼마나 익숙해졌는지 체크하며
뜻이나 생각나는 영어 표현 등을 써 보세요.

Pack up ~ /Pack ~ up ☐

Fit ~ into … ☐

Wrap up ~ /Wrap ~ up ☐

Part with ~ ☐

Give away ~ /Give ~ away ☐

Cut down on ~ ☐

Take apart ~ /Take ~ apart ☐

Put together ~ /Put ~ together ☐

Move away ☐

Settle in ☐

LESSON 3
미장원

Nora: I'm so glad to have this appointment with you! I wanted to come in sooner, but I came down with a cold two weeks ago, so I wanted to wait until I **had gotten over it**.

Hairdresser: Thanks, I appreciate that! So, what can I do for you?

Nora: Well, a couple months ago, I had my hair styled at a different salon and, to be honest, the stylist **messed up my hair**. The color **dried out my hair** and made it really brittle, and the style didn't **work for my face** at all.

Hairdresser: It looks like **you've grown out your hair**. Most of this is your natural color, right?

Nora: Yes, I **grew it out** so that I could have a fresh start with healthy hair.

Hairdresser: Hmm. The shape of your face would work well with a pixie cut. Have you ever considered doing that?

Nora: Those are cute, but I don't know if I could **get away with that**. It's a lot shorter than I'm used to.

Hairdresser: We could go longer, not as short as a pixie, maybe something chin-length, or a bit longer? This kind of cut **shows off your neck**, and depending on how we style it, it can **show off your eyes** too.

Nora: That sounds good. If I get braver, I might go super short with a pixie in a few months. What can you do for the color?

Hairdresser: I can easily **fix up the color** for you. Your natural color is really nice, but we can add some highlights to soften the look. Maybe a reddish blonde?

Nora: Oh yes, that's a great idea! I'm so glad that I came to you!

Hairdresser: Me too! Let's **get down to it**! You can sit here and relax for a few minutes. I have some magazines you can **flip through** if you want, and while you do that, I'll go **mix up the color**.

노라: 미용사님과 예약을 잡게 돼서 정말 기쁘네요! 더 일찍 오고 싶었지만, 2주 전 감기에 걸렸거든요. 그래서 감기가 다 나을 때까지 기다려야 했어요.

미용사: 고맙습니다. 감사하게 생각해요! 그럼, 머리를 어떻게 해드릴까요?

노라: 글쎄, 두 달 전에 제가 다른 미용실에서 머리를 했는데, 솔직히, 그 미용사분이 제 머리를 망쳐 놨어요. 그 염색약이 제 머리카락을 굉장히 건조하게 하고, 부서지기 쉬운 모발로 만들었거든요. 게다가, 그 스타일이 제 얼굴에 전혀 어울리지도 않았고요.

미용사: 손님께서 머리를 기르신 것 같아요. 이 머리색 대부분이 고객님 원래 머리색이네요, 그렇죠?

노라: 네, 제가 건강한 모발로 머리를 완전히 다시 해보려고 머리를 길렀어요.

미용사: 음. 고객님 얼굴형에는 픽시 컷(여기저기 층을 낸 아주 짧은 헤어스타일의 일종) 스타일이 잘 어울릴 것 같은데요. 그런 스타일을 해 보실 생각은 없으세요?

노라: 귀여운 스타일이긴 하지만, 저한테 그 머리가 어울릴지는 모르겠어요. 제가 늘 하는 머리보다 훨씬 더 짧거든요.

미용사: 더 길게 할 수도 있어요. 픽시 스타일처럼 짧지 않게요, 아마 턱선까지 나 아니면 조금 더 길게? 이런 스타일의 커트는 고객님의 목을 드러내죠. 스타일을 어떻게 하느냐에 따라서 고객님 눈을 돋보이게 할 수도 있고요.

노라: 그거 좋네요. 제가 좀 더 용감해진다면, 몇 달 후에는 픽시 스타일로 아주 짧게 해 볼 수도 있을 거예요. 머리색은 어떻게 할 수 있을까요?

미용사: 제가 머리색은 쉽게 바꿔드릴 수 있습니다. 고객님 원래 머리색이 굉장히 좋지만, 부드럽게 보이도록 부분 염색을 할 수도 있어요. 붉은 톤의 금발은 어떨까요?

노라: 아, 좋아요, 정말 좋은 생각이에요! 미용사님께 오길 정말 잘했어요!

미용사: 저도 기쁩니다! 이제 시작할까요! 여기 앉으셔서 몇 분 동안 편안하게 계세요. 원하시면 고객님이 훑어보실 잡지를 몇 권 갖다 드릴 수 있습니다. 잡지 보시는 동안, 저는 염색약을 섞어서 만들겠습니다.

---

brittle 잘 부러지는

Get over ~

: To recover from illness

(병에 걸렸거나 아픈 상태에 있다가) ～에서 회복하다

Some people are getting long-Covid. They don't **get over the symptoms** for months.

어떤 사람들은 만성 코로나에 걸립니다. 코로나 증상이 몇 달 동안 계속되며 회복되지 않습니다.

I got poison ivy last summer, and it took a month to **get over it**.

난 지난여름에 옻나무 옻이 올랐거든. 그게 완전히 낫는 데 한 달이 걸렸어.

Bert had a mild cold. He **got over it** easily and felt better within three days.

버트가 가벼운 감기에 걸렸어. 금방 나았고 3일 내에 컨디션이 좋아졌어.

* 이 구동사는 '(힘든 일을) 극복하다/(불행을) 잊다/(이별한 연인을) 잊다'(to recover from a difficult and bad experience/to stop being bothered by ～)의 의미도 있습니다. (1권 Lesson 13 참조)

40

Mess up ~ /
Mess ~ up

: To mishandle a situation or
leave a situation untidy

**(어떤 문제나 상황을) 잘못 처리하다,
엉망으로 해 놓다**

He had spent two hours cleaning
up the living room. Within five
minutes the children **messed it
all up**.

그 사람이 거실을 다 청소하는 데 두 시간이
걸렸거든. 그런데 5분도 안 돼서 아이들이 거실을
완전 엉망으로 만들어 버렸지 뭐야.

Jan **messed up the dinner
reservation**. She said we needed
a table for four, but we needed a
table for 14. Now we're going to
have to wait a while for a table.

잰이 저녁 식사 예약을 잘못했어. 잰이 우리가
4인용 자리가 필요하다고 했다는데, 우린 14인용
자리가 필요했거든. 지금은 테이블이 나올 때까지
좀 기다려야 할 거야.

* Mess up은 목적어 없이 자동사로도 쓸 수
있습니다. 의미는 똑같습니다.

Carla: Hey, Matt, where is that file
from yesterday?

Matt: Oh, I shredded it.

Carla: What?! That was an important
file!

Matt: Oops! Sorry, I think I **messed
up**.

칼라: 얘, 매트, 어제 그 파일 어디 있니?
매트: 어, 내가 그거 파쇄했는데.
칼라: 뭐라고?! 그건 중요한 파일이었어!
매트: 어쩌지! 미안, 내가 잘못한 것 같네.

Dry out ~ / Dry ~ out

: To make ~ become too dry

~을 지나치게 건조하게 만들다

I feel like the chemical the hairdresser used **dried out my hair**.

그 미용사가 사용한 화학 제품이 내 머리카락을 지나치게 건조하게 만든 것 같아.

This is one of the best face exfoliators, but it could **dry your skin out**, so try not to use it more than once a week.

이게 최고의 얼굴 각질 제거제이지만, 피부를 지나치게 건조하게 만들 수도 있어서 일주일에 한 번 이상은 쓰지 않도록 하세요.

* 참고로, dry out은 목적어 없이 자동사로 쓰일 수도 있는데, 그때는 '지나치게 건조하게 되다' (to become very dry)라는 뜻이 됩니다.

I don't know why my indoor plants **dry out** so fast.

난 왜 우리 집 실내 식물들이 그렇게 빨리 말라 죽는지 모르겠어.

When we came back from the summer vacation, the grass **was drying out**.

우리가 여름휴가에서 돌아왔을 때, 우리 집 잔디가 말라 죽어가고 있었어.

Work for ~

: To be suitable for someone or something

(~에) 잘 맞다/(어떤 사람에게) 잘 맞다

That color really doesn't **work for you**. Try this light blue; it will match your eyes.

저 색은 너한테 정말 안 어울려. 이 연한 파란색으로 입어 봐. 네 눈과 어울릴 거야.

I love relaxed jeans. They **work well for my height and my figure**.

난 (꽉 끼지 않고) 헐렁한 청바지가 좋아. 그게 내 키와 몸매에 잘 어울리거든.

Thad: Mindy, if you can finish cooking dinner, I can clean up and take the garbage out.

Mindy: That **works for me**, Thad! Thanks!

타드: 민디, 네가 저녁 만드는 걸 끝낼 수 있으면, 내가 청소하고 쓰레기 갖다 버릴 수 있어.
민디: 그럼 난 좋지, 타드! 고마워!

Jan had to try several office chairs before she found one that **worked for her**.

잰은 자신에게 맞는 의자를 찾기 위해 여러 개 사무용 의자에 앉아 봐야 했다.

Grow out ~ /
Grow ~ out

: To grow hair or nails to a
longer length
(머리카락이나 손톱 등을) 기르다

Alexa wanted to get a manicure,
but her nails were so short that she
needed to **grow them out** for
two weeks before she could get
one.

알렉사는 매니큐어를 바르고 싶었지만, 손톱이
너무 짧아서 매니큐어를 바르기 전에 2주 정도
손톱을 길러야 했다.

During the pandemic, my husband
grew out his beard. It was
interesting, but it made him look
15 years older.

팬데믹 동안, 우리 남편이 턱수염을 길렀어. 재밌긴
했지만, 턱수염이 있으니까 남편이 15년은 더
나이 들어 보이게 하더라고.

Sara has had short hair for a long
time. She was ready for a change
and **grew her hair out** for a
year.

사라는 오랫동안 짧은 머리를 했거든. 그녀는 변화를
줘도 되겠다 싶어서 1년 동안 머리를 길렀어.

* **Grow out** 역시 목적어 없이 자동사로 쓸 수도
있습니다.

I keep my dog's hair short, but in the
winter, I let it **grow out longer**.

난 우리 강아지 털을 보통 짧게 유지하지만,
겨울에는 털이 길게 자라도록 놔둬.

Get away with ~

: To do something without experiencing any problems although it's not the best way of doing it

최고의 방법은 아니지만 ~를 별문제 없이 해내다

My teenage daughter can wear short skirts and tight dresses, but at my age, I couldn't **get away with those clothes**.

십 대인 내 딸은 짧은 치마와 딱 붙는 드레스를 입을 수 있지만, 내 나이에는 그런 옷을 입어 내기가 쉽지 않아.

Lynn: How do you think this cake looks? The icing isn't perfect, but I think it looks okay.

Eric: Yeah, it's not perfect, but I think you can **get away with it**. No one will notice the imperfections.

린: 이 케이크 어때 보이는 것 같아? 아이싱(케이크 장식용 당의)이 완벽하지는 않지만, 괜찮아 보이는 것 같은데.
에릭: 그래, 완벽하지는 않지만 별문제 없을 것 같아. 아무도 그 결함을 눈치채지 못할 거야.

Young people can eat and drink what they want without gaining much weight. I wish I could **get away with that**!

젊은 사람들은 살이 많이 찌지 않고도 자기들이 원하는 걸 먹고 마실 수가 있잖아. 나도 문제없이 그렇게 할 수 있으면 좋겠는데.

* Lesson 16의 범죄와 관련된 문맥에서는 get away with ~가 '~으로 벌이나 비판을 받지 않다'(to not be punished/criticized for ~) 라는 의미로 쓰인다고 공부하니, 참고하세요.

Show off ~ /
Show ~ off

: To showcase or highlight ~

~를 자랑하다/으스대다/드러내다

He has long, shiny hair, and he
shows it off by wearing it down.

그는 머리카락이 길고 윤기가 나는데, 머리를 풀고
다니면서 그걸 드러내.

She asked him to dance so he
could **show off his great
dancing skills**.

그녀는 그의 훌륭한 춤 솜씨를 자랑할 수 있게
그에게 춤을 춰 보라고 했다.

She wore several bracelets to
show off her slender wrists.

그녀는 가느다란 자기 손목을 과시하려고 팔찌를
여러 개 찼다.

That style of music **shows off
her vocal range**.

저런 스타일의 음악이 그녀의 음역을 잘 보여준다.

Fix up ~ /
Fix ~ up

: To repair or improve ~

~를 수리하다/더 좋아지게 하다

We **fixed up the old car** and
were able to drive it again.

우리는 오래된 차를 수리했고, 그 차를 다시 몰 수
있었다.

Mark **fixed up the bedroom** so
that it would be comfortable for
his guests.

마크는 손님이 오면 편안하게 머무를 수 있도록
침실을 수리했다.

My brother and his wife bought an
old house and **fixed it up**. It looks
great now!

내 동생과 제수씨가 오래된 집을 사서 수리했거든.
이제는 그 집이 근사해 보여!

Get down to ~

: To start ~ by giving it attention

무언가에 착수하다/어떤 일을 시작하다

The manager started the meeting by saying, "Now that everyone is here, we can **get down to work**."

매니저는 "이제 다 왔으니, 일을 시작할 수 있겠네요."라고 하면서 회의를 시작했다.

Reese: Do we have all the painting supplies?

Brian: Yup. We should be able to finish this room today.

Reese: Okay, let's **get down to it**.

리즈: 우리한테 페인트칠하는 데 필요한 용품이 다 있어?
브라이언: 응. 오늘 이 방을 다 끝낼 수 있을 거야.
리즈: 좋아, 그럼 시작하자.

Financial advisor: So, we've got all of your financial information. Are you ready to set up a plan for retirement?

Melinda: Yes, I am!

Financial advisor: Great! Let's **get down to it**. Let's plan your investments.

재정 자문가: 자, 저희에게 고객님 재정 상태에 관한 정보가 다 있습니다. 은퇴 대비 계획을 짤 준비가 되셨습니까?
멜린다: 네, 됐습니다!
재정 자문가: 좋습니다! 그럼 시작하지요. 투자처부터 짜 보겠습니다.

Hey, guys, you need to **get down to work** with this project. We need to make some progress today because the deadline is tomorrow.

자, 여러분. 이 프로젝트에 관련된 일을 착수해야 합니다. 마감일이 내일이라서 우리가 오늘 진척시켜 놔야 해요.

Flip through ~

: To turn the pages of a written document quickly

책장을 빨리 넘기며 ~를 훑어보다

Milton **flipped through the dictionary** to find the word he needed.

밀턴은 자신에게 필요한 단어를 찾기 위해 사전의 책장을 빨리 넘기며 훑어보았다.

I **flipped through the novel** to see how long the chapters were.

나는 챕터들이 얼마나 긴지 보려고 그 소설의 책장을 휙휙 넘기면서 훑어봤다.

My dad loves **flipping through cookbooks** to find new recipes.

우리 아빠는 요리책을 휙휙 훑어보면서 새 레시피를 찾는 걸 좋아하셔.

Darren **flipped through the brochure** until he found the page with the hotel information on it.

대런은 그 호텔 관련 정보가 있는 페이지를 찾을 때까지 광고 책자를 재빨리 넘기며 훑어봤다.

Mix up ~ / Mix ~ up

: To mix ingredients together

재료를 함께 넣어 섞다

With this cookie recipe, you need to **mix up the batter** first and then let it sit in the fridge to chill.

이 쿠키 조리법에 따르면, 먼저 반죽을 섞어야 하고, 그런 다음 그게 차게 식도록 냉장고에 둬야 해.

He **mixed up the fruit juices and the rum**, and then served us a delicious cocktail.

그는 과일 주스 몇 가지와 럼을 섞어서 우리에게 맛있는 칵테일을 대접했어.

The painter **mixed up several shades of blue** until he achieved the right color.

그 화가는 자신이 원하는 색이 될 때까지 여러 색조의 파란색을 섞었다.

$\mathscr{V}$ocabulary POINT 1

Mix up은 '(여러 가지 재료나 성분 등을) 함께 섞는다'의 의미로 쓰입니다.

I was supposed to put the sugar in one bowl and the salt in the other, but I accidentally **mixed them up**.
난 한 그릇에는 설탕을, 다른 그릇에는 소금을 넣어야 했지만, 실수로 그 둘을 섞어 버리고 말았다.

그런데 mix up은 다음과 같이 '(두 가지 이상의) 무언가가 헷갈리거나 혼동되다'라는 의미로도 쓰입니다.

Stan apologized for getting the address **mixed up**. He thought it was 22 Green Street, but it was 24 Green Street.
스탠은 주소를 혼동한 것에 사과했다. 그는 주소가 22 Green Street라고 생각했지만, 24 Green Street였다.

생활 영어에서 mix up은 be나 get을 이용한 수동태 문장이나, 또는 꼭 수동태 문장이 아니더라도 수동의 의미로 쓰이는 경우가 많습니다.

The photos fell out of the album and **got mixed up**.
사진들이 앨범에서 다 떨어져 나와서 섞여 버렸다.

Oh, no! I put the wrong name tags on the gifts; **I've gotten them all mixed up** and don't know who receives which gift now.
어쩌지! 내가 선물에다가 이름표를 잘못 붙였어. 내가 그것들을 모두 섞어 버려서, 이제 누가 어떤 선물을 받게 되는지 모르겠어.

I always **get the twins mixed up**.
나는 언제나 그 쌍둥이가 누가 누군지 헷갈려.

ocabulary POINT 2

미국에도 여성용 미용실(salon)과 남성용 이발소(barbershop)가 있습니다. 물론, 미용실에서 머리를 자르는 남성들도 있지만, 대체적인 경향이 그렇습니다. 미용실에서 일하는 사람을 hairdresser 또는 stylist라고 부르며, 이발소에서 일하는 사람은 barber라고 부릅니다. 한국에서는 종종 '헤어 디자이너'라는 표현을 쓰지만, 사실 이는 콩글리시로, 영어에는 'hair designer'라는 말이 없습니다.

대화 속 미용사는 노라에게 픽시 커트(pixie cut)를 해 보라고 권합니다. 픽시 컷은 여성들이 하는 아주 짧은 헤어스타일의 일종입니다. 이 픽시(pixie)는 신화 속 요정 이름이고요. 그 밖에도 보브 단발머리(bob cut/bob hair)라고 하는 스타일도 있는데, 주로 여성들이 하는 단발머리의 일종으로 머리카락이 턱선까지 오는 스타일을 말합니다.

머리를 자르러 가서 사용할 수 있는 표현들은 다음과 같습니다.

I need a (hair)cut. 머리를 자르고 싶습니다.
I need a (little) trim. 머리를 (조금) 다듬고 싶습니다.
* Trim이란 머리 길이는 그대로 둔 채로 층을 약간 내거나 다듬는다는 말입니다.
I'd like to get a perm. 파마하고 싶습니다.

A little off the top: 윗부분의 머리카락만 조금 자르다

When my dad gets his hair trimmed, he always asks for **a little off the top**.
우리 아빠는 머리를 다듬으실 때는 언제나 윗부분만 조금 잘라 달라고 하셔.

Make the sides and back shorter: 옆머리와 뒷머리를 더 짧게 자르다

Steve: I just want my hair cleaned up. Can you **make the sides and back shorter**?
Hairdresser: Sure thing. How short do you want it?
스티브: 그냥 머리를 깔끔하게 정리하고 싶거든요. 옆머리와 뒷머리를 더 짧게 잘라 주실 수 있나요?
미용사: 그럼요, 얼마나 짧게 자르기를 원하세요?

Bangs: 짧게 자른 앞머리

I had **bangs** for years, but now I'm growing them out so that my hair is all one length.
난 앞머리가 몇 년 동안 있었지만, 지금은 내 머리 길이가 다 같아지게 앞머리를 기르고 있어.

Updo: 올림머리

I'd like **updo** for my sister's wedding.
동생 결혼식에 갈 건데 올림머리로 해주세요.

All over color: 전체 염색

Susan's hair was going gray, so she decided to do **all over color** and cover up the gray.
수잔은 계속 흰머리가 나서, 그 흰머리를 감추려고 전체 염색을 하기로 했다.

Get highlights: (밝은색으로) 부분 염색을 하다

In the summertime, I usually **get blonde highlights**.
여름에는 난 보통 금발로 부분 염색을 해.

Get lowlights: (어두운색으로) 부분 염색을 하다

I usually get blonde highlights, but my stylist suggested **some caramel-colored lowlights** to create some contrast with the lighter blonde.
난 보통 금발로 밝게 부분 염색을 하지만, 미용사가 밝은 금발색과 대조를 이루게 캐러멜 색상으로 어두운 부분 염색을 해 보라고 제안했어.

미용사들이 사용하는 도구들은 다음과 같습니다.
(A pair of) Scissors: 가위
A trimmer: 머리를 다듬을 때 사용하는 전동식 기계/바리캉(bariquant)
＊ 참고로, 한국에서 흔히 사용하는 '바리깡'은 비표준어입니다.
A razor: 면도용 칼
Curling iron: 고데기 (열로 머리카락을 데워서 머리 모양을 내는 기구)
Rollers: 머리를 마는 기구

머리를 다 자른 후에는 미용사들이 보통 드라이기로 머리를 말리는데, 이를 blow dry라고 합니다. 이 단어는 명사로도, 동사로도 쓰입니다.

동사
I'll wash and **blow dry** your hair first.
먼저 고객님 머리를 감은 후 드라이기로 말려드리겠습니다.

I **blow-dried** my hair at home.
집에서 드라이기로 내 머리를 말렸어.

명사
Can I get **a blow-dry** after the haircut?
머리 자른 후에 드라이기로 말려 주실 수 있나요?

머리를 다 말린 후에 스타일링을 위해서 사용하는 제품에는 mousse(무스), gel(젤), wax(왁스), oil(오일), cream(크림), hairspray(스프레이) 등이 있습니다.

Culture POINT

미용업계와 관련한 미국만의 독특한 문화로는, 미국에는 braids(땋은 머리), locs/dreadlocks(두피에서부터 여러 가닥으로 꼰 머리로 우리나라에는 '레게 머리'로 알려져 있습니다), twists(비틀어 꼰 머리) 등에 특화된 미용사가 있다는 점입니다. 이런 머리는 주로 강한 곱슬머리를 가진 아프리카계

미국 여성들이 하는 스타일입니다. 그래서 이런 머리 스타일을 하려면 땋는 머리만 전문으로 하는 미용실인 braiding salon에 가야 합니다. 일반 미용실에서는 못하는 머리이기 때문이죠. 드물지만 땋는 머리를 해 주는 일반 미용실이 있기는 한데, 그런 곳에서도 머리 땋는 것만 전문으로 하는 미용사가 따로 있습니다. 이들을 braid stylist 또는 hair braider라고 부릅니다.

LESSON 4
술과 음악이 있는 파티

Tina: Hey, Luke, **are** you **pumped up** about karaoke night tonight?

Luke: You know I am, Tina! **I'm looking forward to chilling out with you and Susan and Larry**. It's always a good time with you guys.

Tina: Remember last time when Susan got hammered and sang "Proud Mary"? What a night!

Luke: That was a night to remember! She really **belted it out**, too. She's normally such a quiet person, but tequila can change all of that. Fortunately, she **sobered up** by the end of that night.

Tina: (Laughing) Well, **I'm looking forward to knocking back a few drinks** tonight and singing one or two songs, but I don't think I can match Susan's performance.

Luke: Yes, even when she's had too much to drink, **Susan's** still **in tune** with the music. It shows how good her singing skills are, unlike Larry.

Tina: Oh, my goodness. Bless his heart, Larry **is** always **out of tune** when he sings.

Luke: But you know, it's just all fun. We can all **sing along with Larry** and help him sound better!

Tina: It is fun, and that's why we do it. And poor Larry needs all the help he can get in the singing department! See you later tonight, Luke!

티나: 이봐, 루크, 오늘 밤에 있을 가라오케 밤 때문에 신나?

루크: 그렇다는 거 너도 알면서, 티나! 너하고 수잔, 그리고 래리와 함께 편안하게 시간 보내는 걸 학수고대하고 있어. 너희랑 함께하는 시간은 언제나 즐겁거든.

티나: 지난번에 수잔이 완전히 취해서 "Proud Mary" 노래 불렀던 것 기억나? 기가 막힌 밤이었어!

루크: 그거야말로 기억할 만한 밤이었지! 게다가 수잔이 정말 큰 소리로 그 노래를 불렀잖아. 평소에는 그렇게도 조용한 사람인데, 테킬라가 그 모든 걸 바꿔 놓을 수 있다니. 다행히도, 그날 밤 끝날 무렵에는 수잔도 술이 깼어.

티나: (웃으면서) 글쎄, 난 오늘 밤 술을 몇 잔 마시고 노래 한두 곡 부르는 건 기대하고 있지만, 내가 수잔의 노래 실력을 따라가지는 못할 것 같아.

루크: 맞아. 술을 엄청 많이 마셨을 때도 수잔은 여전히 음정에 맞게 노래를 하잖아. 그거 보면, 래리하고 다르게 그녀의 노래 실력이 얼마나 괜찮은 거야.

티나: 에휴. 래리가 좀 안 됐지만, 래리는 노래할 때 항상 음정이 안 맞아.

루크: 그렇지만 말이야, 그런 게 다 재밌잖아. 우리가 다 래리와 함께 노래 부르면서 걔 노랫소리가 좀 더 좋게 들릴 수 있게 도울 수도 있고!

티나: 그게 재밌기야 하지. 사실 그래서 우리가 그렇게 하는 거고. 가엾은 래리는 노래 부분에서는 모든 도움이 필요하지! 오늘 밤에 보자, 루크!

---

get hammered 진탕 마시다, 고주망태가 되다

Pump up ~ / Pump ~ up

: To make ~ excited (about ~)

(～에 관해) 누군가를 흥분하게 하다/ 바람을 넣다

Mr. James is trying to **pump up his students** about the spelling bee competition.

> 제임스 선생님은 스펠링비 대회에 관해 학생들의 흥미를 끌어올리려고 애쓰고 있어.

Ms. Ciappetta tries to **pump her students up** about everything.

> 치아페타 선생님은 모든 것에 관해 자기 학생들의 흥미를 끌어올리려고 한다.

Our coach always tries to **pump our team up** before any game.

> 우리 코치는 모든 경기 전에 우리 팀의 사기를 끌어올리려고 하지.

* 참고로, 이 구동사는 다음과 같이 수동태로도 자주 쓰입니다.

Be pumped up

: To be excited (about ~)

(～에 관해) 신나다/흥분하다

We have a three-day weekend; everyone **is pumped up** about it.

> 우리에게 3일간의 주말(공휴일을 포함한 주말)이 있거든. 모두가 그것 때문에 신이 나 있어.

Christy **was** totally **pumped up** about seeing her idol, Dua Lipa, in concert.

> 크리스티는 자기 우상인 두아 리파를 콘서트에서 보게 되어 아주 흥분했어.

My parents **are pumped up** about going to Hawaii for their 50th wedding anniversary.

> 우리 부모님은 결혼 50주년 기념으로 하와이에 가는 것 때문에 굉장히 들떠 계셔.

Arthur **is pumped up** about his new job in New York City.

> 아서는 뉴욕시에서 다닐 새 직장 때문에 무척 들떠 있어.

Look forward to ~

: To positively anticipate ~

~를 고대하다/기대하다

I've worked hard since last year. **I'm really looking forward to my vacation**.

> 나 작년부터 열심히 일했거든. 정말 휴가를 고대하고 있어.

After an afternoon of working outside on a hot day, I **look forward to enjoying a cold drink**.

> 더운 날 밖에서 일한 오후에는 차가운 음료를 즐기는 것을 고대해.

The new sci-fi movie has gotten great reviews. **We're looking forward to seeing it** this weekend.

> 신작 공상 과학 영화가 평점을 아주 잘 받았어. 우리는 이번 주말에 그 영화 보는 걸 고대하고 있어.

Chill out

: To relax

긴장을 풀다

I know most people want to go out on a Friday night, but after a long week of work, I just want to stay home and **chill out**.

대부분의 사람들이 금요일 밤에 외출하고 싶어 해. 나도 그건 알지만 길고 긴 주중 일을 마친 후에는, 난 그냥 집에 머물면서 쉬고 싶어.

We had a great vacation. We spent the days hiking in the mountains, and the evenings **chilling out** around a campfire.

우리는 멋진 휴가를 보냈어. 낮에는 산에서 하이킹하면서, 저녁에는 캠프파이어 주변에서 느긋하게 쉬면서 보냈어.

I love long flights. I get settled in my seat, drink a Coke, **chill out** and watch movies.

나는 오랫동안 비행하는게 좋아. 내 좌석에 자리 잡고 앉아서, 콜라를 마시고, 영화를 보면서 휴식을 취하거든.

Beth: I'm so worried that we're going to be late. Can you drive faster?

Michael: Hey, **chill out**! We'll get there on time. Don't worry.

베스: 난 늦을까 봐 너무 걱정돼. 좀 더 빨리 운전할 수 있어?
마이클: 긴장 풀어! 우리 그곳에 제시간에 도착할 거야. 걱정하지 마.

* 참고로, 감정을 나타내는 문맥에서 chill out은 '화를 누그러뜨리다'(to calm down)의 의미로도 쓰입니다.
(1권 Lesson 10 Vocabulary Point 참조)

Belt out ~ / Belt ~ out

: To sing in a loud and vigorous way

아주 큰 소리로 (노래 등을) 부르다

The gospel choir sang the background vocals while the soloist **belted out the main verses**.

솔로가 주요 절을 큰 소리로 부르는 동안, 그 복음성가대는 백그라운드 보컬을 불렀다.

Singer: How should I sing this piece?

Choral conductor: This should be soft and gentle. Don't **belt the lyrics out.**

가수: 이 곡을 제가 어떻게 불러야 하나요?
합창 지휘자: 이 노래는 부드럽고 온화한 느낌이어야 합니다. 그러니 가사를 너무 큰 소리로 부르지 마세요.

I love Broadway show tunes, and I particularly enjoy the ones that you can **belt out**.

난 브로드웨이 쇼의 선율이 정말 좋더라고. 특히 우리가 큰 소리로 부를 수 있는 곡들이 좋아.

Sober up

: To become sober after drinking alcohol or because of a distressing event

(술을 마신 후에) 술이 깨다/(충격적인 일로 인해) 정신이 확 들다

We were all kidding around in the meeting, but we **sobered up** quickly after the financial officer told us that we might lose our jobs soon.

우리는 회의 중에 모두 농담 따먹기를 했어. 그러다 지금 관리 이사가 우리에게 곧 직장을 잃게 될 수도 있다는 말을 한 후에 정신이 확 들었지.

At the end of the party, Adrian realized that he needed to **sober up** a bit, so he drank a cup of coffee.

파티가 끝날 무렵, 아드리안은 술 좀 깨야겠다고 느껴서 커피를 한 잔 마셨다.

The police brought the drunken man to the station to let him **sober up**.

경찰은 그 술 취한 남자를 깨게 하려고 경찰서로 데리고 왔다.

The wine made her dizzy, so Sara went outside to get some fresh air and **sober up**.

와인을 마시니 어지러워져서 사라는 맑은 공기 좀 마시고 술을 깨려고 밖으로 나갔다.

Knock back ~

: To drink (usually alcohol)

(보통 술을) 마시다

The friends **knocked back a couple of beers** at the bar while they watched the basketball game on the big screen TV.

그 친구들은 TV 큰 화면으로 농구 경기를 보는 동안, 바에서 맥주를 두어 병 마셨다.

Alan: Wow, it's been a long day.

Suzette: You can say that again. Let's go **knock back a couple of drinks**.

알란: 와우, 정말 긴 하루였어.
수제트: 내 말이. 가서 술이나 한두 잔 하자.

In the morning, I don't eat anything. I just **knock back a shot of espresso** before going to work.

아침에는 난 아무것도 안 먹어. 출근하기 전에 에스프레소 한 잔만 마셔.

Be in tune

: To sing or play music in the correct pitch

음정에 맞게 노래를 부르거나 악기를 연주하다

As long as you can **be in tune**, you can sing the back-up vocals on this song.

음정에 맞게만 부를 수 있다면, 네가 이 노래의 백 보컬(보컬 하모니를 제공하는 것)을 불러도 돼.

Hold on a minute. I need to make sure that my violin **is in tune**.

잠깐만. 내 바이올린이 음정이 맞는지 확인해야 해.

He is an awful singer. He **is** never **in tune**.

그는 정말 못 불러. 음정에 맞게 부르는 법이 절대 없어.

Be out of tune

: To sing or play music in the incorrect pitch

음정에 틀리게 노래를 부르거나 악기를 연주하다

The singer could not hear the other musicians properly, so he **was out of tune**.

그 가수는 다른 연주자들의 음악을 제대로 들을 수가 없어서, 음정이 맞지 않게 불렀다.

This guitar **is out of tune**. Can someone help me tune it?

이 기타가 음정이 안 맞네요. 누구 이 기타 조율하는 것 좀 도와줄 수 있어요?

* 참고로, be in tune과 be out of tune 모두 be 동사 대신 play를 사용해도 됩니다.

I couldn't enjoy the amateur orchestra's performance. They **played out of tune**.

난 그 아마추어 오케스트라의 연주를 즐길 수가 없었어. 음정이 안 맞게 연주했거든.

Sing along with ~

: To vocally accompany a singer or song

～와 함께 노래하다

My dad started singing an old pop song, and everybody **sang along with him**.

우리 아빠는 옛날 팝송을 부르기 시작했고, 모두가 아빠와 함께 노래를 불렀어.

The little kids love **singing along with their teacher** during music class.

어린아이들은 음악 시간에 선생님과 함께 노래하는 것을 좋아한다.

It was a happy occasion, but she was so sad that she could barely **sing along with everyone** on "Happy Birthday."

경사였지만, 그녀는 너무 슬퍼서 생일 축하 노래를 모두와 함께 부를 수가 없었다.

Even if you don't have a good voice, feel free to **sing along with us**!

좋은 목소리가 아니라고 해도, 편하게 저희와 함께 노래하세요!

Vocabulary POINT 1

영어에는 술을 많이 마신다거나 술에 취하는 것과 관련된 다채로운 표현들이 있습니다. 대화에서 우리는 get hammered라는 표현을 봤습니다. Get hammered는 '취하다'(to get drunk)라는 뜻의 이디엄입니다.

I rarely drink, so I have to be careful with alcohol. I can easily **get hammered** after just a couple of drinks.
난 술을 거의 안 마셔서 알코올에 관해서 조심해야 해. 두어 잔만 마신 후에도 쉽게 취할 수가 있거든.

The university students celebrated the football victory by **getting hammered** in a local bar.
그 대학 학생들은 지역 내 바에서 술을 진탕 먹고 취하는 것으로 미식축구 승리를 축하했다.

Martin enjoys drinking wine, but he's careful about drinking too much. He doesn't enjoy **getting hammered**.
마틴은 와인 마시는 것을 즐기지만 너무 많이는 안 마시려고 조심해. 취하는 것은 좋아하지 않거든.

When I was younger, I **got hammered** every weekend, but now that I'm older, I have no interest in that anymore.
내가 지금보다 더 젊었을 때는 주말마다 술에 취했지만, 지금은 나이가 들어서 그렇게 하는 것에 더 이상 흥미가 없어.

사실 동사 get이 들어간 '술에 취하다'는 의미의 이디엄은 이 밖에도 매우 다양합니다. 다음 표현들은 모두 '술에 많이 취하다'(to get very drunk)의 뜻입니다.

Get wasted:
Bill had four strong martinis and **got wasted**.
빌은 독한 마티니를 네 잔 마시고는 완전히 술에 취했어.

Get smashed:
It was a loud and crazy New Year's Eve party where everyone **got smashed** on champagne.
시끄러운 광란의 새해 전날 파티였고, 그곳에서 모두가 샴페인에 엄청나게 취했지.

Get tanked:
Well, I'm not proud to say it, but when I was in my 20s, I was quite a beer drinker. I used to **get tanked** every weekend.
뭐, 자랑은 아니지만 20대 때 내가 맥주를 많이 마셨거든. 주말마다 엄청나게 취하곤 했어.

'술에 취하다'라는 의미의 다른 영어 표현도 더 볼까요?

To be drunk as a skunk:

I saw Matt staggering out of the wedding reception. He **was** clearly **drunk as a skunk**.

난 매트가 결혼식 피로연에서 비틀거리며 나오는 걸 봤어. 확실히 엄청나게 취해 있었어.

* 사실 drunk as a ~(~처럼 술에 취하다)라는 표현 뒤에 다양한 명사가 올 수 있지만, 여기서 뜬금없이 미국인들이 skunk를 택한 이유는 drunk 와 skunk의 각운 때문에 더 재미있게 들리기 때문입니다.

To be three sheets to the wind:

I know we had a great time that evening, but I can't remember all of the details. I **was three sheets to the wind**.

우리가 그날 저녁에 재밌는 시간을 보낸 것은 알겠는데, 세세한 것들은 하나도 기억이 안 나. 난 완전히 취했거든.

* 참고로, 이 표현은 항해 용어에서 온 이디엄입니다. 여기서 sheet는 돛의 방향을 조정하는 밧줄(rope)입니다. Sheet가 너무 느슨하면 돛이 제대로 작동하지 않습니다. 그러니 돛 세 개가 모두 느슨하면 배는 통제 불능의 상태가 되겠지요? 이런 연유에서 to be three sheets to the wind가 '너무 취해서 통제 불능의 상태가 되다'의 의미가 되었습니다.

마지막으로, 완전히 취한 상태는 아니지만, 약간의 술기운이 느껴지는 정도로 아주 조금 취했을 때 사용하는 표현을 소개합니다.

To be/get tipsy:

My grandmother had half a glass of wine and started giggling about everything. We knew then that she **had gotten tipsy**.

우리 할머니가 와인을 반 잔 정도 드시더니, 모든 것에 웃기 시작하셨어. 그때 우리는 할머니께서 약간 취하셨다는 걸 알았지.

Even if **you're** just **tipsy**, it's still a very good idea not to drive a car.

네가 아주 조금만 취했다고 하더라도, 그래도 자동차 운전을 안 하는 게 좋은 생각이야.

Vocabulary POINT 2

래리의 변변치 못한 노래 솜씨에 관해 이야기하면서, 티나는 "Bless his heart."라고 합니다. 이는 미국 남부에서 쓰이는 이디엄으로, 무례하지 않으면서 나소 나성하게 석성이나 놋바상함을 나타냅니다. 대화에서 티나는 래리가 음치라는 말을 하지만, 그녀가 래리를 모욕하려는 의도는 전혀 없습니다. 그런 이유로, 부정적인 내용을 최대한 부드럽게 표현해 주는 이디엄인 "Bless his heart."를 쓴 것이죠. 다음에 제시하는 다른 예문도 몇 가지 더 보면서 이 이디엄을 완전히 익히고 넘어가세요.

Maria: I thought that Brenda was supposed to decorate all of the tables for the reception. But these tables don't look very decorated.
Nancy: Oh, **bless her heart**! Brenda is a great cook, but decorating is not her strength. I think you and I will have to finish these tables.

마리아: 난 브렌다가 연회용 테이블을 전부 장식하기로 했다고 생각했거든. 그런데 이 테이블들은 그렇게 꾸민 것 같지 않네.
낸시: 에구, 가여운 브렌다! 브렌다가 요리는 정말 잘하는데, 뭔가를 꾸미는 건 특기가 아니거든. 내 생각에 너랑 내가 이 테이블 장식을 끝내야 할 것 같아.

그런데 매우 흥미롭게도 "Bless your heart!"는 진심으로 상대방을 걱정해서 해 주는 말로 쓰이기도 합니다.

Oh, goodness, your dog has an ear infection and has to wear the cone of shame. **Bless his little heart**!

아이고, 네 개가 중이염에 걸려서 그 수치심 유발 콘(cone of shame: 주로 문제를 일으키는 개에게 씌우는 원뿔형 모양의 물체)을 써야 하는구나. 가엾어라!

POP *Quiz!*

PHRASAL VERBS (구동사)에
얼마나 익숙해졌는지 체크하며
뜻이나 생각나는 영어 표현 등을 써 보세요.

Pump up ~ /Pump ~ up ☐

Be pumped up ☐

Look forward to ~ ☐

Chill out ☐

Belt out ~ /Belt ~ out ☐

Sober up ☐

Knock back ~ ☐

Be in tune ☐

Be out of tune ☐

Sing along with ~ ☐

Marvin: Well, we **pulled it off**!

Roberto: We sure did. Forty-five years in business. Now you can finally **sit back** and relax in retirement!

Marvin: I'm looking forward to it, and I'm looking forward to the 45th anniversary party.

Roberto: It'll be great! Everyone's going to dress up. We'll have great food and drinks, and there will be dancing. It'll be a happy time.

Marvin: What makes me even happier is knowing that the firm will **go on**, even without me, and also knowing that you're here to continue **heading things up**. The company will continue to **thrive under your leadership**, Roberto.

Roberto: That's true, but we know you'll **drop by** from time to time.

Marvin: Remember, when we took over this firm, it was about to go under. We didn't know if it would survive.

Roberto: I know! It was a stressful time back then! I'm glad that the business has grown and matured. So, what's the first thing you plan to do in retirement?

Marvin: Susie and I are going to Italy for the summer. We bought a small house with her sister, and we all plan to fix it up and use it as a vacation home. We also plan to **brush up on our Italian**, of course, and **laze around** a bit, too.

Roberto: And **feast on fabulous Italian food**, too?

Marvin: Oh, yes! There will be a lot of **pigging out**!

Roberto: That's so good to hear. I can't wait to see the pictures!

마빈: 자, 우리가 해냈군요!

로베르토: 정말 그렇습니다. 45년간 이어온 사업이라니. 이제야 마빈 씨가 은퇴해서 편히 앉아 쉬실 수 있겠어요!

마빈: 나도 그걸 고대하고 있어요. 45주년 기념 파티도 고대하고 있고요.

로베르토: 멋질 거예요! 모두가 옷을 차려입을 거고요. 맛있는 음식을 먹고 술도 마시고, 춤도 추겠지요. 즐거운 시간이 될 겁니다.

마빈: 날 더 행복하게 하는 건, 나 없이도 회사가 계속 돌아갈 거라는 사실을 알아서예요. 또 로베르토 씨가 여기서 계속해서 모든 것을 이끌어 갈 거라는 것을 알기 때문에도 그렇고요. 로베르토 씨 지도력 하에 회사가 계속 번창해 나갈 겁니다.

로베르토: 그렇긴 하겠지만, 마빈 씨께서 가끔 들리실 거라고 알고 있습니다.

마빈: 기억하세요. 우리가 이 회사를 인수했을 때, 회사는 도산하려고 할 때였죠. 우리는 회사가 위기를 넘길 수 있을지 어떨지도 몰랐어요.

로베르토: 맞아요! 그때는 참 힘든 시기였죠! 우리 사업체가 성장하고 탄탄해져서 기쁩니다. 그나저나, 마빈 씨는 은퇴하면 무엇을 가장 먼저 하실 계획이세요?

마빈: 수지와 내가 여름을 보내러 이탈리아에 갈 거예요. 수지 언니와 함께 작은 집을 하나 샀는데, 우리 모두 그 집을 수리해서 그걸 별장으로 사용할 계획이에요. 우리는 이탈리아어를 더 연습할 계획도 있고, 물론 느긋하게 좀 게으름 피우면서 보낼 생각도 있어요.

로베르토: 환상적인 이탈리아 음식을 마음껏 드실 계획도 있으신 거죠?

마빈: 오, 맞아요! 이탈리아 음식도 엄청나게 먹겠죠!

로베르토: 그 말씀 들으니, 저도 좋네요. 빨리 그곳에서 찍으신 사진들을 보고 싶습니다!

Pull off ~ / Pull ~ off

: To accomplish ~

～을 해내다

The CEO says we should **pull off the deal**.

대표님이 우리가 그 계약을 성사해야 한다고 말씀하셔.

His parents didn't think that his career in art would be successful, but he **pulled it off**.

그의 부모님은 그가 예술 방면에서 직업적으로 성공할 것으로 생각하지 않았지만, 그는 그것을 해냈다.

Jake: Wow! Your campaign worked! Your candidate for mayor has won!

Bill: Yes! We worked hard, and we **pulled it off**!

제이크: 우와! 네 캠페인이 효과가 있었어! 너희 쪽 후보가 시장으로 당선됐으니!
빌: 그래! 우린 열심히 일했고, 그걸 해냈지!

Unfortunately, she didn't **pull it off**. She did very well, but she didn't win the dance competition.

유감스럽게도, 그녀는 그걸 해내지는 못했어. 그녀가 매우 잘하긴 했지만, 댄스 대회에서 상을 받지는 못했거든.

I know you're a great carpenter, but that old house needs about $200,000 of work. Good luck **pulling that off**.

네가 훌륭한 목수라는 걸 알지만, 그 오래된 집은 이십만 달러가 드는 수리가 필요한 집이야. 행운을 빈다, 그거 해낼 수 있게.

Sit back

: To make no effort/To pause in one's efforts (often used with "relax")

어떤 일에 관여하지 않고 그냥 편히 있다

If someone talks to you rudely, don't **sit back**, say something to them.

누군가 너한테 무례하게 말하면, 가만히 있지 말고 그 사람한테 한마디 해.

I spent hours making dinner for 30 people; now I plan to **sit back** and enjoy the food.

내가 30인분 저녁 식사를 만드느라 몇 시간이나 일했어. 이제 가만히 앉아서 음식을 즐길 생각이야.

Tom **sat back** and watched while Marty showed him how to locate the file in the online system.

마티가 온라인 시스템에서 어떻게 파일을 찾는지 보여주는 동안, 톰은 가만히 앉아서 보기만 했다.

When Friday evening comes, I stop work, and **sit back** and relax.

금요일 저녁이 되면, 나는 일을 멈추고 편히 앉아서 휴식을 취해.

Go on

: To continue

계속하다

I'm sorry; I interrupted you while you were explaining something. Please, **go on**.

> 죄송합니다. 뭔가 설명 중이신데 도중에 제가 말을 끊었네요. 계속 말씀하세요.

The storm **went on** for hours. Finally, the sun came out.

> 폭풍이 몇 시간 동안 계속됐다. 드디어 해가 나왔다.

In show business, they always say, "The show must **go on**!" It means that nothing can stop a performance.

> 공연업계에서는 사람들이 항상 "쇼는 계속되어야 한대"라고 하거든. 그 말은 어떤 것도 공연을 멈추게 할 수 없다는 뜻이지.

My uncle never stops talking. Once he starts a story, he will **go on** and on.

> 우리 작은아버지는 절대 말을 중간에 그만두거나 하는 법이 없어. 일단 이야기를 시작하면, 멈추지 않고 계속하실 거야.

Head up ~ / Head ~ up

: To lead a group, team, or organization

(어떤 그룹이나 조직을) 이끌다

Allison just got a promotion. She's going to **head up the marketing division** for her company.

앨리슨이 방금 승진했거든. 그녀는 그 회사의 마케팅 부서를 이끌게 될 거야.

My daughter will **be heading up the dance team** for her school. She's very excited about this leadership role.

우리 딸이 학교에서 댄스팀을 이끌 거야. 걔는 자신이 리더 역할을 하게 된 것에 무척 신이 나 있어.

Adam: Do you know who **heads up the technology department** at Company X?

Christian: Yeah, why?

Adam: I'm applying for a job there, and I wanted to contact that person.

애덤: X사의 기술부서를 이끌게 될 사람이 누군지 아니?

크리스찬: 응, 왜?

애덤: 내가 그곳에 지원할 건데, 그 사람에게 연락하고 싶었거든.

I created a team for this project, and I want you to **head it up**.

내가 이 프로젝트를 위해서 팀을 하나 만들었는데, 네가 그 팀을 이끌어 주면 좋겠어.

Thrive under ~

: To grow successfully or flourish because of someone or something's positive influence

어떤 긍정적인 영향 때문에 잘 자라거나 번창하다

Customer: I need some plants that will grow well in a hot and dry part of my yard.

Landscaper: I can recommend these here. They will **thrive under those conditions**.

고객: 우리 집 뜰의 덥고 건조한 곳에서도 잘 자랄 식물이 몇 가지 필요합니다.
조경사: 여기 있는 이 식물들을 추천합니다. 얘들은 그런 환경에서 잘 자랄 겁니다.

The kids in the school marching band **thrived under the direction of the new music teacher**. Within six months, the band won an award at the city competition.

그 학교 행군 악대의 아이들은 새로 온 음악 선생님의 지도 아래서 실력이 쑥쑥 자랐다. 6개월 안에 그 악대는 시에서 주최한 경연 대회에서 상을 받았다.

My sister is a Type A personality. She really **thrives under pressure** and gets her best work done when things are stressful.

내 여동생은 A형 성격이거든. 걔는 정말 압박받을 때 번창하고, 스트레스가 많은 상황에서 일을 가장 잘 해내.

Drop by

: To make a visit (often one that is unplanned)

(보통 계획 없이) 잠깐 들르다

If you have time after work, feel free to **drop by**.

너 퇴근 후에 시간 있으면 잠깐 들러.

My brother-in-law was in the neighborhood, so he **dropped by** for a cup of coffee.

처남이 우리 동네에 와서, 우리 집에 커피 한잔하려고 들렀어.

My neighbor says she **dropped by** because she hadn't seen me in a long time, but I think she was just being nosy.

우리 이웃이 나를 오랫동안 못 봤다고 잠깐 들렀다고 했지만, 난 그녀가 그저 참견하려고 그러는 것 같아.

A: Don't you live in Dayton?

B: Yes, I do.

A: I might have to travel there for work next month.

B: If you're in town, please **drop by**. I would love to make dinner for you.

A: 너 데이튼에 사는 거 아니니?
B: 응, 나 데이튼에 살아.
A: 다음 달에 내가 그곳으로 출장 가야 할지도 몰라.
B: 우리 동네로 오게 되면, 잠깐 들러. 내가 너한테 저녁 만들어 주고 싶거든.

Brush up on ~

: To improve your knowledge of or skill at something that you were once good at

(기술이나 실력 등을) 연마하다/ 갈고닦다

I played the piano throughout my childhood, but I stopped when I was 18. I really loved it. Now that I'm 30, I'd like to **brush up on my piano skills**.

난 어린 시절에 계속해서 피아노를 쳤지만, 18살이 되었을 때 그만뒀어. 피아노 치는 걸 정말로 좋아하기는 했지. 이제 30살이 되었으니, 내 피아노 실력을 다시 갈고닦고 싶어지네.

Sally studied in Norway for a year about ten years ago. Her Norwegian has gotten rusty, so she'd like to **brush up on it** by taking a class.

샐리는 10년 전에 노르웨이에서 1년간 공부했어. 노르웨이어 실력이 녹슬어서(예전 같지 않아서), 그녀는 수업을 들으면서 노르웨이어 실력을 갈고닦고 싶어 해.

Theo is taking dance lessons to **brush up on his Latin dance skills**. An injury forced him to give up dance, but now he would like to try again.

테오는 자신의 라틴 댄스 실력을 연마하려고 댄스 수업을 받고 있어. 부상 때문에 그가 어쩔 수 없이 춤추는 것을 포기했지만, 이제 다시 한번 시도해 보고 싶어 해.

Laze around

: To relax or do very little work

느긋하게 게으름을 피우며 보내다

I'm going to the beach for a week. My plan is to do nothing but **laze around**, drink pina coladas, and read a good book.

난 일주일 동안 해변에 가 있을 거야. 내 계획은 아무것도 안 하고 게으름을 피우면서 피나 콜라다를 마시고 좋은 책을 읽는 거지.

When the boss left the office for a meeting, the employees took the opportunity to **laze around**.

사장님이 회의 때문에 사무실을 비웠을 때, 직원들은 게으름을 피울 기회를 잡았지.

When I was a kid, my mom was always trying to get me to do chores. All I wanted to do was **laze around**.

내가 어릴 때, 엄마는 늘 내가 집안일을 하게 시키셨거든. 내가 원했던 건 게으름을 피우는 것뿐이었고.

Feast on ~ / Feast upon ~

: To eat particular food with a lot of enjoyment

~을 마음껏 먹다

In the summertime, we **feast on cherries and peaches** because they are in season and fresh.

여름이면, 우리는 체리와 복숭아를 마음껏 먹어. 그 과일들이 그때가 제철이라 신선하거든.

Whenever I visit a coastal city, I **feast on seafood**.

해안가 도시를 방문할 때마다, 난 해산물을 마음껏 먹어.

Italian weddings often feature a cookie table where the guests can **feast on many kinds of delicious and beautiful cookies**.

이탈리아 결혼식은 종종 하객들이 많은 종류의 맛있고 예쁜 쿠키를 마음껏 먹을 수 있는 쿠키 테이블을 준비하는 특색이 있어.

Arthur is an expert at grilling meat. If you go to his house for dinner, prepare to **feast on steaks or ribs**.

아서는 고기 굽는 데 전문가야. 그 사람 집에 저녁 먹으러 간다면, 스테이크나 갈비를 마음껏 먹을 준비를 해.

Pig out (on ~)

: To eat a lot (of ~) enjoying the food

(~을) 마음껏 마구 먹다

Whenever my girlfriend and I go to the movies, we always **pig out on popcorn**.

내 여자친구하고 내가 영화관에 갈 때마다, 우리는 항상 팝콘을 엄청나게 먹어.

After a bad day at work, Meg went home, put on her pajamas, and watched her favorite TV show while **pigging out on ice cream**.

직장에서 안 좋은 하루를 보낸 후, 메그는 집에 가서 잠옷을 입고, 아이스크림을 마구 먹어 대면서 자신이 좋아하는 TV 프로그램을 봤다.

The university students studied for hours and then **pigged out on pizza**.

그 대학생들은 몇 시간 동안 공부하고서는 피자를 마음껏 먹어 댔다.

Please help me doctor. How can I stop **pigging out** after dinner?

의사 선생님, 저 좀 도와주세요. 제가 저녁 식사 후에 마구 먹어 대는 것을 어떻게 하면 멈출 수 있을까요?

G RAMMAR POINT

Lesson 4(술과 음악이 있는 파티)에서 이미 다룬 적 있는 look forward to ～(~를 고대하다/기대하다)는 미국인들이 굉장히 자주 사용하는 구동사입니다. 이 구동사를 사용할 때 주의할 점은, 이 구동사의 목적어(~) 부분에 동사원형이 아니라 동명사를 써야 한다는 사실입니다. 영어를 배우는 학생들이 이 구동사의 to 다음에 동사원형을 쓰는 실수를 많이 합니다. 이 구동사의 to를 to부정사를 시작하는 to로 착각해서 그런 것 같습니다. 하지만 여기서의 to는 부정사의 to가 아니라, 전치사이기 때문에 뒤에 동사원형이 아닌 동명사가 와야 합니다. 예문을 보면서 이 점을 반드시 기억하고 넘어가세요.

There's a wonderful documentary on TV tonight about the history of South Korea. **I'm looking forward to watching it**.
오늘 밤에 대한민국 역사에 관한 훌륭한 다큐멘터리를 TV에서 방영해. 난 그 프로그램 보는 것 고대하고 있어.

Wallace **looked forward to visiting his nieces and nephews**.
월레스는 자기 조카들을 방문할 날을 고대했어.

I'm excited about my job. **I'm looking forward to starting work next week**.
난 내 일을 생각하니까 신이 나. 다음 주에 일 시작하는 것이 기대되고.

물론 목적어 자리에 동명사 대신 다음과 같이 명사를 써도 됩니다.

This coffee shop has the best chocolate cake. **I've been looking forward to this cake** all day!
이 커피숍 초콜릿 케이크는 정말 최고야. 난 종일 이 케이크 먹을 기대를 했어!

That trip to Canada last summer was relaxing. We **had looked forward to it** for months.
지난여름에 캐나다로 갔던 여행은 우리에게 휴식을 줬어. 우린 그 여행을 몇 달 동안 고대했었지.

I always **look forward to a good breakfast**.
난 언제나 훌륭한 아침 식사를 기대해.

Vocabulary POINT 1

로베르토가 마빈에게 "And feast on fabulous Italian food, too?"라고 말하자, 마빈이 "Oh, yes! There will be a lot of pigging out!"이라고 말합니다. Feast on ~과 pig out은 모두 '음식을 즐기면서 마음껏 먹다'라는 뜻의 구동사입니다. 하지만 이 둘은 그 뉘앙스가 살짝 다른데, pig out보다는 feast on ~이 좀 더 세련되고 정제된 표현입니다. 왜냐하면, 미국인들은 feast(연회)라는 단어를 들으면, 다음과 같이 주로 우아하고 고급스러운 음식을 떠올리기 때문입니다.

We went to a fancy restaurant in Montreal and **feasted on steak and lobster**. It was incredible!
우리는 몬트리올에 있는 고급 식당에 가서 스테이크와 랍스터(바닷가재 요리)를 마음껏 먹었어. 끝내줬지!

Luke and Diana's wedding was beautiful. There was good music, champagne, and the guests **feasted on delicious food**.
루크와 다이애나의 결혼식은 멋졌어. 좋은 음악과 샴페인이 있었고, 하객들은 맛있는 음식을 마음껏 먹었어.

흥미롭게도 미국인들은 감자튀김이나 칩같이 값싼 음식을 목적어로 이 구동사(feast on ~)를 사용하기도 하는데, 이럴 때는 익살스러운 표현, 즉 유머로 이해하면 됩니다.

We were driving all night, and we stopped too late. All the fast-food places were closed, so we stopped at a gas station and **feasted on potato chips and sodas** in the car.
우리는 밤이 새도록 운전했고, 너무 늦게 차를 세웠어. 패스트푸드 식당들은 모두 문을 닫았길래, 우리는 주유소에 차를 세우고 차에서 감자 칩과 탄산음료를 포식했지.

 *Vocabulary* POINT 2

로베르토는 마빈에게 "Now you can finally sit back and relax in retirement!"라고 말합니다. 구동사 sit back은 '아무것도 하지 않다'(to do nothing) 또는 '아무런 노력도 하지 않다'(to make no effort)의 뜻입니다. 미국인들은 이 구동사를 주로 watch, listen, relax 등의 동사와 함께 사용합니다.

Now, let me show you how to decorate a wedding cake like a professional. You don't need to do anything, just **sit back and watch**.
자, 이제 내가 전문가처럼 웨딩 케이크 장식하는 법을 너한테 보여줄게. 넌 아무것도 안 해도 돼. 그냥 가만히 앉아서 보기만 하라고.

My big project at work is over. This weekend I plan to **sit back and relax**.
직장에서 내 큰 프로젝트가 끝났어. 이번 주말에는 가만히 앉아서 휴식을 취할 생각이야.

Kurt Elling has one of the smoothest voices in jazz. I saw him in concert once; I **sat back and listened**. It was heaven!
커트 엘링은 가장 부드러운 목소리를 가진 재즈 가수 중 한 명이야. 난 그를 콘서트에서 한번 봤거든. 그냥 가만히 앉아서 듣기만 했지. 정말 최고였어!

그런데 위 예문에서는 부정적인 의미가 없어 보이는 sit back이 어떤 문맥에서는 비난조로 쓰이기도 합니다. 바로 뭔가를 해야 하는 사람이 아무것도 하지 않을 때입니다.

If you knew that Doug had access to all the money, why didn't you stop him from taking the money? I can't believe you just **sat back and did nothing**!
더그가 그 돈에 다 손댔다는 걸 알고 있었으면, 넌 왜 그 사람이 그 돈 가져가는 것을 못 막았니? 네가 가만히 앉아서 아무것도 안 했다는 사실을 난 믿을 수가 없어!

Our co-worker was lying, and our boss knew it, but he **sat back and said nothing**.
내 직장 동료는 거짓말을 했고, 우리 사장님도 그걸 알았지만, 사장님은 가만히 앉아서 아무것도 하지 않았어.

POP *Quiz!*

PHRASAL VERBS(구동사)에
얼마나 익숙해졌는지 체크하며
뜻이나 생각나는 영어 표현 등을 써 보세요.

Pull off ~ /Pull ~ off ☐

Sit back ☐

Go on ☐

Head up ~ /Head ~ up ☐

Thrive under ~ ☐

Drop by ☐

Brush up on ~ ☐

Laze around ☐

Feast on ~ /Feast upon ~ ☐

Pig out (on ~) ☐

Francesca: Jessie, I've got the hottest tea to spill. You know Hunter and Elaine are getting married soon, don't you?

Jessie: Yeah.

Francesca: Because of that, they were meeting each other's family yesterday, and Hunter **ran off** in the middle of that.

Jessie: **Get out!**

Francesca: What's more, they all **lost track of him** after that.

Jessie: **Hang on**! So, he disappeared in the middle of meeting Elaine's family, and no one can **get a hold of him** since then?

Francesca: Yeah, that sums it up!

Jessie: **That's** totally **messed up**!

Francesca: You can say that again. Elaine is so shocked that she doesn't want to meet anyone now. Considering she's not the kind of person who **keeps to herself**, I think Hunter basically **messed her up**.

Jessie: Hmm… I was going to **hold it back**, but maybe I shouldn't keep it to myself.

Francesca: About what?

Jessie: I kind of knew Hunter was the kind of guy who **goes after girls** because I heard through the grapevine that he likes dating multiple girls at once. I also heard he **stood Annie's roommate up** and left her.

Francesca: If you knew all that, why did you just sit back and watch Elaine get engaged to that bastard?

Jessie: Because I'm not that close to Elaine. Besides, I believe people can change.

Francesca: Obviously, Hunter can't.

Jessie: Maybe Elaine learned something from this experience, and she'll meet another guy who's 180 degrees different.

프란체스카: 제시, 나 엄청난 이야기를 들었어. 너 헌터하고 일레인이 곧 결혼하는 건 알지, 안 그래?

제시: 응.

프란체스카: 그것 때문에 걔네들이 어제 상견례를 하고 있었는데, 헌터가 상견례 도중에 도망갔어.

제시: 말도 안 돼!

프란체스카: 그보다 더한 건, 그 후로 아무도 그의 행방을 모른다는 거야.

제시: 잠깐만! 그러니까 헌터가 일레인 가족들을 만나던 도중에 사라졌고, 그 이후로 아무도 그와 연락이 안 된다는 거니?

프란체스카: 응, 뭐 대충 그래!

제시: 진짜 너무했다!

프란체스카: 내 말이. 일레인은 너무 충격을 받아서 지금 아무도 만나고 싶어 하지 않아. 걔가 혼자 있는 걸 좋아하는 사람이 아니라는 걸 감안하면, 내 생각에 헌터가 걔한테 큰 정신적 충격을 준 것 같아.

제시: 음, 내가 아무한테도 이건 말 안 하려고 했는데, 나 혼자만 알고 있으면 안 될 것 같네.

프란체스카: 뭘 말이야?

제시: 내가 헌터가 여자들 쫓아다니는 그런 유의 사람이라는 건 좀 알았거든. 왜냐하면 걔가 여러 여자들과 동시에 데이트하기 좋아한다는 소문을 어디서 들었거든. 애니 룸메이트를 바람맞히고 떠났다는 얘기도 들었고.

프란체스카: 그런 걸 다 알고 있었으면, 왜 일레인이 그 나쁜 자식이랑 약혼하는 걸 가만히 앉아서 보고만 있었어?

제시: 내가 일레인이랑 그렇게 친하지 않아서. 게다가 난 사람들이 변할 수 있다고 믿거든.

프란체스카: 헌터는 변하지 못한다는 게 너무 뻔하잖아.

제시: 일레인이 이번 경험을 통해서 아마도 뭔가를 배웠을 거니까, 앞으로는 180도 다른 남자를 만날 거야.

Run off

: To move away from a place or someone in order to escape from a situation

도망가다/달아나다

Did she **run off** in the middle of the wedding again? She must have a fear of commitment.

그 여자가 결혼식 도중에 또 도망갔다고? 그녀는 평생 지켜야 하는 서약을 하는 것이 두려운 게 분명해.

You need to stop **running off** when you have a serious talk with your husband.

넌 남편과 심각한 이야기하는 도중에 도망가는 걸 그만해야 해.

I don't know how to discipline students who **run off**.

난 도망가는 학생들을 어떻게 훈육해야 할지 모르겠어.

Get out!

: I can't believe it!

설마!/말도 안 돼! (상대가 한 말이 믿기지 않을 때 쓰는 표현)

A: Dewayne is getting married to Jenna.

B: **Get out!** He was dating Linda yesterday when I saw him at the mall.

A: 드웨인이 제나하고 결혼한다고 해.
B: 말도 안 돼 그 사람 내가 어제 쇼핑몰에서 봤을 때 린다하고 데이트 중이었어.

* 참고로, get out (of~)는 다음의 뜻도 있습니다. 다음 페이지를 보세요.

Get out (of ~)

: To leave (~)

～에서 나가다/떠나다

Fortunately, they all managed to **get out of the burning building**.

> 다행히, 그들 모두 불타는 건물에서 간신히 빠져나갈 수 있었다.

It's suffocating here, and I don't know when they're going to fix the AC. Let's just **get out of here**!

> 여기는 너무 답답하고, 그 사람들이 언제 에어컨을 고칠지도 모르겠어. 그냥 여기서 나가자!

Lose track of ~

: To not be able to make contact with ~/To fail to stay informed about ~

～와 만남이 끊어지다/～에 대한 정보를 놓치다

They were following her covertly but **lost track of her location**.

> 그들은 그녀를 미행했지만, 그녀를 놓쳐 버렸다.

After the pandemic started, I **lost track of some friends**.

> 팬데믹이 시작된 후에, 나는 몇몇 친구들과 연락이 끊겼어.

What's the age when people start **losing track of friends**?

> 사람들이 친구들과 연락이 끊기기 시작하는 게 몇 살부터지?

Hang on

: To wait for a short time
잠깐 기다리다

The guy told me to **hang on** while he's fixing my phone.

> 그 사람은 자기가 내 전화를 고치는 동안 나한테 기다리라고 했어.

A: Vanilla or chocolate?

B: **Hang on a second**. Hmm… Could I have both of the flavors?

> A: 바닐라요, 아니면 초콜릿이요?
> B: 잠시만요. 음, 두 가지 맛 모두 먹을 수 있을까요?

(On the phone)

A: Hello. May I talk to Mr. Campbell?

B: Would you please **hang on**? I'll put you through to Mr. Campbell.

> (전화상으로)
> A: 여보세요. 캠벨 씨와 통화할 수 있을까요?
> B: 잠시만 기다려 주시겠어요? 제가 캠벨 씨 전화로 연결해 드리겠습니다.

Get a hold of ~

: To make contact with ~
～와 연락하다/연락이 되다

We need to discuss something with the boss, but we haven't been able to **get a hold of her** for two days.

> 우리는 사장님과 뭔가 의논해야 하는데, 이틀 동안 사장님과 연락이 안 되고 있어요.

It seems like we all lost contact with James. Nobody can **get a hold of him**.

> 우리 모두 제임스와 연락이 끊긴 것 같아. 아무도 그와 연락이 안 돼.

I've been trying to **get a hold of Jake** for days. Do you know where he is?

> 나는 제이크와 며칠째 연락하려고 하고 있거든. 그가 어디 있는지 너는 아니?

Be messed up

: To be wrong/bad/unfair/ unjust

나쁘다/부당하다/잘못된 일이다

He got promoted through favoritism? **That's messed up**!

> 그 사람이 편파적인 인사로 승진이 됐다고? 그건 부당하지!

When he was a poor actor, she did everything to support him, and now that he's became famous, he's divorced her? **That's** just **messed up**!

> 그가 가난한 배우였을 때, 그녀는 그를 돕기 위해 뭐든 다 했어. 이제 그가 유명해졌다고, 그녀와 이혼했다고? 진짜 너무하네!

A: He became the president of the country just because his father was the former president of that country.

B: What? **That's** totally **messed up**!

> A: 그는 단지 아버지가 그 나라의 전직 대통령이었다는 이유로 그 나라 대통령이 됐어.
> B: 뭐? 그건 완전히 잘못된 일이지!

Keep to oneself

: To spend most of the time alone without talking to other people

다른 사람들과 이야기하지 않고 대부분의 시간을 혼자 보내다

My husband and I are very different from each other. He's a very reserved person who **keeps to himself**, but I'm a social butterfly.

> 우리 남편하고 난 서로 아주 다르거든. 남편은 대부분의 시간을 혼자서 보내는 매우 내성적인 사람이지만, 난 엄청 사교적인 사람이야.

It's not a good thing to **keep to yourself**. You need to make some friends.

> 너 혼자서만 시간을 보내는 건 좋은 게 아니야. 넌 친구를 사귀어야 해.

I'm not really social, and I usually **keep to myself**.

> 난 정말 사교적이지가 않고, 보통 혼자서 시간을 보내.

Mess up ~ / Mess ~ up

: To cause someone psychological problems

~에게 큰 정신적(심리적) 문제를 안겨 주다

I want Marian to stay away from that guy because I have a gut feeling that he could really **mess her up**.

난 마리안이 그 남자와 거리를 두기 바라. 왜냐하면 난 그 남자가 그녀를 정신적으로 아주 힘들게 할 수도 있다는 느낌이 들거든.

The car accident **messed up the child** because he was too young to deal with it.

자동차 사고는 그 아이에게 정신적으로 큰 충격을 줬는데, 그 이유는 그 아이가 그걸 이겨 내기에는 너무 어렸기 때문이야.

He hopes his divorce will not **mess up his kids**.

그는 자기 이혼이 아이들에게 너무 큰 충격을 주지 않기를 바라지.

* 참고로, 이 구동사는 Lesson 3(미장원)에서 '(어떤 문제나 상황을) 잘못 처리하다' (to mishandle a situation)라는 의미로도 쓰인다고 배웠습니다. 물론 그럴 때는 목적어 자리에 사람이 아니라 문제나 상황과 관련된 표현이 나옵니다.

Hold back ~ / Hold ~ back

: To not tell ~ to people/To not show how one is feeling

~를 비밀로 간직하고 말하지 않다/ 감정을 누르거나 참다

He tends to **hold back important information** and drives us nuts.

그는 중요한 정보를 혼자서만 알고 말하지 않는 경향이 있어서 우리를 미치게 해.

When you get to know someone's secret by chance, it's better to **hold it back**.

네가 우연히 누군가의 비밀을 알게 된다면, 혼자 조용히 알고 있는 것이 더 나아.

I don't know how to **hold back my anger**.

난 화를 어떻게 참는지 모르겠어.

Go after ~

: To pursue ~/To try to get ~

~을 추구하다/얻으려 하다

I don't know why **she's going after that guy**. He's a well-known playboy.

난 왜 그녀가 저 남자를 쫓아다니는지 모르겠어. 저 남자 천하가 다 아는 바람둥이거든.

I don't understand Damon because he always **goes after money**.

난 데이먼을 이해할 수가 없어. 왜냐하면 그는 항상 돈만 좇거든.

He's not gay. He **goes after girls** all the time.

그 사람 게이 아니야. 그 사람은 언제나 여자들만 쫓아다니거든.

Stand ~ up

: To not show up for a date

~를 바람맞히다

He **stood me up** again. I may need to move on.

그가 나를 또 바람맞혔어. 나 그냥 그 사람 이제 잊어야 할까 봐.

I don't think she respects you at all. If she respects you, she would never **stand you up** like that.

난 그녀가 너를 존중한다는 생각이 전혀 안 들어. 그녀가 너를 존중한다면, 절대로 그렇게 널 바람맞히지 않을 거야.

That guy is a player. I've heard he **stands girls up** after dating a couple of times.

그 남자 바람둥이야. 그 사람이 한두 번 데이트한 후에는 여자들 바람맞힌다는 소리를 들었거든.

G RAMMAR POINT

프란체스카는 "She's not the kind of person who keeps to herself."라고 말합니다. Keep to oneself는 다른 사람들과 어울리지 않고 대부분의 시간을 혼자 보낸다는 말입니다. 그런데 제시가 말한 다음 문장을 보세요.

I was going to hold it back, but maybe I shouldn't **keep it to myself**.
내가 아무한테도 이건 말 안 하려고 했는데, 나 혼자만 알고 있으면 안 될 것 같네.

이 문장에서는 keep이 타동사로 바로 다음에 목적어(it)를 취한 후에 to myself가 왔습니다. 이런 문법 구조를 가진 경우에는 keep이 '~를 비밀로 간직하다'(to keep ~ as a secret)라는 뜻이 됩니다.

Don't worry about it. **I'll keep it to myself**.
걱정하지 마세요. 제가 비밀로 하고 아무에게도 말하지 않겠습니다.

I don't think **he'll keep it to himself** because he has a big mouth.
내 생각에는 그가 비밀을 지킬 것 같지 않아. 왜냐하면 그는 입이 가볍거든.

If you need to send out announcements, tell it to Jeremy because he cannot **keep it to himself**.
사람들한테 알릴 일이 있다면, 제러미한테 말해. 왜냐하면 그 사람은 아무것도 혼자 마음에 담아 두지를 못하거든.

* 이렇게 keep to oneself와 keep ~ to oneself의 서로 다른 의미를 함께 공부해서 헷갈리지 않도록 하세요.

Vocabulary POINT 1

프란체스카는 "I've got the hottest tea to spill."이라고 말합니다. 여기서 tea는 미국 속어 표현으로 가십(gossip)을 뜻합니다. 여성들이 오후에 모여서 차를 마시면서 가십거리를 나누는 미국 남부 문화에서 유래된 표현이라는 설이 있습니다. 그래서 spill the tea는 '비밀을 누설하다/까발리다'라는 뜻의 이디엄입니다. 가십을 뜻하는 영어 표현으로는 tea 외에 dirt(가십, 추문)도 있습니다.

Find dirt on ~: To find bad things about someone
~에 관한 추문을 알아내다

He's always trying to **find dirt on the opposing candidate**.
그는 언제나 상대 후보의 추문을 알아내려고 한다.

Dig up dirt about ~: To search for bad things about someone ~에 관한 추문을 들추다/캐내다

Unfortunately, some politicians know how to **dig up dirt about others** very well.
불행히도, 어떤 정치인들은 다른 사람에 관한 추문을 캐내는 방법을 아주 잘 알고 있지.

Dish the dirt (on ~): To gossip about someone or something ~에 관한 험담을 하다

Be careful of my roommate. He **dishes the dirt** all the time and doesn't care about facts.
내 룸메이트 조심해. 걔는 항상 험담을 하는데, 그게 사실인지는 관심도 없거든.

I really like Jessica because she never **dishes the dirt on anyone**.
난 제시카가 정말 좋아. 제시카는 그 누구에 관해 험담하는 법이 절대로 없거든.

$\mathscr{V}$ocabulary POINT 2

Get out (of ~)는 '(~에서) 나가다'라는 의미의 구동사입니다. 그런데 우리 모두가 알고 있는 이 구동사가 제시와 프란체스카의 대화에서는 조금 다른 의미로 쓰이고 있지요? 헌터가 상견례를 하던 도중에 도망가 버렸다고 프란체스카가 이야기하니까, 제시가 "Get out!"이라고 말하니까요. 이런 문맥에서 "Get out!"은 당연히 "나가!"라는 뜻이 아니라 "설마!" 정도로 해석할 수 있습니다. 이렇게 누군가가 도저히 믿기 어려운 말을 할 때, 미국인들은 이 표현을 사용합니다.

A: Do you remember our classmate, Dominic who was a nerd? I just found out he became an actor, and he's going to star in a major movie next month.

B: Get out (of here)!

A: 너 우리 반 범생이었던 도미니크 기억나? 내가 방금 알았는데, 걔가 배우가 됐대. 다음 달에 개봉하는 메이저 영화에 주연으로 나올 거라네.

B: 말도 안 돼!

POP *Quiz!*

PHRASAL VERBS(구동사)에
얼마나 익숙해졌는지 체크하며
뜻이나 생각나는 영어 표현 등을 써 보세요.

Run off ☐

Get out! ☐

Lose track of ~ ☐

Hang on ☐

Get a hold of ~ ☐

Keep to oneself ☐

Mess up ~ /Mess ~ up ☐

Hold back ~ /Hold ~ back ☐

Go after ~ ☐

Stand ~ up ☐

Donna: (Talking to herself as she opens her laptop) Now, let's see. This is only the second time I have done a Zoom meeting. So, I click on this link, and it should take me to the meeting without needing to **log in**. Oh, perfect! It works!

Michelle: Hi, Donna! I'm so glad that you could join us today. We're still waiting for a few people to **get online**. Can you see me and hear me okay?

Donna: Yes, I can, Michelle. Can you see me and hear me?

Michelle: I can, but your voice is a little soft. If you want, you can turn up your volume a little bit. Oh, I see a few people have joined and are in the waiting room. I need to **let them in**. Okay, now it looks like everyone is here. So, first, can everyone hear me and see me okay?

Donna: Michelle, you're breaking up a little bit. Oh no, now you're frozen. I can still hear you though.

Michelle: Yeah, my Internet connection is not the best today. Am I unfrozen?

Donna: Yes, now everything is fine.

Michelle: Okay, so listen, if anyone has Internet connection problems, don't worry. If you **get kicked off**, don't panic. Simply use the link and **log** back **in**. Okay, so now I'm going to share my screen with you. Can everyone see that? Good. I'm going to play a video for you, but let me **test it out** first to make sure you can see it and hear it. How's the sound?

Donna: I can see and hear it, but the audio and visual **are** not **in sync**. And I think you need to **scroll down** on your screen so that we can see the video better.

Michelle: Okay, I've adjusted that. Is everything okay?

Donna: That sounds good, Michelle.

Michelle: Great. Now, let's get the ball rolling. I'm going to show you a video, and then we'll have a short discussion. I'm going to mute everyone, but you can unmute yourself when we discuss. I'd also like to **point out that you can post your comments in the chat box**.

도나: (노트북을 열면서 혼잣말로) 자, 보자. 이번이 내가 줌 미팅을 겨우 두 번째로 해 보는 거네. 그러니까 이 링크를 클릭하면, 로그인할 필요 없이 미팅에 참석할 수 있는 거지. 와, 좋아! 잘되네!

미셸: 안녕하세요, 도나 씨! 도나 씨가 오늘 우리 회의에 참석해 줘서 정말 고마워요. 아직 나머지 몇 사람이 온라인에 접속할 때까지 기다리고 있어요. 도나 씨는 제가 보이고 제 목소리가 잘 들리나요?

도나: 네, 그래요, 미셸 씨. 미셸 씨도 제가 보이고 제 목소리가 들려요?

미셸: 네, 그렇지만 도나 씨 목소리가 조금 작네요. 괜찮으시다면, 도나 씨 볼륨을 약간만 올려주세요. 아, 사람들이 더 들어와서 지금 웨이팅 룸에 있네요. 그 사람들을 들어오게 해야겠어요. 오케이, 이제 모두 다 온 것 같네요. 그럼, 먼저 모두들 제가 보이고 제 목소리가 잘 들리세요?

도나: 미셸 씨, 목소리가 조금씩 끊겨요. 어머, 이제는 미셸 씨 화면이 정지 상태예요. 여전히 목소리는 들리지만.

미셸: 네, 제 인터넷 연결 상태가 오늘 최상은 아니에요. 제 화면이 이제 움직이나요?

도나: 네, 이제 다 괜찮아요.

미셸: 네. 그럼, 모두 잘 들으세요. 누구든 인터넷 연결 문제가 있어도 걱정하지 마세요. 인터넷 문제로 (줌 미팅 도중에) 나가게 돼도 너무 스트레스받지 마세요. 그냥 링크를 사용해서 로그인해서 다시 들어오면 됩니다. 자, 이제 제 화면을 여러분과 공유할 건데요, 모두들 보이세요? 좋아요. 제가 여러분에게 비디오를 하나 틀어드릴 건데, 먼저 여러분이 잘 보고 들을 수 있는지 확실히 하게 제가 그걸 테스트해 볼게요. 소리가 어때요?

도나: 비디오가 보이고 들리기는 하지만, 화면과 오디오가 일치하지 않아요. 그리고 미셸씨가 화면을 좀 스크롤 해서 내려야 저희가 비디오를 더 잘 볼 수 있을 것 같아요.

미셸: 네, 그렇게 조정했습니다. 이제 괜찮아요?

도나: 좋아요, 미셸 씨.

미셸: 아주 좋아요. 이제 일을 시작합시다. 제가 비디오를 보여드리겠습니다. 그러고 난 후에 우리가 짧게 이야기해 보죠. 제가 여러분 모두를 음소거 상태로 할 겁니다만, 우리가 이야기할 때는 여러분의 소리 기능을 켜도 됩니다. 또 채팅 박스에 코멘트를 남겨도 된다는 점도 언급하고 싶습니다.

---

break up (목소리나 통화 등이) 끊기다   **get the ball rolling** 일을 시작하다

Log in

: To do the procedure to begin using a computer, database, or system

(컴퓨터나 데이터베이스, 시스템 등을 사용하기 시작할 때) 로그인하다

Use your username and password to **log in**.

사용자명과 비밀번호를 사용하여 로그인하세요.

I tried to **log in**, but the computer did not recognize my identity.

내가 로그인하려고 했지만, 컴퓨터가 내 아이디를 인식하지 못했다.

After you **log in** with your temporary password, you can create a permanent one.

임시 비밀번호로 로그인한 후에, 영구적인 비밀번호를 만들 수 있습니다.

Get online

: To start using or accessing the Internet

인터넷에 접속해서 사용하기 시작하다

I can see if that restaurant is open on Mondays. Let me **get online** and do that.

난 그 식당이 월요일에 여는지 알아볼 수 있어. 내가 인터넷에 접속해서 알아볼게.

Our Wi-Fi connection is weak, so it might take a little longer to **get online**.

우리 와이파이가 약해서, 인터넷에 접속하는 데 조금 오래 걸릴 수도 있어.

As soon as I get to work, I **get online** and check my email.

출근하자마자, 나는 인터넷에 접속해서 이메일을 확인해.

A: When is the last time you **got online**?

B: Two minutes ago; I'm always online.

A: 네가 마지막으로 인터넷에 접속한 게 언제야?
B: 2분 전. 난 항상 인터넷에 접속해 있거든.

Let in ~ /
Let ~ in

: To allow entry

입장을 허락하다/들어오게 허락하다

If people have not paid for entry tickets, do not **let them in.**

사람들이 입장표를 사지 않았으면, 못 들어오게 하세요.

Someone is knocking at the door. Can you **let them in**?

누군가 문을 두드리고 있어요. 그 사람 들어오게 해 줄래요?

He opened the windows to **let in the fresh air.**

그는 창문을 다 열어서 상쾌한 공기가 들어올 수 있게 했다.

Don't open the doors, or you will **let mosquitoes in.**

문을 열지 마. 안 그러면 모기가 들어오게 할 거야.

Get kicked off (of ~)

: (With technology) To lose Internet connectivity and access to a particular online function

인터넷 연결이 끊기거나 온라인의 어떤 프로그램에서 연결이 끊기다

I was in a Zoom call during a thunderstorm. Our power went out, and I **got kicked off of Zoom**.

나는 폭풍우가 칠 때 줌 미팅을 하고 있었어. 우리 집 전기가 나갔고, 줌 연결이 끊겼어.

The Internet connection was not great, and I **got kicked off of my Skype call** several times.

인터넷 연결이 좋지 않았고, 나는 스카이프 통화 중 여러 번 끊겼어.

We have really stable Wi-Fi here, so you won't **get kicked off of your video call**.

우린 정말 안정된 와이파이를 갖고 있어서, 네가 화상 통화 중에 끊기는 일은 없을 거야.

Unfortunately, during the online meeting, I **got kicked off** and couldn't get back in.

불행히도, 온라인 회의 중에 끊겼고 내가 다시 들어갈 수가 없었어.

Test out ~ /
Test ~ out

: To test something to make sure that it works, or to see how people respond to it

무언가가 잘 되는지 시험 삼아서 해 보다

Before we give the survey to everyone, we need to **test it out** on a small group of people to make sure that the questions are clear.

설문지를 모두에게 주기 전에, 우리는 질문들이 모두 명확한지 확실히 하기 위해 소그룹의 사람들에게 시험 삼아서 해 봐야 해.

Mike went to the bike shop to buy a new mountain bike. They let him **test out several bikes** before he bought one.

마이크는 새 산악자전거를 사려고 자전거 가게에 갔다. 그들은 마이크가 자전거를 사기 전에 여러 대의 자전거를 시험 삼아 타 보게 해 줬다.

I ordered some wireless headphones from an online company. They allow you to **test them out** for thirty days. If you don't like them, you can return them and get a refund.

나는 무선 헤드폰 몇 개를 온라인 회사에서 주문했어. 그들은 30일 동안 그 헤드폰을 시험 삼아 써 볼 수 있게 해줘. 헤드폰이 마음에 들지 않으면, 돌려주고 환불받을 수 있어.

Be in sync
(with ~)

: To be a condition when two or more people or things work well together at the same time and rate

(~와) 조화를 이루다/동시에 진행되다

The sound for the old movie **was** not **in sync**. When the actors talked, there was no sound, but as soon as they stopped talking, you could hear the audio.

그 오래된 영화의 소리가 화면과 안 맞았어. 배우들이 말할 때는 소리가 없었는데, 말하는 것을 멈추자마자, 오디오를 들을 수가 있었거든.

The project went smoothly because everyone on the team **was in sync with each other**.

그 프로젝트는 순조롭게 진행되었어. 모든 팀원이 서로 조화를 이루며 함께 잘 일했기 때문이야.

* Be 동사 대신 다른 동사를 넣는 경우도 있습니다.

The two tango dancers gracefully **moved in sync with each other and the music**.

그 두 탱고 댄서들은 서로, 그리고 음악과 함께 조화를 이루며 우아하게 움직였다.

Scroll down

: To move down (lower) on a computer screen

(화면 등에서) 스크롤 해 내려가다

Scroll down all the way to the bottom of the screen for the submit button.

'제출' 버튼을 찾으려면 화면 제일 아래까지 스크롤 해서 내려가.

Wait, don't **scroll down** yet! I haven't finished reading the online menu.

잠깐만, 아직 스크롤 해서 내려가지 마! 나 아직 온라인 메뉴 못 읽었어.

This is such a thrilling story, and I can't stop **scrolling down**.

이건 너무나도 스릴 있는 이야기라서 스크롤 해서 내리는 것을 멈출 수가 없어.

* 다음에 나오는 반대 표현인 scroll up도 알아두세요.

Scroll up

: To move up (higher) on a computer screen

(화면 등에서) 스크롤 해 올라가다

He **scrolled up** on the contact list on his cell phone to find a friend's phone number.

그는 친구 전화번호를 찾으려고 핸드폰 연락처를 스크롤 해서 올라갔다.

I tried to **scroll up**, but my screen had frozen, so I had to restart my laptop.

나는 스크롤 해서 올라가려고 하는데, 화면이 멈춰서 내 노트북을 다시 시작해야 했어.

If you want to read the full story, **scroll up** to the top.

전체 이야기를 다 읽고 싶다면, 맨 위로 스크롤 해서 올라가.

Point out ~ /
Point ~ out

: To draw attention to something that someone finds important, or to direct someone's attention to something

~를 지적하다/~를 가리키다

The insurance broker **pointed out the reasons we should purchase more car insurance**.

그 보험 설계사는 우리가 자동차 보험을 더 구입해야 하는 이유를 지적했다.

Let me **point out that I never voted for that senator**. I didn't think he was qualified to begin with.

내가 그 상원의원을 단 한 번도 뽑아준 적이 없다는 사실을 언급할게. 난 처음부터 그가 자격이 있다고 생각하지 않았어.

The restaurant manager **pointed out where the restrooms were**.

그 식당 매니저는 화장실이 어디에 있는지를 가리켰습니다.

The flight attendant **pointed the emergency exits out** on the plane to the passengers.

승무원은 승객들에게 비행기의 비상구를 가리켰습니다.

$\mathcal{V}ocabulary$ POINT 1

미셸은 "Let's get the ball rolling."이라고 말합니다. 온라인 회의 중에 갑자기 공을 굴릴(rolling a ball) 일은 없죠. Get the ball rolling은 '무언가를 시작하다'(to get something started)라는 뜻의 이디엄입니다. 회의나 프로젝트 같이 일에 관계된 문맥에서 주로 쓰입니다. 미국에서 굉장히 자주 쓰이는 이디엄이니까 다음 예문을 보면서 확실하게 익히고 넘어가세요.

Subordinate: Boss, I've collected all of research that we will need for the budget planning project, and Carrie has updated all of the spreadsheets.
Boss: It sounds like we're ready to **get the ball rolling**, Grayson. Let's get the team together and get started on this project tomorrow.
부하직원: 사장님, 저희가 예산 수립 프로젝트에 필요할 모든 조사 자료를 제가 모았고, 캐리 씨가 엑셀 파일을 모두 업데이트했습니다.
상사: 우리가 시작할 준비가 다 된 것 같네요. 그레이슨 씨. 팀원들 모두 모이도록 해서 이 프로젝트를 내일 시작하도록 합시다.

A: Your new house is gorgeous, Evan! How long did it take to build?
B: A year. It took the first three months just to get started. First, we had to get building permits and prepare the site. But after that, we **got the ball rolling**, and we made quick progress.
A: 너희 새집 너무 예쁘다, 에반! 이 집 짓는 데 얼마나 걸렸어?
B: 1년. 시작하는 데만 처음 3개월이 걸렸거든. 우선, 건축 허가서를 받고 부지를 준비해야 했어. 하지만 그 후에 우리가 일을 시작했고, 재빨리 진행했지.

The city is trying to improve the downtown area. **To get the ball rolling**, it is giving downtown businesses special funding to renovate their buildings.
시에서 시내 중심 지역을 개발하려고 합니다. 그 일을 시작하기 위해, 시는 시내 중심가에 있는 회사들이 자기네 건물을 보수할 수 있게 특별 지원금을 주고 있습니다.

Vocabulary POINT 2

온라인 회의 중에 사용하는 특수 어휘들이 많습니다. 그중 사용 빈도가 높은 몇 가지만 배워 볼까요?

Frozen/unfrozen:
회의 중 화면이 freeze 된다는 것은 화면 속 사람이 갑자기 움직이지 않는다는 뜻입니다. 어떤 경우에는 그 사람이 말하는 것은 들리지만, 화면은 여전히 정지된 상태일 때도 있고요. 이건 인터넷 연결 상태가 좋지 않을 때 자주 나타납니다. 이런 일이 생기면, 미국인들은 "You're frozen."(네 화면이 안 움직여.)이라고 말합니다. 그 사람 화면이 움직이기 시작하면, "You're unfrozen."(화면이 움직여.)이라고 하지요.

A: Guys, I'm having some Wi-Fi issues today, and my screen keeps freezing, so let me know if that happens.
B: Yeah, Patrice, you're **frozen**. I can hear you, but you're **frozen**. Oh, nope, now it's okay again. You're **unfrozen**!

A: 여러분, 오늘 제 와이파이 상태에 문제가 좀 있어서 제 화면이 계속 정지하니까, 그러면 저한테 말씀해 주세요.
B: 네, 파트리스 씨. 지금 파트리스 씨 화면이 정지 상태예요. 목소리는 들리는데 화면은 정지했어요. 아, 아닙니다. 지금은 다시 괜찮네요. 화면이 움직여요!

Mute/unmute:
타동사인 mute ~는 '무언가가 소리가 안 나도록 하다'(to make ~ silent)라는 말입니다. 온라인 회의 시에 음소거 버튼(mute button)을 사용해 회의 도중에 내 쪽에서 소리가 안 나가도록 할 수 있습니다. 그래서 온라인 회의 중에 mute와 unmute는 다음과 같이 주로 재귀 대명사(oneself)와 함께 쓰입니다.

Okay, we're ready to start the meeting. Can everyone **mute themselves**?
자, 회의 시작할 준비가 됐습니다. 모두 음소거 상태로 해 주시겠습니까?

We're going to have a discussion. Feel free to **unmute yourself** and participate.
우리는 토론을 할 겁니다. 언제든 음소거 버튼을 끄고 토론에 참여하실 수 있습니다.

We can't hear Sarah. Can someone tell her to **unmute herself**?
사라 씨 말이 안 들려요. 사라 씨한테 음소거 버튼 좀 꺼 달라고 누가 말 좀 해 줄래요?

한편, 상대가 mute button을 누른 채 말을 해서 들리지 않으면, "You are on mute."(당신은 음소거 상태입니다.)라고 말하면 됩니다. 이렇게 to be on mute 역시 온라인 회의 중에 자주 쓰이는 표현입니다.

A: Donna, we can't hear you. **You're on mute**.
B: Sorry about that! I didn't realize I **was on mute**.

A: 도나 씨, 우리한테 도나 씨 목소리가 안 들려요. 도나 씨가 지금 음소거 상태예요.
B: 죄송합니다! 제가 음소거 상태인지 몰랐어요.

$\mathcal{V}ocabulary$ POINT 3

이번에는 이런 온라인 회의에서 미국인들이 자주 사용하는 표현들을 익혀 봅시다. 일단 실제로 만나서 하는 회의가 아니기 때문에 서로 주고받는 말을 좀 더 명확하게 하기 위한 표현을 많이 씁니다. 이런 표현을 영어로는 "clarification language"라고 부릅니다. Clarification language 중에서 말하는 사람의 입장에서 듣는 사람들이 자기 말을 정확하게 이해했는지를 알기 위해 하는 표현은 다음과 같습니다.

Does everyone understand?
모두 이해합니까?

Is that clear?
제가 말한 것이 명확한가요?

Are there any questions?
질문 있습니까?

듣는 사람의 입장에서 좀 더 명확하게 하기 위한 표현은 다음과 같습니다.

Can you repeat that, please?
다시 한번 말씀해 주시겠습니까?

Can you explain ~ again?
~를 다시 설명해 주실 수 있으세요?

What do you mean by ~?
~가 무슨 의미인가요?

온라인 회의에서는 이렇게 말하는 사람과 듣는 사람들 모두가 조금 더 집중하고 노력해야 의사소통이 명확하게 진행됩니다. 앞의 대화에서도 볼 수 있듯이, 온라인 회의 중 시각 자료나 청각 자료를 원활하게 공유하기 위해서는 다음 질문을 해서 언제나 확인하는 것이 좋습니다.

Can everyone hear me okay?
모두 제 말이 잘 들리세요?

Can everyone see me okay?
모두 제가 잘 보이세요?

Can everyone see my screen/PowerPoint/slides?
모두 제 화면/파워포인트/슬라이드가 보이나요?

Can you hear and see the video?
비디오가 들리고 보이나요?

POP *Quiz!*

Log in ☐

Get online ☐

Let in ~ /Let ~ in ☐

Get kicked off (of ~) ☐

Test out ~ /Test ~ out ☐

Be in sync (with ~) ☐

Scroll down ☐

Scroll up ☐

Point out ~ /Point ~ out ☐

Get the ball rolling ☐

LESSON 8
정원 가꾸기

Maya: Your garden looks amazing, Laurie! You really have a green thumb!

Laurie: I do love plants, but sometimes I feel like I'm all thumbs. It takes a lot of trial and error to have a successful garden.

Maya: Well, it's clear that you **look after everything** with a lot of love.

Laurie: For the next two weeks, I'll **be cleaning up the garden**.

Maya: What kinds of things do you have to do? It looks good to me.

Laurie: See this bed of flowers here? These are going to **shrivel up** in a few days. I plan to **dig them up** and plant something new here for the summer.

Maya: I love this bush over here with the blossoms on it. This is lovely!

Laurie: Yes, it's great in the cooler seasons, and it will **die back** in the summer, but that's okay. If I keep it fertilized, it will return with new blossoms in the winter.

Maya: I like how you have this vine on a trellis. It's very dramatic.

Laurie: This plant is one of my favorites! You can't kill it! But, because it grows so well, you do have to trim it from time to time, or it will **take over your yard**.

Maya: Oh, you have blackberry plants over there. I love picking blackberries!

Laurie: Blackberries are delicious! I need to put some kind of net over it soon to protect the blackberry patch. Last year the birds and raccoons **got into it** and ate most of the berries.

Maya: What's that patch over there? It looks like nothing is growing there.

Laurie: Yeah, that's empty right now because I need to build up the soil first with compost and earthworms. At some point, I also need to repot all of those plants that I have on the deck.

Maya: Wow, you do have your work cut out for you, but I know you love it.

Laurie: I do! Whenever I **stress out over life**, I work in the garden. Gardening is the best therapy!

마야: 너희 정원이 정말 멋져 보인다, 로리! 넌 정말 원예에 소질이 있어!

로리: 내가 식물을 정말 좋아하기는 하지만, 가끔 내가 영 손재주가 없는 것처럼 느껴져. 멋진 정원을 가지려면 많은 시행착오를 거치거든.

마야: 글쎄, 내가 보기엔 넌 애정을 많이 담아서 모든 걸 돌보는 게 분명하거든.

로리: 다음 2주 동안, 내가 정원을 청소할 거야.

마야: 네가 어떤 일들을 해야 하는 건데? 내가 보기엔 좋은데.

로리: 여기 화단 보이지? 이 꽃들이 며칠만 지나면 시들해질 거거든. 내가 이걸 다 파내고, 올여름 대비해서 뭔가 다른 걸 여기 심을 계획이야.

마야: 난 여기 있는 덤불숲과 그 위에 함께 있는 꽃들이 참 좋아. 사랑스러워!

로리: 맞아. 그게 좀 더 시원한 계절에는 참 좋은데, 여름에는 잎이 지거든. 하지만 괜찮아. 내가 계속 거기에 비료를 주면, 겨울에 새 꽃들이 다시 피거든.

마야: 난 네가 이 덩굴을 격자 구조물 위에 둔 방식이 마음에 들어. 매우 인상적이야.

로리: 이 식물이 내가 좋아하는 것 중 하나야! 이건 절대로 죽지 않거든! 그렇지만 그게 지나치게 잘 자라서, 가끔 가지를 잘라내면서 다듬어야 해. 안 그러면, 이게 뜰을 장악해 버릴 거야.

마야: 와, 저기 블랙베리 나무도 있네. 나 블랙베리 따는 것 정말 좋아하거든!

로리: 블랙베리 맛있지! 블랙베리밭을 보호하게 그 위에 그물망 같은 것을 곧 놔야 해. 작년에 새랑 너구리들이 거기 들어가서 베리를 거의 다 먹어 버렸거든.

마야: 저기 있는 저 밭은 뭐야? 저기는 아무것도 안 자라는 것 같아 보여.

로리: 맞아, 그건 지금은 그냥 빈 땅이야. 먼저 퇴비와 지렁이로 토양을 비옥하게 만들어야 하거든. 또, 어느 시점에서는 내가 데크 위에 둔 저 모든 식물을 다른 화분에 옮겨 심어야 해.

마야: 우와, 너한테 정말 힘든 일이 주어졌네. 하지만 난 네가 그 일을 즐긴다는 건 알아.

로리: 맞아! 살면서 스트레스를 받을 때마다, 난 정원에서 일해. 정원 일을 하는 게 최고의 치유법이거든!

---

have a green thumb 원예에 소질이 있다   **all thumbs** 손재주가 없는   **trellis** 격자 구조물
build up 더 건강하게[강력하게] 만들다   **compost** 퇴비   **repot** 다른 화분에 옮기다, 분갈이하다
have one's work cut out (for one) 힘에 겨운 일을 맡다

Look after ~

: To care for ~

〜을 돌보다

We have six chickens. When we went away for the weekend, one of our neighbors **looked after the chickens** for us.

우리에겐 여섯 마리 닭이 있거든. 우리가 주말에 멀리 갔을 때, 우리 이웃 한 사람이 우리 대신 그 닭들을 돌봐줬어.

There are seven children in the family, so the older ones **look after the younger ones** when their parents are busy.

우리 가족은 아이가 일곱이라서, 부모님이 바쁠 때는 큰 아이들이 어린 동생들을 돌봐.

It was clear that the old house **had not been looked after** much. It needed some major renovations to be livable again.

그 오래된 집이 별로 손보지 않은 것이 확실해. 다시 살 만한 집이 되려면 대대적인 보수가 필요했거든.

Alex is a great host. When he has a party, he always **looks after all of his guests.** There is always plenty to eat and drink, and lots of great music.

알렉스는 훌륭한 초대자야. 파티할 때면, 알렉스는 언제나 자기 손님들을 챙기거든. 항상 먹을 것과 마실 것이 충분하고 멋진 음악도 많아.

Clean up ~ / Clean ~ up

: To clean or organize a place or situation

〜을 깨끗하게 청소하다/ (어떤 상황을) 정리하다

When I was a kid, my mom was always trying to get me to **clean up my room.**

내가 아이였을 때, 우리 엄마는 늘 내가 내 방을 청소하게 하셨어.

We had a great party last night, but now the kitchen is a mess. I need to **clean it up.**

어젯밤에 우리는 성대한 파티를 했지만, 지금은 부엌이 완전히 엉망이야. 그곳을 청소해야겠어.

Our old manager did a terrible job with the business accounts. I'm glad we have a new manager, but she will have to **clean up the mess** that the old manager left behind.

지난번 우리 매니저가 기업 회계를 엉망으로 했거든. 새 매니저가 와서 정말 기쁘지만, 그분이 이전 매니저가 엉망으로 해 놓고 간 것들을 정리하셔야 할 거야.

Shrivel up

: To wither and wrinkle because of a loss of moisture
수분 부족으로 시들어 쪼그라들다

If I don't drink some water, I feel like I will **shrivel up**! I'm so thirsty.

내가 물을 좀 안 마시면, 시들어 버릴 것 같아! 나 너무 목이 마르거든.

At the end of the summer, the old tomatoes on the vine started to **shrivel up** in the heat.

여름이 끝날 무렵, 덩굴에 있던 오래된 토마토들이 열기로 시들어 쪼그라들기 시작했다.

We had a lot of blueberries on our blueberry bushes, but after a month-long drought, all of the berries **shriveled up**.

우리는 블루베리 관목에 블루베리가 많이 열렸지만, 한 달간 계속된 가뭄 후에 블루베리가 다 시들어서 쪼그라들었어.

I saved some plums for a snack, but I forgot about them. By the time I remembered them, they were dry and **had shriveled up**.

난 간식으로 먹으려고 자두를 몇 개 놔뒀지만, 완전히 잊어버렸거든. 내가 그 자두가 생각났을 때쯤에는, 모두 말라서 쪼그라들었더라고.

Dig up ~ / Dig ~ up

: To remove ~ from the ground by digging
~을 땅에서 파내다

First, we let our carrot seeds sprout in the greenhouse, then we **dig the best ones up** and replant them in the vegetable garden.

우선, 우리는 온실에서 당근 씨들이 발아하도록 하고, 그런 다음 그중 가장 좋은 것들을 파내서 채소밭에 다시 옮겨 심어.

One of the water pipes needed to be replaced, so the plumber **dug it up** and installed a new one.

수도관 중 하나가 교체돼야 해서, 배관공이 그걸 파내고 새것으로 설치했어.

I love **digging up fresh potatoes** from the garden.

나는 밭에서 신선한 감자를 파내는 게 정말 좋아.

The archaeologists carefully **dug up the pieces of pottery** hoping to learn more about the ancient civilization.

고고학자들은, 고대 문명에 관해 더 배울 수 있기를 희망하면서, 조심스럽게 그 도자기 그릇 조각들을 파냈다.

Die back

: With plants, when the leaves on a plant die, but the roots remain alive

(식물의) 잎이 지다 (하지만 뿌리는 여전히 살아 있는 상태를 말함)

Most of the trees in our yard **die back** in the fall; they are full of new leaves in the spring.

우리 뜰에 있는 나무들 대부분은 가을에 잎이 지거든. 봄이 되면 그 나무들은 새순으로 가득해.

He wanted his garden to be green all year long, so he selected plants that do not **die back**.

그는 자기 정원이 일 년 내내 녹색이길 바랐고, 그래서 잎이 지지 않는 식물들을 골랐어.

The landscaper told me not to worry that the leaves had fallen off the plant. He explained that it was normal for this plant to **die back** once a year.

그 정원사는 내게 식물에서 잎들이 떨어지는 것에 대해 걱정하지 말라고 했어. 그는 이 식물은 일 년에 한 번 잎이 지는 것이 정상이라고 설명했어.

Take over ~

: To dominate ~

~를 장악하다

I really don't want these invasive plants to **take over my garden**.

난 이 침입종 식물들이 우리 집 정원을 장악하는 건 정말 원치 않아.

Honey, these are the herbs that will **take over our garden**.

여보, 여기 이 허브들이 앞으로 우리 정원을 장악할 거예요.

Don't let your emotions **take you over**.

네 감정이 너를 지배하도록 내버려 두지 마.

* 지금까지는 take over가 타동사로 쓰이는 문장을 봤는데, 다음과 같이 자동사로 목적어 없이 쓰이기도 합니다.

Don't let your emotions **take over**.

네 감정이 너를 지배하도록 내버려 두지 마.

* 이 구동사는 '~을 인수/인계받다'(to begin to do something that someone else has been doing)라는 의미로도 쓰입니다. (1권 Lesson 6 직장/업무 관련 참조)

Get into ~

: To disturb ~ or the contents of ~

~를 건드리다/~의 내용물을 건드리다

Oh no! Mice **have gotten into the box of cereal**.

앗, 이런! 쥐들이 시리얼 박스를 헤집어 놨네.

My toddler **got into my makeup kit** and smeared lipstick all over the bathroom.

우리 걸음마쟁이 아이가 내 화장품 세트를 건드려서 립스틱을 욕실 여기저기에 문질러 놨어.

The deer kept **getting into our yard** and eating all of the bushes. We've had to install a fence.

사슴이 계속 우리 뜰에 들어와서 덤불을 모두 먹어 버렸어. 우리가 울타리를 설치해야 했다니까.

We were saving that cake for dessert, but it looks like my daughter and her friends **got into it** last night. We only have a few slices left.

우리는 그 케이크를 디저트로 먹으려고 남겨 놨지만, 우리 딸아이와 걔 친구들이 어젯밤에 그 케이크에 손댄 것 같아. 몇 조각밖에 안 남았어.

Stress out over ~

: To feel stressed, anxious, or nervous about ~/To make someone feel stressed

~에 관해 스트레스를 받다/~에 관해 누군가에게 스트레스를 주다

Stressing out over finding a new job won't make finding a new job any easier.

새 직장 찾는 데 스트레스를 받는다고 새 직장을 찾는 게 더 쉽지는 않을 거야.

With our first baby, we **stressed out over everything**, but now that we have a second child, we are much more relaxed as parents.

첫 아이 키울 때는, 우리가 모든 것에 스트레스를 받았거든. 그런데 이제 둘째를 낳고 나니 부모로서 훨씬 더 느긋하네.

* 참고로, 이 구동사는 전치사를 over 대신 about 으로 써도 됩니다.

Jake always **stresses out about taking tests**.

제이크는 늘 시험 치르는 것에 스트레스를 받아.

I hate flying. I **get so stressed out about getting on airplanes**.

난 비행하는 게 싫어. 비행기 타는 것에 너무 스트레스를 받거든.

Vocabulary POINT 1

대화문에서 thumb(엄지손가락)이 들어간 이디엄이 두 개가 있습니다. 둘은 서로 전혀 다른 의미로 쓰이고 있지요. Have a green thumb은 '식물을 잘 다루다'(to be very good at working with and caring for plants)라는 뜻입니다.

Unfortunately, I didn't inherit my mother's **green thumb**. Her house looks like a lush jungle, and mine looks like a desert!
불행히도, 난 우리 어머니의 식물을 잘 다루는 그 솜씨를 물려받지 않았어. 어머니 집은 숲이 우거진 정글 같아 보이는데, 우리 집은 사막 같아 보여!

He grows the most beautiful orchids. He **has** quite **a green thumb**.
그는 가장 아름다운 난초를 기르고 있어. 그는 정말 식물을 잘 다루는 사람이야.

Look at these houseplants! They are all so healthy and beautiful. You clearly **have a green thumb**!
이 실내용 화초 좀 봐! 너무 다 건강하고 아름답다. 확실히 넌 화초 다루는 솜씨가 있어!

반면, be all thumbs는 '어설프고 서투른 솜씨를 가지다'(to be clumsy or awkward)의 뜻입니다. 뭔가 손으로 다듬거나 만드는 일에 관한 문맥에서 쓰입니다. 문자 그대로 모든 손가락이 엄지손가락이라고 상상해 보면 의미를 쉽게 이해할 수 있을 거예요. 그런 상황에서는 뭘 하든 서툴겠지요?

I asked Millie to help me make the dumplings. She tried, but **she's all thumbs**. Her dumplings were a complete mess!
내가 밀리에게 만두 만드는 것 좀 도와달라고 부탁했어. 밀리가 해 보기는 했는데, 솜씨가 꽝이더라고. 밀리가 만든 만두는 완전히 엉망이었어!

Dan is really bad at wrapping gifts. He **is all thumbs** with the wrapping paper and the ribbons.
댄은 선물 포장하는 걸 정말 못해. 포장지와 리본 다루는 것에 재주가 없어.

I would love to play the violin, but **I'm all thumbs**. I don't think I have the dexterity to do it.
난 바이올린을 연주하고 싶지만, 서툴거든. 나한테 그걸 연주할 재주가 없는 것 같아.

# *Vocabulary* POINT 2

이 대화문에 trial and error와 have your work cut out for you라는 이디엄도 나옵니다.

Trial and error는 말 그대로 '시행착오'인데요, 다음과 같이 주로 동사 take나 be 동사와 함께 쓰입니다.

I studied to be a professional baker. Let me tell you, it **takes** a lot of **trial and error** to bake a perfect loaf of bread!
나는 전문 제빵사가 되려고 공부했거든. 너한테 이 말을 해 주고 싶어. 완벽한 빵 한 덩이를 굽기 위해서는 많은 시행착오를 겪어야 해!

Sue: The design for your new clothing store is so beautiful, Michael!
Michael: Thanks! It **was** a lot of **trial and error** to get it this way. We changed the paint colors, furniture placement, and the lighting three times.
수: 네 새 옷 가게 디자인이 정말 아름답다. 마이클!
마이클: 고마워! 이렇게 만들기 위해서 많은 시행착오가 있었지. 우리는 페인트 색과 가구 배치를 바꿨고, 조명은 세 번이나 바꿨지.

대화 속 "You have your work cut out for you."는 '네가 어려운 업무를 한다'(You have a difficult task to complete.) 또는 '달성하기 힘든 목표가 있다'(You have a difficult goal to achieve.)라는 뜻입니다. 이 표현을 사용할 때는 대명사의 사용에 주의하세요.

I have my work cut out for me. 난 아주 힘든 일을 해야 하거든.

You have your work cut out for you. 넌 아주 힘든 일을 해야 하는구나.

He has his work cut out for him. 그는 아주 힘든 일을 해야 해.

She has her work cut out for her. 그녀는 아주 힘든 일을 해야 해.

We have our work cut out for us. 우리는 아주 힘든 일을 해야 해.

They have their work cut out for them. 그들은 아주 힘든 일을 해야 해.

My boss will be out of the office for four weeks, another colleague is out on maternity leave, so I now have to coordinate several projects, plus my usual tasks. I really **have my work cut out for me** for the next month.
우리 사장님이 4주 동안 사무실을 비우실 거고, 동료 한 사람은 출산 휴가 중이라 지금 제가 여러 개의 프로젝트를 조정해 진행하면서, 더불어 늘 하는 제 업무도 해야 합니다. 다음 달에는 저는 정말 힘든 일을 해야 합니다.

Our restaurant has been understaffed for several months. Sara is waiting tables and doing most of the drinks at the bar. Until we find some more servers, **she has her work cut out for her**.
우리 식당은 몇 달 동안 인원이 부족했습니다. 사라는 테이블 서빙과 바에서 대부분의 음료를 다 만들고 있어요. 우리가 종업원을 더 구할 때까지, 그녀가 정말 힘들게 일해야 합니다.

Nick is a musician who moved to Nashville to get the ball rolling on his music career. It's possible to make a living this way, but it's very competitive. **He** certainly **has his work cut out for him**.
닉은 음악 관련 커리어로 일을 시작하려고 내슈빌로 이사한 음악가야. 이런 식으로 생계를 꾸리는 것이 가능하긴 하지만, 그건 굉장히 경쟁이 심한 분야지. 확실히 그에게는 어려운 일이 주어졌어.

Gosh, do you see you the list of things we have to do to get this house ready to sell? It will take us a month of full-time work to complete this. **We have our work cut out for us**!
에휴, 당신 이 집을 팔리도록 해놓기 위해서 우리가 해야 할 일 목록 보여요? 이걸 다 끝내려면 우리가 한 달 동안 종일 일해야 할 거예요. 우리에게 정말 버거운 일이 주어졌어요!

Marcus: I'm so glad that we can get together to start getting our set list organized for the gig next month. We need to **come up with a few more tunes**.

Leslie: Let me **tune up my guitar** first. I have a list of some songs that I think would be good. Maybe we can even **look through a couple of them** today.

Marcus: Yeah, I need to **tune up my fiddle**, too. I see on your list that you have some bluegrass tunes.

Leslie: I do. I've always played a lot of folk music, and right now **I'm really into bluegrass**. Let's try the first song on the list. I can **count you in**, if you'd like.

Marcus: Why don't you play through it first, and then I'll **join in** the second time. I need to hear the whole thing.

Leslie: Sure! Oh, and this is bluegrass, so there will be plenty of places for taking solos.

Marcus: Yeah, that's a challenge for me. I have a classical background, and I'm still learning how to **solo over chord changes**.

Leslie: That's something we can **work on** together. I'll play the melody a few times, and then I can show you how I would **improvise on different parts of the melody**. You can copy what I do. I know it's not easy for classical musicians to play with this much freedom!

Marcus: It's true! I can read and play anything you put in front of me, but my mind goes blank when I have to improvise.

Leslie: Well, if you want a folk guitarist to stop playing, just ask them to read some sheet music! Don't worry, Marcus! Let's have fun and **play around with these tunes**. We have several weeks to practice, and I know it will be a great gig.

마커스: 우리가 모여서 다음 달 공연을 위해 공연 목록 정리를 시작할 수 있어서 정말 좋다. 우리가 곡조를 몇 가지 더 내야 하거든.

레슬리: 내 기타 좀 먼저 조율할게. 연주하면 괜찮을 노래 몇 가지 리스트가 있어. 그중 두세 곡은 오늘 함께 빨리 훑어볼 수도 있을 거야.

마커스: 그래, 나도 내 바이올린 조율해야 해. 네 리스트에 블루그래스(컨트리 음악의 일종) 곡조도 몇 곡 보이네.

레슬리: 맞아. 난 늘 포크 음악을 많이 연주해 왔는데, 지금은 블루그래스 음악에 정말 관심이 많거든. 리스트에 있는 첫 번째 노래부터 해 보자. 네가 원하면, 연주 시작 신호를 줄게.

마커스: 네가 먼저 연주를 다 해 보면 어때? 그러고 나서 두 번째에 내가 함께 연주할게. 내가 전체 곡을 다 들어봐야 해서.

레슬리: 물론이지! 앗, 이건 블루그래스 음악이라서 솔로로 연주해야 하는 곳이 여기저기 많을 거야.

마커스: 그러네. 그건 나한테는 좀 힘들어. 나는 클래식 음악을 공부해서, 코드가 변하면서 어떻게 즉흥 연주로 들어가는지 아직도 배우고 있거든.

레슬리: 그건 우리가 함께 연습해 볼 수 있을 거야. 내가 그 멜로디를 여러 번 연주해 보고, 그 후에 그 멜로디 다른 부분마다 각각 어떻게 즉흥 연주를 하는지 너한테 보여줄 수 있거든. 내가 하는 대로 넌 따라 해 보면 돼. 나도 클래식 연주자들에게는 이만큼 자유롭게 연주하는 게 쉽지 않다는 걸 알아!

마커스: 맞아! 네가 내 앞에 어떤 악보를 놔도 읽고 연주할 수 있지만, 내가 즉흥 연주를 해야 할 때면 내 머릿속이 완전히 백지상태가 되어 버리거든.

레슬리: 근데, 네가 포크 기타 연주자가 연주를 멈추기를 바란다면, 그 사람에게 악보대로만 하라고 하면 돼!* 걱정하지 마, 마커스! 이 곡조들로 이런저런 실험을 해 보면서 재밌게 연주하자. 연습을 할 수 있는 시간이 여러 주가 있고, 난 이게 훌륭한 공연이 될 거라는 걸 알거든.

---

* 여러분도 아시다시피, 클래식 음악 연주자들은 보통 악보 그대로 연주합니다. 반면, 미국의 포크나 재즈 음악의 경우는, 악보대로만 연주하는 게 아니라, 즉흥 연주의 비중이 매우 높은 음악입니다. 바로 그런 사실을 바탕으로, 레슬리는 "악보대로만 연주하라고 하면 포크나 재즈 연주자는 그냥 연주를 안하고 만다."라며 농담을 하고 있는 거예요. 이는 악보를 보면서는 뭐든 연주할 수 있지만, 즉흥 연주는 잘 못하겠다고 말하는 클래식 연주자인 마커스의 말에 대한 화답이기도 하죠. 그러니, 이 두 사람은 클래식 음악과 미국 포크 음악의 차이에 관한 대화를 나누고 있다고 보시면 됩니다.

---

gig 공연   **improvise** 즉흥 연주를 하다

Come up with ~

: To compose (a song/music)
(노래나 곡 등을) 만들다

* 이 구동사는 직장/업무와 관련해서는 '(어떤 문제에 대한 해답이나 아이디어, 계획 등을) 제시하다/내놓다'라는 뜻으로도 쓰입니다. (1권 Lesson 6 (직장/업무 관련) 참조) 그러니 구동사 come up with는 '무언가를 만들어내다'(to create ~/to produce ~)의 뜻으로 이해하시면 됩니다.

My music teacher taught me the best way to **come up with a song**.

우리 음악 선생님이 노래를 작곡하는 최고의 방법을 가르쳐 주셨어.

At first, I was just randomly playing some chords on the piano, but I **came up with a beautiful tune**.

처음에는 내가 그냥 피아노로 아무 코드나 연주하고 있었는데, 아름다운 곡조를 만들게 됐어.

If I could meet the Beatles, I would ask them how they **came up with all those great songs**.

내가 비틀스를 만날 수 있다면, 난 그들에게 어떻게 그 모든 훌륭한 노래들을 작곡했는지 물어볼 거야.

Tune up ~ / Tune ~ up

: (With instruments) To tune or adjust a musical instrument to the correct pitch
악기를 음이 맞도록 조율하다

Before they started the concert, the musicians in the orchestra **tuned up their instruments**.

콘서트를 시작하기 전에, 오케스트라 연주자들이 자신들의 악기를 조율했다.

I always had a hard time **tuning up my guitar** properly, so I got a tuning app on my phone, and now I get it right every time.

나는 내 기타를 제대로 조율하는 것이 언제나 힘들어서 내 휴대전화에 튜닝 앱을 깔았고, 이제는 매번 정확하게 조율해.

The music teacher **tuned up all the string instruments** before the young students began class.

어린 학생들이 수업을 시작하기 전에 음악 선생님이 모든 현악기를 조율하셨다.

A piano technician **tuned the grand piano up** before the professional musician arrived on stage.

전문 연주자가 무대에 도착하기 전에 한 피아노 기술자가 그 그랜드 피아노를 조율했다.

Look through ~

: To examine/read ~ quickly

~를 급히 살펴보다

The actor **looked through his lines** once more before going on stage.

그 배우는 무대에 오르기 전에 자기 대사를 급히 한 번 더 훑어봤다.

Before you go to the store, let me **look through this recipe** and make sure that we have all the ingredients.

네가 가게에 가기 전에, 내가 이 레시피를 한번 훑어보고 우리에게 재료가 다 있는지 확인해야겠어.

Alan: Have you carefully read the instructions on how to repair the dryer?

Darren: **I've looked through them**, so I have an idea of what to do.

Alan: Darren, you might want to read them carefully, not just **look through them**!

앨런: 그 드라이기를 어떻게 고치는지 지시사항을 꼼꼼하게 읽어 봤니?
대런: 지시사항을 대충 훑어봐서, 어떻게 할지 생각이 있어.
앨런: 대런, 넌 그것들을 꼼꼼하게 읽어야 할 거야. 그냥 대충 훑어볼 것이 아니라!

It was a tough meeting. Our manager mostly **looked through a list of problems** that she has noticed in our current project.

그건 힘든 회의였어. 우리 매니저가 우리가 현재 진행하는 프로젝트에서 자신이 발견한 문제점 리스트를 거의 훑었거든.

Be into ~

: To be interested in ~

~에 관심이 많다

I used to hate country music, but now **I'm** really **into it** and listen to it all the time.

난 컨트리 음악을 싫어했지만, 지금은 완전히 관심이 많아서 항상 그 음악을 들어.

Sara **is into Thai food**. She visited the country last year and fell in love with the cuisine.

사라는 태국 음식에 관심이 많아. 그녀는 작년에 태국에 가서 그 음식을 무척 좋아하게 됐거든.

My wife loves to play card games, but **I'm** not **into games**. I'd rather do karaoke.

내 아내는 카드 게임하는 걸 엄청나게 좋아하지만, 난 게임에는 별 관심이 없거든. 난 차라리 가라오케를 하는 게 더 나아.

Horror films scare me too much, but my brother **is** totally **into them**.

공포 영화는 날 너무 무섭게 하지만, 우리 형은 공포 영화를 아주 좋아해.

Count ~ in

: (In music) To perform a music cue to create a uniform start to a musical piece

(음악 연주 시) ~가 연주를 시작하도록 신호를 주다

The guitarist asked the bass player to **count him in** before they started playing.

기타 연주자는 베이스 연주자에게 연주 시작 전에 자신에게 신호를 달라고 부탁했다.

The choir director made eye contact with the singers and musicians before **counting them in**.

합창단 지휘자는 그들에게 연주 시작 사인을 주기 전에 가수, 연주자들과 눈을 맞췄다.

The conductor used a baton to **count the musicians in**.

지휘자는 연주자들에게 시작 신호를 주려고 지휘봉을 사용했다.

In many rock bands, the drummer will **count the other musicians in**.

많은 록 밴드에서, 드럼 연주자가 다른 연주자들에게 연주 시작 신호를 준다.

Join in ~

: To take part in an activity, often after the activity has started

어떤 활동에 참여하다 (이미 시작된 어떤 활동에 중간에 참여할 때 주로 쓰임)

Sam started playing a popular song, and soon everyone at the party **had joined in the singing**.

샘이 대중가요를 연주하기 시작했고, 곧 파티에 있던 모든 사람이 함께 그 노래를 부르기 시작했다.

At first, the discussion was between the professor and one student, but soon other students **joined in**.

처음에는 교수님과 한 학생 간의 논의였지만, 곧 다른 학생들도 참여했다.

Everyone decided to go to the pool for a swim, but Samantha did not feel well, and decided not to **join in**.

모두가 수영하러 수영장에 가기로 했지만, 사만다는 몸이 좋지 않아서 함께 가지 않기로 했다.

The musicians sat around in a circle jamming. They told the less experienced musicians to **join in** whenever they felt comfortable.

연주자들은 즉흥 연주를 하며 동그랗게 둘러앉았다. 그들은 경험이 적은 연주자들에게 언제든 편안하게 느껴질 때 함께 연주하기 시작하라고 했다.

Solo over ~

: (In music) For one instrument to improvise in relationship to the chord progressions within a piece of music

(음악 연주 시) 코드 진행에 맞춰 한 악기가 즉흥 연주를 하다

The guitarist **soloed over the chords** in such a skilled way that the audience applauded immediately.

기타 연주자는 현란한 솜씨로 코드에 맞춰 즉흥 연주를 했고, 청중은 곧 갈채를 보냈다.

Jazz guitarists spend a lot of time **soloing over chords**; it takes a lot of practice.

재즈 기타 연주자는 코드에 맞춰 즉흥 연주를 하는 데 많은 시간을 보낸다. 연습이 많이 필요하다.

After the mandolin player finished her solo, she nodded to the fiddle player who then began to **solo over the chords of the song**.

만돌린 연주자가 솔로 연주를 마친 후, 바이올린 연주자에게 고개를 까딱하며 신호를 보냈고, 바이올린 연주자는 그 노래의 코드에 맞춰서 즉흥 연주를 하기 시작했다.

Work on ~

: To spend time improving, repairing, or creating ~

~를 향상하거나, 고치거나, 만들어 내려고 시간을 보내다

This paper has a lot of mistakes. It will take me a few days to **work on it**.

이 페이퍼는 결점투성이야. 이걸 내가 다 고치려면 며칠이 걸릴 거야.

My wife has come home late every night this week. Her whole office **is working on a new advertising campaign**, and the deadline is only a few days away.

내 아내가 이번 주에 매일 밤늦게 집에 오거든. 아내 사무실에 있는 모든 사람이 새로운 광고 캠페인을 만들고 있는데, 마감일이 며칠밖에 안 남았어.

James loves **working on old cars** so that they run like new again.

제임스는 오래된 자동차를 수리해서 새 차처럼 다시 달리게 하는 걸 무척 좋아해.

I'm usually so organized about money, but this year, the tax deadline is two weeks away, and I haven't even started **working on the taxes** yet.

난 보통 돈에 관해서는 아주 체계적인 편인데, 올해는 세금 정산 마감일이 2주밖에 남지 않았는데도 세금 정리를 아직 시작조차 못 하고 있어.

Improvise on ~

: To use an existing item, such as music, as the foundation for creating something new

(음악 등에서) 기존에 있던 곡을 바탕으로 즉흥적으로 음악을 만들어 연주하다

The jazz musicians took turns **improvising on the melody of the famous song**.

재즈 연주자들은 돌아가면서 그 유명한 노래의 멜로디를 바탕으로 즉흥 연주를 했다.

For dinner, I **improvised on fettucine Alfredo** by spicing up the traditional sauce with Mexican seasonings.

저녁으로, 난 전통적인 알프레도 소스에 멕시코 양념으로 맛을 더해서 페투치니 알프레도 파스타를 새로운 스타일로 만들었어.

The pianist started playing and told the horn player to **improvise on the theme**.

피아니스트는 연주를 시작했고, 호른 연주자에게 그 테마에 맞게 즉흥 연주를 하라고 했다.

Play around with ~

: To experiment with ~

~를 가지고 이런저런 실험을 해 보다

The principal of the school told the teachers to **play around with the new textbooks** and work together to develop innovative lesson plans.

그 학교의 교장은 교사들에게 새 교과서를 시험 삼아 써 보고 함께 모여 획기적인 학습 계획안을 개발하라고 말했다.

Lisa bought some new eye shadow and **played around with it** to create different looks.

리사는 새 아이섀도를 샀고 다양한 모습을 만들어 내기 위해 그걸로 이런저런 시도를 했다.

The animator **played around with the images** to create special effects for the film.

그 만화영화 제작자는 영화의 특수 효과를 만들어 내기 위해 그 이미지들로 이런저런 실험을 해 봤다.

Poets **play around with language** to communicate in surprising and beautiful ways.

시인들은 놀랍고도 아름다운 방법으로 소통하기 위해 언어로 이런저런 실험을 한다.

Ꮩocabulary POINT

마커스는 "My mind goes blank when I have to improvise."라고 말합니다. "My mind goes blank."는 뭔가가 전혀 생각나거나 기억나지 않는다는 뜻의 이디엄입니다. 참고로, 동사 go 대신 be를 쓸 수도 있습니다. 미국인들이 자주 쓰는 이디엄이니, 이 두 가지 동사가 쓰인 예문들을 모두 살펴보면서 완벽하게 익히고 넘어가세요.

Go:

I was about to introduce my wife to one of my colleagues, but **my mind** suddenly **went blank**, and I could not remember his name.
아내를 내 동료 한 사람에게 소개하려던 참이었는데, 내 머릿속이 갑자기 깜깜해지더니, 동료 이름을 도저히 기억할 수가 없었어.

When I have to get up and speak in front of a crowd, it makes me so nervous that **my mind goes blank**.
일어나서 군중 앞에서 말해야 할 때면, 그것 때문에 너무 긴장돼서 머릿속이 하얗게 되고 아무것도 생각 안 나.

Be:

Tricia: Do you remember the name of that restaurant where we ate last month?
Patrick: No, **my mind is blank**. Maybe I'll remember it in a minute.
트리샤: 우리가 지난달에 가서 먹었던 그 식당 이름 기억해요?
패트릭: 아니요, 머릿속에 아무 생각이 안 나네요. 아마 좀 있으면 기억이 날 거예요.

When you feel afraid, your heart beats fast, and **your mind is blank**.
보통 두려울 때는 심장 박동이 빨라지고 머릿속은 하얗게 되지.

참고로, 이와 비슷한 표현으로 draw a blank도 있는데, '무언가를 잊어버리다'(to forget something)라는 뜻입니다.

We stayed in a great hotel, but now **I'm drawing a blank** on the name.
우리는 멋진 호텔에 머물렀지만, 지금은 그 호텔 이름을 잊어버렸어.

Even though he had just completed the accounting, the moment the boss asked him about the total, he **drew a blank**.
그가 회계 업무를 그때 막 끝냈는데도, 사장님이 그에게 총액을 물어본 순간, 전혀 생각이 나지 않았다.

Culture POINT

Jam은 음악 연주자들 사이에서는 사용 빈도가 높은 단어입니다. 이는 '서로 함께 즉흥 연주를 하다'라는 뜻입니다. 미리 연습해 보지 않고서 하는 그런 종류의 즉흥 연주 말이죠. 그 과정에서 연주자들은 같이 새로운 실험을 해 보면서 창의성을 펼쳐 나갑니다. 재미로 즉흥 연주를 하기도 하지만, 대중 앞에서 아예 그런 형식으로 공연하기도 하지요.

하지만 대화 속 마커스가 설명하듯이, 클래식 연주가들은 이런 형식의 즉흥 연주를 하지 않습니다. 클래식은 악보에 쓰인 그대로 연주해야 하는 음악 장르이기 때문입니다. 하지만 미국의 음악 장르인 재즈, 포크, 가스펠의 경우, 클래식과는 다르게, 연주자가 연주하는 도중에 즉흥적으로 이런저런 실험을 해 보는 걸 권장하는 편입니다. 그렇게 함으로써 음악가들이 자신들의 창의성을 보여줄 수 있고, 또 자신들이 연주하는 곡에 자신만의 색깔을 불어넣을 수도 있기 때문입니다. 게다가, 이는 음악 하는 사람들이 서로 음악적으로 소통하는 방식이기도 하기 때문입니다. Jam이라는 단어는 명사로도 쓰이지만, 동사로도 쓰입니다. 각 예문을 살펴볼까요?

명사

The local coffee shop holds a bluegrass **jam** every Saturday afternoon.
그 지역 커피숍은 블루그래스 즉흥 연주를 매주 토요일 오후에 합니다.

The jazz musicians got together one evening for a three-hour long **jam** session.
그 재즈 연주자들이 어느 날 함께 모여 저녁 3시간 동안 즉흥 연주를 했다.

동사

The band played "Hotel California" by The Eagles. The song lasted ten minutes because the musicians started **jamming** towards the end and just kept playing.
그 밴드는 이글스의 "호텔 캘리포니아"를 연주했다. 그 노래는 10분간 계속됐는데, 연주자들이 마지막 부분 즈음에 즉흥 연주를 하기 시작하더니, 그냥 계속해서 연주했기 때문이다.

When I **jam** with my band mates for fun, we discover a lot of new possibilities for the songs we like to play.
내가 우리 밴드 멤버들과 재미로 즉흥 연주를 함께 할 때면, 우리는 우리가 연주하기 좋아하는 노래에서 많은 새로운 가능성을 발견해.

John: Hey, Jennifer, how are you doing? You seem a little stressed today.

Jennifer: Honestly, John, I'm feeling really nervous. I've been asked to give a talk to the historical society in a few days, and I'm terrified of public speaking. I tend to **shrink from these requests**.

John: What's the topic you plan to **speak on**?

Jennifer: It's about local history in the early 1900s.

John: That's your area of expertise. You know all about that, and you've done this before.

Jennifer: I know. I just **freak out** so much about public speaking. I know a lot about the topic, like you said, but then I'll become so terrified that I'm afraid I won't **show up for the presentation**.

John: A lot of people have this fear. What are you afraid of?

Jennifer: I guess I'm afraid of making mistakes and having people in the audience stare at me.

John: Maybe it's a fear of making mistakes? The worst thing that can happen is that you make a mistake. So what? You can correct it. You know the topic so well. I know you can **stand up to this fear**.

Jennifer: Yeah, I know I can do it. Thanks for **building up my confidence**, John! I need to prepare well, and **psych myself up for the presentation** before I do it.

John: Exactly! If you want to practice your presentation with me, let me know. Sometimes you have to **pluck up the courage** to do something, Jen, and then you find that you can do it.

MP3 019

존: 저기, 제니퍼, 어떻게 지내? 보니까 오늘 좀 스트레스받는 것 같아서.

제니퍼: 존, 솔직히, 나 정말 긴장돼. 며칠 후에 있을 역사학회에서 사람들에게 강의를 해달라는 요청을 받았는데, 난 사람들 앞에서 말하는 게 정말 두렵거든. 내가 이런 요청들은 피하려는 경향이 있지.

존: 강의하려고 계획하는 주제가 뭐야?

제니퍼: 1900년대 초의 지방사(地方史)에 관해서야.

존: 그건 네 전문 분야잖아. 그 주제에 관해 다 알고, 또 이런 강연을 전에 해 본 적도 있잖아.

제니퍼: 맞아. 그냥 사람들 앞에서 말을 한다는 게 무척 겁나. 네가 말한 것처럼, 내가 그 주제에 관해 깊이 알고 있기는 하지만, 그래도 내가 너무 두려워서 발표장에 가지 않을까 봐 무서워.

존: 많은 사람이 이런 두려움이 있지. 넌 정확히 뭘 두려워하는 거야?

제니퍼: 내가 실수할까 봐도 그렇고 청중 속 사람들이 나를 빤히 처다보는 것도 두려워하는 것 같아.

존: 아마도 실수하는 것에 대한 두려움이 아닐까? 일어날 수 있는 가장 최악의 상황이 네가 실수를 하는 거지. 그런데 그게 어때서 그래? 네가 실수를 바로 잡을 수도 있잖아. 그 주제에 관해 아주 잘 알고 있고, 난 네가 이 두려움을 견뎌낼 수 있다고 생각해.

제니퍼: 그래, 나도 내가 그걸 할 수 있다는 건 알아. 내게 자신감을 북돋워 줘서 고마워, 존! 난 잘 준비해야 하고, 발표하기 전에 마음의 준비도 해야 해.

존: 바로 그거지! 내 앞에서 발표 연습하고 싶으면, 알려줘. 어떤 때는 뭔가를 하기 위해 용기를 내야 할 때가 있어, 젠, 그리고 나서야 넌 네가 그걸 할 수 있다는 사실을 깨닫게 되지.

---

area of expertise 전문 분야   **public speaking** 대중 연설

Shrink from ~

: To avoid something or be unwilling to do something (usually something unpleasant)

~를 피하다/~하는 것을 꺼리다

Sally is very honest. She will not **shrink from telling you the truth**.

샐리는 매우 솔직해. 너한테 진실을 말해 주는 걸 꺼리지 않을 거야.

Painting the whole house is a difficult task, but Alexa did not **shrink from it**.

집 전체를 페인트칠하는 건 힘든 일이지만, 알렉사는 몸을 사리지 않고 기꺼이 그렇게 했다.

In the beginning, I **shrank from discussing the difficult topic with my parents**, but eventually I was able to talk to them.

처음에는 부모님과 어려운 주제에 관해 이야기하는 것을 꺼렸지만, 결국에는 부모님들께 이야기할 수 있었다.

We will not **shrink from our responsibilities**, no matter how difficult the work might be.

우리는 우리가 질 책임을 회피하지 않을 거야. 그 일이 아무리 어렵다고 하더라도.

Speak on ~

: To give a lecture on a topic

~에 관해 강의하다

The physics professor **spoke on the concept of space-time**.

그 물리학 교수는 시공의 개념을 주제로 강의했다.

The political expert was invited to **speak on the upcoming elections**.

그 정치 전문가는 다가오는 선거에 관해 강의해 달라고 초대됐다.

Sam and I went to the public lecture yesterday by the famous jazz musician, Herbie Hancock. He **spoke on composing music in jazz**.

샘과 나는 어제 유명한 재즈 연주자 허비 핸콕이 하는 공개 강연에 갔다. 그는 재즈 음악 작곡하는 것에 관해 강의했다.

I'm a little nervous about my presentation next week. I'm doing a lecture on **a topic I haven't spoken on** before.

나는 다음주에 있을 내 프레젠테이션 때문에 조금 긴장돼. 전에 한번도 강의해 본 적 없는 주제에 관한 강의를 하거든.

Freak out

: To lose emotional control or experience extreme emotions regarding something

어떤 일로 인해 몹시 흥분하다/ 기겁하다

She was so excited and happy about winning the scholarship that she **freaked out** and started dancing around.

그녀는 장학금을 받게 돼 너무도 신나고 행복해서 몹시 흥분하여 춤을 추기 시작했다.

After spending three hours on the phone with tech support with no solution to my problem, I **freaked out** and slammed the phone down.

기술지원팀과 전화로 세 시간 동안 이야기하고도 내 문제를 해결하지 못해, 나는 몹시 흥분하여 수화기를 쾅 하고 내려놓았다.

My dad **freaked out** when I told him that I had lost the money he gave me. He was really angry.

우리 아빠는 아빠가 주신 돈을 내가 잃어버렸다고 말씀드렸을 때 몹시 흥분하셨어. 정말로 화가 나셨지.

I have a phobia about snakes. If I see one, I **freak out** and start screaming.

난 뱀 공포증이 있거든. 뱀을 보면, 난 완전히 기겁하고 소리를 지르기 시작해.

Show up for ~

: To arrive or appear for a scheduled appointment or event

예정된 약속 장소나 행사 장소에 도착하거나 나타나다

---

* 구동사 show up은 학교/학업 관련 문맥에서는 '출석하다'라는 의미로도 쓰입니다. (1권 Lesson 9 참조)

Beth **showed up for the meeting** three minutes early.

베스는 회의에 3분 일찍 도착했다.

If you **show up for your doctor's appointment** late, you might have to reschedule.

네가 의사와의 약속에 늦게 도착하면, 약속을 다시 잡아야 할 거야.

* 이 문장에서 전치사 for 대신 to를 사용해서 "**If you show up to your doctor's appointment late, ~**"이라고 해도 됩니다.

Lisa is chronically late. She almost never **shows up for an appointment** on time.

리사는 고질적으로 늦어. 그녀는 약속하면 제시간에 나타나는 일이 거의 없어.

* 마찬가지로, for 대신 to를 사용해서 "**She almost never shows up to an appointment on time.**"이라고 해도 됩니다.

Cindy: Where's Jack? He said he'd meet us at the movie theater, but he **hasn't shown up** yet.

Dan: He just texted to say that he is on his way.

신디: 잭이 어디 있지? 그가 우리를 영화관에서 만날 거라고 했지만, 아직 안 왔거든.
댄: 방금 여기로 오는 중이라고 나한테 문자 보냈어.

Stand up to ~

: To resist something or defend against it

(어려움이나 문제 등에) 잘 견뎌내다/ 맞서다

* Stand up to someone은 '누군가에게 저항하다'(to refuse to accept unfair treatment from someone)의 의미로도 쓰입니다. (1권 Lesson 22 참조)

These boots are great for hiking. They can **stand up to rough terrain, rain, and snow**.

이 부츠가 하이킹하는 데 정말 좋아. 험한 지형이나 비, 그리고 눈에도 잘 견뎌내거든.

She **stood up to her fear of flying** by getting on a plane for the first time.

그녀는 비행기에 처음 탑승하는 것으로 자신의 비행 공포증에 맞섰다.

We installed vinyl floors that are easy to clean and can **stand up to a house full of young children**.

우리는 청소하기 쉽고 아이들로 가득한 집에도 끄떡없는 비닐 소재의 바닥을 깔았다.

Build up ~ / Build ~ up

: To strengthen or improve

〜을 더 강하게 하다

My brother was very sick for several weeks. The doctor suggested that he **build up his energy levels** by eating more soups and taking vitamins.

우리 남동생이 몇 주 동안 많이 아팠거든. 의사가 동생이 수프를 더 많이 먹고 비타민도 복용해서, 에너지 레벨을 높여야 한다고 했어.

Susan **is building up her bones** with weightlifting.

수전은 역도를 하면서 자기 뼈를 튼튼하게 하고 있어.

The young couple **built up a nest egg** in order to buy a home.

그 젊은 부부는 집을 한 채 사기 위해 밑천을 모아 불렸다.

Dr. Zweig is a new cardiologist in town. **She's** still **building her practice up**, so I'm sure you can get an appointment with her.

츠바이크 박사는 이 도시에 새로 온 심장병 전문의야. 그녀는 아직 병원 업무를 늘리는 중이니까, 네가 반드시 예약을 잡을 수 있을 거라고 생각해.

Psych oneself up (for ~)

: To make oneself feel confident when you are afraid

(~를 위해) 마음의 준비를 하다/ 정신적으로 대비하다

Joe has a track meet this weekend. **He's been psyching himself up for it** mentally so that he can perform his best.

조는 이번 주에 육상 경기가 있어. 그는 최상의 실력 발휘를 할 수 있도록, 그 경기를 위해 정신적으로 대비하고 있어.

I've got a minor surgery next week. It's not a big deal, but I hate needles and hospitals. I'm trying to **psych myself up for it**.

나는 다음 주에 작은 수술이 있어. 대수롭지 않은 일이지만, 난 바늘도 싫고 병원도 정말 싫거든. 내가 그에 대해 마음의 준비를 단단히 하려고 하고 있어.

Cynthia has studied long and hard for her exams, but she is still worried that she might not do well. She's trying to think positive thoughts and **psych herself up for the exams**.

신시아는 그 시험을 위해 오랫동안 열심히 공부해 왔지만, 여전히 잘 해내지 못할까 봐 걱정하고 있어. 그녀는 긍정적인 생각을 하면서 그 시험에 정신적으로 대비하려고 하고 있어.

Alan is a great singer, but he has terrible stage fright, so he **psyched himself up for the singing competition** before going on stage.

앨런은 노래를 엄청 잘 부르지만, 엄청난 무대 공포증이 있어. 그래서 무대에 오르기 전에 노래 대회에 대비한 마음의 준비를 했어.

Pluck up the courage

: To develop the courage to do something when you are afraid

(두려움을 견디고) 용기를 내다/ 용기 내서 무언가를 하다

It sounds silly, but I've never gone to the movies alone. I had to **pluck up the courage** to do it.

바보같이 들리겠지만, 난 한 번도 혼자서 영화 보러 간 적이 없거든. 그렇게 하기 위해 난 용기를 내야 했어.

He was afraid of heights and had never gone skiing, but **plucked up the courage** to try it, and he found that he loved skiing.

그는 높은 곳을 무서워해서 한번도 스키 타러 간 적이 없었는데, 용기를 내어 시도해 봤고, 자신이 스키를 아주 좋아한다는 걸 알게 됐다.

Tamara has the opportunity to take a job in another country. Although she's afraid of making such a big move, the job is perfect for her. She decided to **pluck up the courage** to take a chance and move.

타마라에게 다른 나라에서 일자리를 얻을 기회가 있어. 그녀는 그토록 큰 변화를 시도한다는 것이 두렵긴 하지만, 타마라에게 딱 좋은 일자리야. 그녀는 용기를 내어 그 기회를 잡고 가기로 했어.

G RAMMAR POINT

구어체 영어에서 너무나도 흔하게 쓰이는 freak out은 대화에서처럼 능동태 문장으로도 쓰이지만, 수동태 문장으로도 자주 쓰입니다. 수동태일 때는 동사로 be나 get이 쓰입니다. 의미는 거의 비슷하지만, be는 상태 동사, get은 동작 동사라는 차이가 있습니다.

My dog **freaks out** when there is a thunderstorm.
우리 개는 천둥과 폭우가 오면 기겁을 해.

→ (Get) My dog **gets freaked out** by thunderstorms.
천둥, 폭우는 우리 개를 기겁하게 만들어.

(Be) My dog **was freaked out** by the thunderstorm yesterday.
어제 천둥과 폭우 때문에 우리 개가 기겁을 했어.

그럼 freak out이 수동태로 쓰인 예문을 몇 가지 더 볼까요?

I'm freaked out by all kinds of insects; I just can't stand them!
난 곤충이라고 하는 건 다 기겁해. 그것들을 참아낼 수가 없거든!

The lightning hit nearby, and there was a huge crack. We **were** all **freaked out** by it.
이 근처를 번개가 때려서, 큰 균열이 생겼어. 그것 때문에 우리 모두 얼마나 겁먹었는지 몰라.

Sheila went camping alone and **got freaked out** when she started hearing rustling in the bushes near her tent.
실라가 혼자 캠핑하러 갔는데, 그녀 텐트 주변 숲속에서 바스락거리는 소리를 듣기 시작했을 때 엄청 겁을 먹었어.

April took her young nephews to the circus. The children loved the animals but **got freaked out** by the clowns.
에이프릴은 어린 조카들을 서커스에 데리고 갔어. 그 아이들이 동물들은 정말 좋아했지만, 광대들을 보고는 기겁을 했지.

Vocabulary POINT

대화에서, 두려움이 밀려올 때 스스로에게 용기를 붇돋워 주는 표현을 두 가지 볼 수 있습니다. 바로 pluck up the courage to do something(~을 하기 위해 용기를 내다/용기 내서 ~를 하다)과 psych yourself up for something(~를 위해 마음의 준비를 단단히 하다/정신적으로 대비하다)입니다. 영어에는 이와 비슷한 의미의 표현이 많이 있는데, 그중 자주 쓰이는 몇 가지만 더 공부해 봅시다.

Steel oneself: To fortify oneself against a difficult task or situation
(어려운 일을 앞두거나 힘든 상황에서) 마음을 단단히 먹다/마음을 독하게 먹다

The stock market is falling dramatically. Investors need to **steel themselves** for potential losses.
주식 시장이 급격하게 떨어지고 있습니다. 투자자들은 발생할 수 있는 손실에 대비해 마음의 준비를 해야 합니다.

Brace oneself (up): To fortify oneself against a difficult task or situation
(어려운 일을 앞두거나 힘든 상황에서) 마음을 단단히 먹다/기운을 내다/분발하다

Brace yourself (up); this meeting is going to be a very emotional one.
마음 단단히 가져요. 이건 아주 감정적인 회의가 될 거예요.

Keep your chin up: To remain brave, or to persevere, in a difficult situation
기운 내다/용기를 잃지 않다

Benjamin: I'm so tired! I had major surgery last month, and now I'm in the middle of physical therapy for six more weeks. It's so difficult and painful.
Sean: **Keep your chin up**, Ben! I know it's hard, but you can get through this.
벤저민: 나 너무 피곤해! 지난달에 큰 수술을 했는데, 지금은 6주 넘는 물리치료 기간에서 딱 중간에 왔어. 너무 힘들고 아파.
션: 기운 내, 벤! 나도 그게 힘든 건 알지만, 넌 잘 이겨 낼 수 있어.

Grit one's teeth: To accept a difficult situation and deal with it in a determined way
굳게 마음먹고 힘든 상황을 받아들여 해결하다

문자 그대로의 의미는 '이를 악물다'(to bite down hard)이지만, 이디엄으로는 '힘들어도 버티다'라는 말로, 뭔가 아주 하기 싫은 일을 해야 할 때 쓰는 말입니다. 한국어에도 '이를 악물고 버티다'라는 표현이 있으니, 쉽게 이해할 수 있습니다. 이 표현은 pluck up the courage나 psych oneself up과는 조금 다른 표현입니다. 이 두 표현은 두려울 때 용기(bravery)와 인내심(perseverance)을 가지고 해내라는 의미입니다. Grit one's teeth도 용기를 내라는 의미는 있지만, 주로 과제나 상황이 고통스럽거나 불쾌해서 하기 싫을 때 쓰이는 표현입니다.

My doctor says that I need to have eye surgery. I have avoided it for several years now. I guess I'll just have to **grit my teeth** and have the surgery.
의사가 내가 눈 수술을 해야 한다고 하네. 지금까지 몇 년 동안 안 하고 피해 왔거든. 그냥 (너무나 하기 싫지만) 이 악물고 그 수술을 받아야 할 것 같아.

Jack wants to lose weight, so he started running. Even though he hates exercise, he **grits his teeth** and does it.
잭은 살을 빼고 싶어서, 달리기를 시작했어. 그는 운동하는 것을 무지 싫어하는데도, 이를 악물고 그냥 해.

대화에서 존은 제니퍼(Jennifer)를 젠(Jen)이라고 부르기도 합니다. 이렇게 이름을 짧게 줄여서 부르거나, 또는 줄인 이름에 y를 더해서 제니(Jenny)처럼 부르는 건 친근함과 다정함을 나타내는 표현 방식입니다. 예를 들어, 미국인들은 마이클(Michael)을 줄여서 마이크(Mike), 대니얼(Daniel)을 줄여서 댄(Dan), 수잔(Susan)을 줄여서 수(Sue)라고 부르기도 합니다. 그리고

줄인 이름에 y 등을 덧붙여 마이키(Mikey), 대니(Danny), 수지(Susie)처럼도 부르고요. 또 저와 친한 친구인 펠리샤(Felicia)의 경우, 친구들이 피-쉬(Feesh)라고 부릅니다. 이때는 첫 번째 음절이 길게 발음되는 장모음이라, fish(물고기)와는 다른 발음입니다. 그런데 어떤 이름들은 이렇게 줄여 부르는 것이 쉽지만, 또 어떤 이름들은 그렇게 하는 것이 불가능하기도 합니다. 이를테면, 존(John)은 이미 짧은 이름이라서 더 짧게 만들기가 힘들죠. 이런 경우, 미국인들은 이름 끝에 y를 더해서 조니(Johnny)와 같이 부릅니다. 이처럼 너무 짧아서 더 짧게 만들기 어려운 이름은 마지막 음절을 살짝 바꿔서 부름으로써 친근감과 애정을 표현합니다.

POP *Quiz!*

PHRASAL VERBS(구동사)에
얼마나 익숙해졌는지 체크하며
뜻이나 생각나는 영어 표현 등을 써 보세요.

Shrink from ~ ☐

Speak on ~ ☐

Freak out ☐

Show up for ~ ☐

Stand up to ~ ☐

Build up ~ /Build ~ up ☐

Psych oneself up (for ~) ☐

Pluck up the courage ☐

Keep your chin up ☐

Grit one's teeth ☐

Mike: What are you doing this week?

Logan: I think I'm going to buy a new car or truck this week.

Mike: Wow! That's exciting! But it's stressful, too. It's a lot of work finding the right vehicle.

Logan: You're right. Plus, the car dealers always try to **talk you into paying for things** that you don't need. The negotiating process can be difficult.

Mike: You can say that again. With my last car, I felt like the dealer **tricked me into getting floor mats and a radio** that cost me an extra $800. I love the car, but they **ripped me off** with those unnecessary things. I could buy that stuff on my own for much less.

Logan: I've had the same thing happen to me. This time, I might use a car buying service where you don't have to **go through a dealer** for everything.

Mike: I've heard about those. You'll have to tell me how that goes. Are you getting a new car or a used one?

Logan: At first, I was thinking about getting a used one, but then I went to some car dealerships and **checked out some of the used cars**. The engine didn't even **turn over** in three of them! The dealer still wanted a lot of money for them.

Mike: That's outrageous!

Logan: Yeah. Now I plan to **trade in my current car** and buy a new one; according to the Blue Book, I should be able to get about $9,000 for it. I might get a hybrid truck. I didn't **know much about hybrids**, and I was on the fence about them, but I started **looking into them**, and they seem great. I'm ready to go green and reduce my carbon footprint.

Mike: For my next car, I think I might buy an electric one. All you have to do is **plug it in**. No more gas!

마이크: 이번 주에 뭐 하나?

로건: 이번 주에 새 차나 트럭을 한 대 구입하려고 해.

마이크: 우와! 신나는 일이네! 하지만 스트레스 주는 일일 수도 있지. 자기한테 딱 맞는 차를 찾으려면 품이 많이 들잖아.

로건: 맞아. 게다가 자동차 판매업자들은 늘 우리가 필요하지도 않은 것에 돈을 쓰게 하려고 우리를 구슬리고. 협상하는 과정도 힘들 수 있지.

마이크: 네 말이 맞아. 지난번 내 차의 경우, 그 판매업자가 나를 속여서 800달러나 더 내야 하는 바닥 매트와 라디오를 사게 한 느낌이 들었거든. 내가 그 차를 정말 좋아하긴 하지만, 그 필요도 없는 것들로 그 사람들이 나한테 바가지를 씌웠어. 그런 건 내가 따로 훨씬 더 싸게 살 수 있거든.

로건: 나한테도 똑같은 일이 있었어. 이번에는 내가, 모든 것에서 자동차 판매업자를 거치지 않아도 되는, 자동차 구입 서비스를 이용하려고 해.

마이크: 나도 그런 서비스에 대해 들은 적이 있어. 그 서비스 이용이 어땠는지 나한테 알려 줘. 새 차를 사니, 아니면 중고차를 사니?

로건: 처음에는 중고차를 살 생각이었지만, 자동차 대리점 몇 군데 가서 중고차를 몇 대 직접 봤거든. 그중 세 대는 시동조차 걸리지 않더라구! 그런데도 판매업자는 그 차에 돈을 많이 받으려고 했다니까.

마이크: 어이가 없네!

로건: 그러게. 지금은 내 차하고 트레이드인을 이용해서 새 차를 살 생각이야. 블루북 웹사이트에 따르면, 내 차로 9,000달러 정도 받을 수 있을 거라고 하거든. 하이브리드 트럭을 한 대 살 수 있을 것 같아. 난 하이브리드 차에 대해 아는 게 별로 없었고, 그런 차를 살까 말까 고민 중이었지만, 그런 차에 대해 알아보기 시작했더니, 굉장한 것 같더라. 이제 난 친환경적이 돼서 온실가스 배출을 줄일 준비가 됐어.

마이크: 내 다음 차는, 나도 전기차로 구입할까 생각 중이야. 콘센트에 꽂아 차를 전원에 연결하기만 하면 되니까. 더 이상 휘발유를 쓰지 않아도 되고!

You can say that again. 네 말에 전적으로 동의해.　**outrageous** 터무니없는
be on the fence about ~을 망설이다　**go green** 친환경적이 되다
carbon footprint 온실 효과를 유발하는 이산화탄소의 총량

Talk someone into ~

: To convince someone to do something

누군가에게 ~을 하도록 설득하다

The salesperson **talked me into buying two pairs of jeans** that were on sale.

그 판매원은 할인 중이던 청바지 두 벌을 사도록 나를 설득했어.

I wanted to buy a truck, but my wife **talked me into buying a minivan**. I agree with her that the minivan would be less expensive to repair.

나는 트럭을 한 대 사고 싶었지만, 아내가 나에게 미니 밴을 사도록 설득했지. 미니 밴이 수리하는 데 비용이 더 적게 든다는 아내의 말에 나도 동의하거든.

My sister had never eaten oysters before, but the waiter at the restaurant **talked her into trying them**.

우리 누나는 전에 굴을 먹어 본 적이 한번도 없었지만, 그 식당 웨이터가 누나가 굴을 먹어 보게 설득했어.

Don't let the real estate agent **talk you into buying a house** that is too expensive.

부동산 중개업자가 너한테 지나치게 비싼 집을 사라고 해도 설득당하지 마.

Trick someone into ~

: To force or trick someone into doing something against their will

누군가를 속여서 ~하게 하다/~에게 사기를 쳐서 ~하게 하다

I thought I was paying for a new phone, but the salesperson **tricked me into paying for a two-year phone plan**, too.

나는 새 전화기 값을 지불했다고 생각했지만, 그 판매원이 나를 속여서 2년 동안 요금을 내야 하는 요금제에도 돈을 내게 했어.

This phone scam **tricks people into sharing their bank account information with thieves**.

이 전화 사기는 사람들을 속여서 도둑들에게 자기 은행 계좌 정보를 알려 주게 합니다.

He lost the house after his siblings **tricked him into signing away his rights to it**.

형제들의 속임수에 넘어가서 그 집에 대한 권리를 잃게 하는 서류에 서명한 후에, 그는 집을 잃었다.

Rip off ~ / Rip ~ off

: To cheat someone, often monetarily

~에게 바가지를 씌우다

Beware of that mortgage broker. They **have ripped off many people** in the past.

그 모기지 중개회사를 조심해. 과거에 많은 사람에게 바가지를 씌웠거든.

Don't buy fresh vegetables at that supermarket. They charge twice as much as all the other stores and **rip you off**.

그 슈퍼마켓에서 신선 채소를 사지 마. 거기가 다른 가게들보다 두 배로 더 비싸고, 너한테 바가지를 씌우거든.

They **ripped us off** at that restaurant. There were three of us, but they charged us for four meals.

그 식당이 우리에게 바가지를 씌웠어. 우리 일행은 세 명이었는데, 네 명 식사분 가격을 내게 했거든.

Todd is a really honest car salesman. He will find the best deal for your budget and will not **rip you off**.

토드는 정말 정직한 자동차 영업사원이거든. 네 주머니 사정에 맞는 가장 좋은 가격을 찾아줄 거고, 너한테 바가지를 씌우지 않을 거야.

Go through ~

: To be scrutinized, examined, or approved by a person or agency

~에게 승인받기 위해 검사 등을 받는 절차를 거치다

If the student wants to change her math teacher, her parents will have to **go through the school principal** for permission.

그 학생이 수학 교사를 바꾸고 싶다면, 부모님이 학교 교장을 통해 승인을 받기 위한 절차를 거쳐야 할 겁니다.

If you want to get a fishing license, you need to **go through the department of parks** for the city.

낚시 허가증을 받고 싶다면, 시 소속 공원 부서를 통한 절차를 거쳐야 합니다.

There is no way to get an official transcript of your bachelor's degree without **going through a transcript agency**.

성적 증명서 부서를 거치지 않고서는 공인된 학부 성적 증명 서류를 받을 방법이 없습니다.

* 학업과 관련된 문맥에서는 **go through** 구동사가 '~를 자세히 조사하다'(to examine or search ~ carefully)의 의미로, 또 '(불쾌한 일 등을) 겪다/경험하다'(to experience hardship)의 의미로도 쓰입니다. Go through ~는 이렇게 미국인들이 일상생활에서 다양한 문맥을 통해 굉장히 자주 쓰는 구동사라서 여러 가지 다른 뜻을 꼼꼼하게 공부하고 넘어가세요.

Check out ~ / Check ~ out

: To inform oneself about ~

~을 직접 확인하다/조사하다

I heard that the new Star Wars movie is great. I need to **check it out** for myself.

난 새로 나온 〈스타워즈〉 영화가 좋다고 들었거든. 내가 직접 봐야겠어.

We need to purchase a new refrigerator, so we're going to an appliance store to **check out some new models**.

우리는 새 냉장고를 사야 해서, 가전제품 가게에 가서 신제품 모델 몇 가지를 직접 볼 거야.

At the local beer festival, we got to **check out all kinds of beers and ales from local breweries**.

이 도시에서 열리는 지역 맥주 축제에서 우리는 이 지역 맥주 양조장에서 만드는 모든 종류의 맥주와 에일을 맛볼 수 있었어.

Turn over

: For an engine to start

(엔진이) 돌아가기 시작하다, 시동이 걸리다

She tried to start the lawn mower, but the engine wouldn't **turn over**.

그녀는 잔디 깎는 기계를 작동시키려 했지만, 엔진이 돌아가지를 않았다.

If the engine won't **turn over**, it's possible that the car needs a new battery.

시동이 안 걸리면, 자동차에 새 배터리가 필요하기 때문일 수도 있어.

This is a really old motorcycle, so don't be surprised if the motor won't **turn over**.

이건 정말 오래된 오토바이라서, 오토바이 시동이 걸리지 않더라도 놀라지 마.

Trade in ~ / Trade ~ in

: To use an item, such as a car, as a form of payment or partial payment

(자동차와 같은) 쓰던 물건과 새 물건을 바꾸면서 차액만 지불하는 거래 방식으로 하다

If I **trade in my current car**, the dealer will give me $9,000. That's a really good deal.

지금 내 차를 웃돈을 주고 신제품과 바꾸면, 판매업자가 9,000달러에 쳐줄 거거든. 그건 정말 괜찮은 거래지.

My grandmother **traded in her sedan** for a sports car.

우리 할머니는 당신 세단형 자동차하고 트레이드인을 이용해서 스포츠카를 사셨어.

Allen got a good price for his old laptop when he **traded it in**. He was able to buy a nicer, new laptop.

앨런은 트레이드인 방식으로 구입할 때, 오래된 자기 노트북 컴퓨터를 좋은 가격으로 거래할 수 있었다. 그는 더 좋은 새 노트북 컴퓨터를 살 수 있었다.

Know about ~

: To have knowledge of ~
〜에 관한 지식이 있다

How much do you **know about taxes**?
넌 세금에 관해 얼마나 알고 있니?

Debra **knows (a lot) about reptiles**.
데브라는 파충류에 관해 (많은) 지식이 있어.

* 참고로, **know** 뒤에 **nothing/something/ a thing** 등의 목적어를 넣어서 다음과 같이 쓰기도 합니다.

I **knew nothing about African history** when I started university, but after I took a course, I decided to major in it.
내가 대학에 처음 들어갔을 때는 아프리카 역사에 관해 아무것도 몰랐지만, 강의를 하나 들은 후에는 아프리카 역사를 전공하기로 마음먹었지.

I don't **know a thing about wine**, but my brother-in-law does. He's a sommelier.
나는 와인에 관해 아무것도 모르지만, 우리 처남은 많이 알아. 그는 소믈리에거든.

Look into ~

: To get more facts or information about ~
〜에 관해 조사해 정보를 얻다

Their daughter is such a talented musician that they **are looking into performing arts schools** for her.
그들의 딸이 너무나도 재능 있는 음악가라서 그들은 딸이 갈 공연 예술 학교를 알아보고 있어.

I heard that you want to move. Have you thought about **looking into the homes in my neighborhood**?
나는 네가 이사 가고 싶어 한다고 들었어. 나 사는 동네에 있는 집들을 알아보는 건 생각해 봤니?

Someone has been breaking into the cars downtown. The police say they will **look into this situation**.
누군가가 시내에 있는 차에 무단 침입을 하고 있거든. 경찰이 이 상황을 조사할 거라고 해.

Plug in ~ /
Plug ~ in

: To connect an electrical
device to an electrical outlet
or power supply

콘센트에 꽂아 전원을 연결하다

She **plugged in the coffee
maker** to make a pot of coffee.

그녀는 커피를 한 주전자 만들려고 커피 메이커를
콘센트에 연결했다.

My cell phone is dying. I need to
plug it in.

내 휴대폰 배터리가 다 되어 가네. 충전해야겠어.

A: Is this lamp broken?

B: No, I think we just need to **plug
it in**.

A: 이 램프 고장 났니?
B: 아니, 내 생각에는 그냥 콘센트에 꽂기만 하면
되는 것 같아.

GO GREEN

Vocabulary POINT 1

로건은 "I'm ready to go green and reduce my carbon footprint."라고 말합니다. Go green은 '환경을 보호하는 데 도움이 되는 일을 하다'(to do things that are beneficial for the environment)라는 뜻입니다. 환경 오염으로 인한 기후 변화로 인류가 위험에 처할 수도 있는 상황인 만큼, 환경 보호는 미국에서도 요즘 가장 큰 화두입니다. "Go green"의 대표적인 예로는 플라스틱 사용을 줄이고, 쓰레기를 비료화 처리하고, 에너지 효율이 높은 자동차와 가전제품을 구입하는 것 등이 있습니다. 요즘 어느 곳에서나 흔히 들을 수 있는 표현이니, 예문을 보면서 익혀 보세요.

Our office **is going green**. We try to only use electronic files rather than paper, we set the thermostat to a higher temperature, and we don't use any plastic in the break room.

우리 사무실이 친환경적으로 되어 가고 있어. 종이보다는 전자 파일만 사용하려 하고, (에어컨) 온도 조절 장치를 더 높은 온도로 설정하고, 휴게실에서는 플라스틱 제품을 전혀 쓰지 않거든.

로건이 말한 "reduce one's carbon footprint"는 직역하면 "누군가의 탄소 발자국을 줄이다"가 되죠? Carbon footprint(탄소 발자국)란 기후 변화를 일으키는 온실 효과를 유발하는 이산화탄소 배출량을 말합니다. 미국은 세계에서 탄소를 가장 많이 배출하는 국가 중 하나지만, 한쪽에서는 탄소 배출을 줄이자며 캠페인 등을 통해 끊임없이 사람들에게 경각심을 주고 있습니다. 그러니 이 표현도 "go green"과 함께 익히고 넘어가세요.

I used to fly for business, but I wanted to **reduce my carbon footprint**. Now I take high speed trains when possible.

나는 비행기를 타고 출장을 다녔지만, 탄소 배출량을 줄이고 싶어졌어. 이제는 가능하면 고속열차를 타.

대화에서 로건은 "I was on the fence about buying a hybrid truck."이라고 말합니다. Be on the fence about ~은 '어느 쪽으로 결정해야 할지 몰라 망설이다'라는 뜻의 이디엄입니다. 다시 말해, 여기서 울타리(fence)의 오른쪽과 왼쪽은 각각의 다른 선택을 의미하며, 오른쪽으로 갈지 왼쪽으로 갈지를 몰라서 울타리 위에 걸터앉아 있는 모습을 표현한 말입니다. 일상 회화에서 자주 들을 수 있는 이디엄이니까 예문을 보면서 완벽하게 익히세요.

I don't know how to travel to my conference. I could drive, but it's very far, and the gas prices are high. Flying is faster, but expensive. **I'm still on the fence about it.**
난 학회에 갈 때 어떻게 가야 할지를 모르겠어. 운전해서 갈 수도 있지만, 너무 멀고, 또 휘발유 가격도 비싸잖아. 비행기를 타면 더 빠르지만, 비용이 많이 들고, 어떻게 가야 할지 여전히 결정을 못 하고 있어.

We're on the fence about moving to a different neighborhood. We could really use a larger house, but our current place is in a great location.
우리는 다른 동네로 이사를 할지 말지 결정을 못 하고 있어. 우리가 정말로 더 큰 집이 필요하기는 하지만, 지금 사는 곳이 아주 좋은 위치에 있거든.

Darlene: **Are you still on the fence about which university to go to,** Renee?
Renee: Yes. I'm still trying to decide. One school is large and has a lot of opportunities for internships, and the other school is smaller, but more personal.
달린: 르네, 너 아직도 어느 대학으로 가야 할지 결정 못 하고 있니?
르네: 응. 여전히 결정 못 하고 있어. 한 학교는 크고 인턴십 할 수 있는 기회가 많고, 다른 학교는 작지만 개개인에게 더 맞춰 주는 곳이거든.

Culture POINT

미국에는 대중교통이 발달해 있지 않아서, 대부분의 미국인은 차가 있습니다. 이런 미국 문화를 "car culture" 또는 "driving culture"라고 부르기도 합니다. 이렇게 자기 차가 없으면 이동이 거의 불가능한 곳이 많은 나라이다 보니, 자동차 가격이 대부분의 다른 나라들보다 저렴한 편에 속합니다. 미국에서 가장 저렴한 가격에 차를 사는 방법은 중고차를 그 차 주인에게 직접 현금을 주고 사는 것인데, 미국 고등학생들이나 대학생들이 주로 이용하는 방법입니다. 대부분의 미국인은 "car dealer"라고 부르는 중고차 영업사원에게 중고차를 사는데, 영업사원을 통해서 사면 보통 가격이 더 비쌉니다.

새 차는 비싸서 미국인들이 현금을 주고 사기보다는 은행에서 자동차 대출(car loan)을 받는 편인데, 보통 자동차 영업사원이 자동차 대출 서비스까지 함께 제공합니다. 새 차를 더 싸게 사는 방법은 자신이 타던 차와 바꾸는 것인데, 이를 "trading in a car"라고 합니다. 이때는 자신이 타던 차의 가격과 새 차 가격의 차액을 내면 됩니다. 자동차 영업사원들이 늘 좋은 중고차를 찾고 있어서, 많은 미국인이 이 제도를 이용해 새 차를 삽니다.

그런데 차를 사고, 팔고, 바꾸기 전에, 대부분의 미국인이 이용하는 웹사이트가 있는데 바로 "Kelley Blue Book"(https://www.kbb.com)입니다. 이 웹사이트에서는 현재 미국에서 팔리는 모든 자동차의 가격과 비용 대비 가치를 확인할 수 있습니다. 미국인들은 이 웹사이트를 "the Blue Book"이라고 부릅니다. 이 웹사이트에는 마일리지나 차의 상태 등을 중심으로 자신들의 연구 기관에서 정한 차의 가치와 가격을 알려 줍니다. 그런 이유로 미국인들은 차를 사거나 팔기 전에, 자신들이 사거나 팔 차의 대략적인 가격대를 알아보려고 the Blue Book을 이용합니다. 참고로, the Blue Book은 같은 차를 차주(private sellers)에게 직접 살 경우와 영업사원(dealers)에게 살 경우를 나누어 가격 폭을 제시합니다. 물론 "trade-ins" 제도를 이용하면 그에 따른 가격 폭도 함께 제공하지요. 그러니 차를 사거나 팔 때, 이 웹사이트를 이용하면 구체적인 가격대를 이해하고 시작할 수 있겠지요?

POP *Quiz!*

PHRASAL VERBS(구동사)에
얼마나 익숙해졌는지 체크하며
뜻이나 생각나는 영어 표현 등을 써 보세요.

Talk someone into ~ ☐

Trick someone into ~ ☐

Rip off ~ /Rip ~ off ☐

Go through ~ ☐

Check out ~ /Check ~ out ☐

Turn over ☐

Trade in ~ /Trade ~ in ☐

Know about ~ ☐

Look into ~ ☐

Plug in ~ /Plug ~ in ☐

LESSON 12
결혼

Laurie: Ray proposed to me.

Penny: Ahhh! Congratulations! You guys have been dating for years, so I knew it would happen eventually. Gosh, I'm so excited for you! Getting married to someone you love, **bringing up a baby** with him, and…

Laurie: (Interrupting Penny) Oh, actually, I didn't say yes. I told him I needed some time.

Penny: What? Do you **believe in marriage**? Are you in love with him?

Laurie: Yes.

Penny: Do you think you can **count on him** for the rest of your life?

Laurie: Yeah.

Penny: Then, **go for it**!

Laurie: Well, it's not that simple. You know, his family is super rich, but I never wanted to **marry up**.

Penny: I don't get it. Isn't **marrying up** better than **marrying down**?

Laurie: I mean I always wanted to marry someone who has a similar background to mine. To me, marrying someone means **marrying into his family**, but I feel extremely uncomfortable when I'm around his family. I feel like I need to walk on eggshells around them.

Penny: That's not a good sign. That's exactly how my sister felt when she was around her ex's family.

Laurie: Are you serious?

Penny: Yup. I met them a couple of times, and every time, I got the impression that something was not right. Now that I think about it, they probably think my sister **married for his money**. Plus, whenever we invited them over, something always **came up**, and they couldn't make it, which was kind of weird. Oh, I also remember when my sister made a small mistake at the wedding ceremony, her ex's mom made a stink about it. There were lots of dramas like that. Long story short, my mom and dad were happy to **marry her off** to a wealthy guy at first, but they're the ones who convinced her to divorce him. Oh, please don't get me wrong. I'm not telling you every rich family is like them. Ray's family might be different.

로리: 레이가 나한테 청혼했어.

페니: 아! 축하해! 너희 두 사람 몇 년 동안 데이트했으니까 결국 이렇게 될 줄 난 알았지. 와, 네가 결혼할 생각을 하니까 너무 신난다! 네가 사랑하는 누군가와 결혼하고, 그와 함께 아기를 키우고, 또...

로리: (페니의 말을 막으며) 실은, 내가 승낙하지 않았어. 내가 시간이 좀 필요하다고 했거든.

페니: 뭐? 넌 결혼이 할 만한 가치가 있다고는 생각해? 그를 사랑하니?

로리: 응.

페니: 네 남은 생을 그에게 의지하며 살 수 있다고 생각하니?

로리: 응.

페니: 그럼, 그냥 결혼해!

로리: 글쎄, 그게 그리 간단한 문제가 아니야. 있잖아, 레이네 집은 엄청 부자인데, 난 단 한 번도 나보다 돈 많은 사람과 결혼하고 싶었던 적이 없거든.

페니: 이해가 안 되네. 너보다 부자인 사람과 결혼하는 게 너보다 가난한 사람과 결혼하는 것보다 더 좋지 않니?

로리: 내 말은, 난 언제나 나와 비슷한 배경을 가진 사람과 결혼하고 싶었거든. 나한테 누군가와 결혼한다는 건 그 사람 가족에게 시집가는 건데, 그 사람 가족과 함께 있을 때면 내가 너무나 불편하거든. 내가 그 사람들 눈치를 봐야 할 것 같은 느낌이 들어.

페니: 그건 좋지 않은 징조네. 우리 언니가 언니 전남편 가족과 함께 있을 때 바로 그렇게 느꼈거든.

로리: 정말 그래?

페니: 그래. 나도 그 사람들을 두어 번 만났는데, 매번 뭔가 잘못됐다는 인상을 받았어. 지금 와서 생각해 보니까, 그 사람들이 우리 언니가 돈 때문에 결혼했다고 생각하는 것 같아. 게다가, 우리가 그 사람들을 초대할 때마다, 언제나 무슨 일이 생겨서 그 사람들이 오지 못했는데, 그것도 좀 이상했고. 아, 이것도 기억나는데, 우리 언니가 결혼식 때 작은 실수를 했을 때, 언니 전남편 엄마가 그걸로 얼마나 야단법석을 피우던지. 암튼 그런 사건이 많았지. 요약하면, 우리 엄마 아빠가 처음에는 언니를 부잣집 남자한테 시집보냈다고 좋아하셨지만, 엄마 아빠가 언니한테 그 사람하고 이혼하라고 설득한 바로 당사자들이지. 아, 제발 내 말을 오해해서 듣지는 마. 모든 부자가 다 그렇다고 말하려는 게 아니니까. 레이의 가족들은 아마도 다르겠지.

Bring up ~ /
Bring ~ up

: To raise ~

(아이를) 기르다/양육하다

My grandfather passed away during the Korean war, so my grandmother **brought up four children** all by herself.

우리 할아버지는 한국 전쟁 중에 돌아가셔서, 우리 할머니가 혼자 네 아이를 키우셨지.

Ben is such a wonderful young man. I think his parents **brought him up** right.

벤은 너무나도 훌륭한 청년이야. 난 부모님들이 벤을 잘 키우셨다고 생각해.

Bringing up a baby is literally a full-time job because you're on duty twenty-four seven.

아기를 양육하는 일은 말 그대로 종일 해야 하는 일이야. 왜냐하면 단 하루도 빠짐없이 24시간 근무 상태거든.

Believe in ~

: To trust the value of ~

~의 가치를 믿다

Both of my parents go to church every Sunday, but I don't **believe in religion**.

우리 부모님은 두 분 다 일요일마다 교회에 가시지만, 난 종교의 가치를 모르겠어.

My grandma wants to marry off my uncle, but he doesn't seem to **believe in marriage**.

우리 할머니는 삼촌을 장가보내고 싶어 하시지만, 삼촌은 결혼이 가치 없다고 생각하시는 것 같아.

My parents **believe in education**.

우리 부모님은 교육의 가치를 믿으셔.

Count on ~

: To depend on ~

～에 의지하다/의존하다

A: Is Larry able to finish the project by himself?

B: Sure! You can **count on him**.

A: 래리 씨가 그 프로젝트를 혼자 끝낼 수 있을까요?
B: 물론이죠! 래리 씨를 믿으셔도 됩니다.

Did he make a mistake again? I knew we couldn't **count on that guy**!

그 사람이 또 실수했다고? 난 그 작자를 믿으면 안 된다는 걸 진작 알고 있었어!

It's very unfortunate that you cannot **count on your mother**.

네가 너희 어머니께 의지할 수 없다니 매우 유감스러운 일이네.

Go for ~

: To try to get[achieve/obtain]
~/To make a decision on ~/
To choose ~

〜를 얻으려 하다/〜로 결정하다/
〜를 선택하다

A: I've always wanted to get an
acting job, but I know it's extremely
hard to become a successful actor,
so I'm a little hesitant.

B: If you really want to be an actor,
go for it! You're still very young,
so why don't you just follow your
heart?

A: 난 언제나 연기를 직업으로 하고 싶었지만,
배우로 성공한다는 게 너무나 힘들다는 걸 알기
때문에 조금 망설여져.
B: 네가 정말 배우가 되고 싶다면, 그렇게 해!
넌 아직 아주 젊으니까, 그냥 네 마음 가는 대로
하면 어떠니?

A: I'm craving fried chicken, but I've
been trying to cut down on greasy
food.

B: Dude, it's Saturday night. Besides,
eating fried chicken tonight is not
going to kill you, so **go for it**!

A: 난 프라이드 치킨이 너무 먹고 싶지만, 기름진
음식을 줄이려고 하는 중이거든.
B: 친구야, 지금 토요일 밤이야. 게다가 오늘 밤
프라이드 치킨을 먹는다고 네가 죽지는 않을
테니까, 그냥 먹어!

A: Would you care for some tea?
We have peppermint tea, green
tea, and black tea.

B: My doctor says I should cut
down on caffeine, so I'll **go for
peppermint tea**.

A: 차 좀 드시겠어요? 페퍼민트 차와 녹차, 홍차가
있어요.
B: 의사가 저는 카페인을 줄여야 한다고 했으니,
페퍼민트 차로 하겠습니다.

Marry up

: To marry a person who is in a higher socio-economic class
자신보다 사회 경제적 지위가 높은 사람과 결혼하다

My mom always tells me I should **marry up**, but I want to get married to someone who has a similar background to mine.

> 우리 엄마는 언제나 나한테 나보다 조건이 더 좋은 사람과 결혼하라고 말씀하시지만, 난 나하고 비슷한 배경을 가진 사람과 결혼하고 싶어.

When my sister was getting married, everyone was envious of her because she **married up**, but unfortunately, she got divorced two years later.

> 우리 언니가 결혼할 때, 모두가 언니를 부러워했어. 왜냐하면 언니가 훨씬 더 부자랑 결혼했으니까. 그런데 불행히도, 언니는 2년 후에 이혼했어.

Do I want to **marry up**? Yes, but then again, I also want to marry for love.

> 나보다 조건 좋은 사람과 결혼하고 싶냐고? 그러고 싶지. 하지만 그래도 난 사랑해서 결혼하고 싶기도 해.

Marry down

: To marry a person who is in a lower socio-economic class
자신보다 사회 경제적 지위가 낮은 사람과 결혼하다

A: Should I **marry up or down**?
B: What kind of question is that? Just marry someone you love.

> A: 나보다 조건이 좋은 사람과 결혼해야 할까, 아니면 안 좋은 사람과 결혼해야 할까?
> B: 무슨 그런 질문이 다 있니? 그냥 네가 사랑하는 사람과 결혼해.

I don't understand why some people still say she **has married down**. Who cares? She has a happy marriage, and that's all that matters!

> 난 왜 어떤 사람들이 아직도 그녀가 자기보다 조건 나쁜 사람과 결혼했다고 수군거리는지 모르겠어. 그게 무슨 상관이야? 그녀는 행복한 결혼생활을 하고 있고, 그게 제일 중요한 거지!

Just because she's in a higher social class than her husband, you cannot say she **married down** because he makes a whole lot more money than she does.

> 단지 그녀가 자기 남편보다 사회적으로 높은 지위에 있다는 이유로 그녀가 자기보다 조건이 나쁜 사람과 결혼했다고 할 수는 없어. 왜냐하면 그 남자가 그녀보다 돈을 훨씬 더 많이 벌거든.

Marry into ~

: To become a member of a family or a group by getting married to a member of that family or that group

~ 집안으로 시집/장가가다

My daughter **married into a Muslim family**, but she still goes to Catholic church.

우리 딸은 이슬람교도 집안에 시집갔지만, 여전히 성당에 다닙니다.

Not everyone wants to **marry into a super-rich family**.

모든 사람이 엄청난 부잣집에 시집/장가가고 싶어 하지는 않습니다.

My dad always says when I marry someone, I **marry into his family** as well.

우리 아빠는 내가 누군가와 결혼하면 그 사람 집안으로 시집/장가가는 것이기도 한 거라고 항상 말씀하셔.

Marry for ~

: To get married because of ~

~때문에 결혼하다

Can you believe this? Some economist guy says **marrying for money** is not a bad thing at all.

너 이게 믿기니? 어떤 경제학자라는 사람이 돈 때문에 결혼하는 게 전혀 나쁜 게 아니라고 하네.

I don't think people **marry for love** these days.

내 생각에 요즘은 사람들이 사랑 때문에 결혼하는 게 아닌 것 같아.

* 참고로, 이 구동사는 다음과 같이 수동태형 get married for ~로도 많이 쓰입니다.

Jimmy says I should marry an American citizen and get a green card, but I cannot **get married** just **for a green card**.

지미는 내가 미국 시민과 결혼해서 영주권을 얻어야 한다고 하지만, 단지 영주권을 얻으려고 결혼할 수는 없잖아.

Come up

: To occur/happen unexpectedly

(어떤 일이) 예상치 않게 일어나다

I was supposed to help John, but something **came up**, and I couldn't go there.

> 난 존을 도와주기로 했는데, 무슨 일이 갑자기 생겨서 그곳에 갈 수가 없었어.

Dad says he cannot make it. It looks like something urgent **came up**.

> 아빠는 못 오신다고 하시네. 무슨 급한 일이 생긴 것 같아 보여.

I'm so sorry, but something **came up**, and we'll have to reschedule our lunch appointment.

> 정말 미안하지만 무슨 일이 생겨서, 우리 점심 약속을 다시 잡아야 할 것 같아.

Marry off ~ / Marry ~ off

: To get rid of one's child by having them marry someone

~를 시집/장가보내다

Mr. Lee wants to **marry off all his daughters**, but none of them want to get married.

> 이 선생님은 딸들을 모두 결혼시키고 싶어 하지만, 그들 중 아무도 결혼하고 싶은 사람이 없다.

My mom wants to **marry my brother off** as soon as possible, but I don't think he's ready to get married yet.

> 우리 엄마는 우리 오빠를 가능한 한 빨리 장가보내고 싶어 하지만, 내 생각에 오빠는 아직 결혼할 준비가 안 됐어.

In that country, some people **marry off their young daughters** just because they are too poor to feed them.

> 그 나라에서 어떤 사람들은 그저 너무 가난해서 밥 먹일 돈이 없다는 이유로 어린 딸들을 시집을 보내.

G RAMMAR POINT

로리의 첫 문장 "Ray proposed to me."(레이가 나한테 청혼했어.)를 보세요.

동사 propose가 이렇게 '청혼하다'의 의미로 쓰일 때는 자동사이기 때문에 목적어 앞에 반드시 전치사 to를 먼저 써야 합니다. 왜냐하면 동사 propose가 타동사로 쓰일 때는 '(무언가를) 제안하다/제의하다/제시하다'의 뜻으로 살짝 다른 의미가 있기 때문입니다. 다음 두 예문을 비교해 보면서 확인하세요.

He **proposed to her**.
그는 그녀에게 청혼했다.

He **proposed that plan** decades ago.
그는 그 계획을 수십 년 전에 제안했다.

$\mathscr{V}$ocabulary POINT 1

Believe in ~이 '~의 가치를 믿다'의 뜻이라고 공부하고 있는데요, believe in 뒤에 사람이 목적어로 올 수도 있습니다. 그런데 사람이 목적어로 올 때, 타동사 believe ~와 구동사 believe in ~이 다음과 같이 서로 전혀 다른 의미가 있다는 점에 주목하세요. 다시 말해, believe 뒤에 전치사 in을 썼을 때와 안 썼을 때 뜻이 완전히 달라집니다.

Believe someone: To accept what someone said is true
~를 믿다/~가 한 말을 믿다

A: Please **believe me**. I didn't lie to you.
B: I **believe you**.
A: 제발 날 믿어 줘. 난 너한테 거짓말하지 않았어.
B: 나는 너 믿어.

Believe in someone: To believe someone has the ability to do something
~가 할 수 있다고 믿다/~의 능력을 믿다

A: I'm giving my first presentation in a college class tomorrow, and I'm so nervous.
B: Don't worry about it too much, my friend. I know you will do a great job. I **believe in you**.
A: 나 내일 대학 수업에서 처음으로 발표하는데, 너무 떨린다.
B: 너무 걱정하지 마, 친구. 네가 잘 해낼 거라는 걸 난 알아. 난 네가 할 수 있다고 믿거든.

똑같은 동사에 전치사 in이 하나 붙었을 뿐인데, 이렇게 다른 뜻이 되지요? 이것이 바로 우리가 구동사를 공부하는 이유랍니다. 참고로, believe in ~은 '~의 존재를 믿다'라는 뜻으로도 쓰입니다.

Why do you **believe in God**?
왜 너는 신이 존재한다고 생각하니?

A: Somehow, that luxurious mansion felt like a haunted house.
B: What? I thought you didn't **believe in ghosts**.
A: 왜 그런지, 저 호화로운 저택이 귀신 들린 집 같은 느낌이 있었어.
B: 뭐라고? 난 네가 귀신의 존재 같은 건 안 믿는다고 생각했는데.

 *Vocabulary* POINT 2

페니의 문장 "Getting married to someone you love, bringing up a baby with him, and…"에서 bring up 〜은 '(아이를) 기르다/양육하다'(to raise 〜)의 뜻으로 쓰였습니다. 그런데 bring up은 다음과 같이 '(어떤 이야기나 화제를) 꺼내다'라는 의미로도 쓰입니다. 이 두 가지 의미가 모두 비슷한 빈도로 자주 쓰이기 때문에 둘 다 알아둬야 합니다.

Bring up a topic/issue (Bring a topic/issue up): To start talking about a topic or an issue 〜에 대해 이야기를 꺼내다

I didn't want to **bring that issue up** in the middle of the meeting.
나는 회의 도중에 그 문제를 꺼내고 싶지 않았어.

I wouldn't **bring up a political topic** at the dinner table.
나라면 저녁 식사 때 정치 이야기를 꺼내지는 않을 거야.

POP Quiz!

PHRASAL VERBS(구동사)에
얼마나 익숙해졌는지 체크하며
뜻이나 생각나는 영어 표현 등을 써 보세요.

Bring up ~ /Bring ~ up ☐

Believe in ~ ☐

Count on ~ ☐

Go for ~ ☐

Marry up ☐

Marry down ☐

Marry into ~ ☐

Marry for ~ ☐

Come up ☐

Marry off ~ /Marry ~ off ☐

LESSON 13
출산

Denise: Charlene! Congratulations! How was the delivery? Did everything go okay?

Charlene: It all **went well**, but we did have some dramatic moments.

Denise: Oh no.

Charlene: In the beginning, I wanted to have the baby at home. The baby seemed very healthy. She **was moving around** all the time kicking. She practically beat me up from the inside!

Denise: My kids were like that too!

Charlene: But then I got to the end of the third trimester; she wasn't kicking so much, and then I got nervous. The midwife told me that this was normal; the baby was bigger and didn't have as much room to **move around in** anymore. But I changed my mind about the home birth.

Denise: I totally understand.

Charlene: It all **boiled down to wanting to feel safe**, so I decided to have the baby at the hospital, and two days later, I went into labor. My husband **had** already **mapped out the fastest route to the hospital**.

Denise: That's a good dad!

Charlene: Yes, it was good, but on our way there, we realized that the city **had closed off a street** for construction. We had no choice but to **double back** and take a completely different route. It took us forever to **get to the hospital**.

Denise: Oh, no!

Charlene: By the time we got there, I was fully dilated and having strong contractions, but then the receptionist told my husband he would need to **fill out some forms** first. I tried to **hurry my husband up** because I really had to **get to the delivery room** as soon as possible.

Denise: What? That's outrageous! Did you have the baby at the entrance of the hospital?

Charlene: Almost! After that, we really had to **hurry up**, and I finally **got to the room**. The midwife took one look and told me it was time to push. I was really scared, but the midwife was great. It was too late for any drugs, so she helped me breathe and focus.

Denise: That's awesome! I had good midwives and doctors for my births too.

Charlene: Yeah, I really **lucked out with that midwife**. Then, before I knew it, the baby was born.

Denise: What a great birth story! I'm glad everything **went** so **well**!

드니즈: 샬린! 축하해! 출산은 어땠니? 다 괜찮게 됐어?

샬린: 다 잘 됐지만, 위기의 순간들도 좀 있었어.

드니즈: 저런.

샬린: 처음에 난 집에서 아이를 낳고 싶었거든. 아기도 아주 건강한 것 같았고. 걔가 항상 움직이면서 발로 찼거든. 안에서 실제로 나를 막 차더라니까!

드니즈: 우리 아이들도 그랬어!

샬린: 그런데 그러다 내가 임신 말기가 됐을 때, 아이가 발차기를 별로 안 해서 내가 초조해졌어. 산파는 그게 정상적인 거라고 했고, 아기가 커졌으니, 그 안에서 움직일 공간이 더 이상 별로 없었으니까. 그렇지만 집에서 출산하겠다는 내 생각을 바꿨어.

드니즈: 완전히 이해해.

샬린: 결국은 안전하게 느끼고 싶은 마음 때문이었고, 그래서 병원에서 아기를 낳기로 했지. 이틀 후에 산기가 있었어. 남편이 병원 가는 가장 빠른 길을 이미 다 찾아놨었고.

드니즈: 좋은 아빠네!

샬린: 그래, 그건 좋았는데, 병원으로 가는 길에 시에서 공사 때문에 길을 막아놨다는 걸 알게 됐지 뭐야. 별수 없이 왔던 길을 되돌아가서 완전히 다른 길로 가야 했어. 병원까지 도착하는 데 얼마나 오래 걸렸는지 몰라.

드니즈: 저런!

샬린: 병원에 도착했을 때쯤에는, 난 자궁 경관이 완전히 확장돼 있었고 심한 진통을 겪고 있었어. 그런데 그때 접수원이 남편한테 먼저 서류를 몇 가지 작성해야 한다고 했어. 난 남편을 재촉하려고 했거든. 정말로 최대한 빨리 분만실에 도착해야 했으니까.

드니즈: 뭐? 어이가 없네! 너 아기를 병원 입구에서 낳았니?

샬린: 거의 그럴 뻔했어! 그 후에 우리는 정말로 서둘러야 했고, 드디어 내가 분만실에 도착했어. 산파가 한번 보더니 나한테 힘을 줘야 할 시간이라고 말해 줬어. 정말 무서웠지만, 그 산파가 훌륭하더라고. 무슨 약을 쓰기에도 너무 늦었기 때문에, 산파가 내가 호흡을 고르고 집중할 수 있게 도와줬어.

드니즈: 정말 잘 됐다! 나도 출산할 때 좋은 산파와 의사들이 도와줬어.

샬린: 그래, 내가 그 산파와 함께했던 건 정말 운이 좋았어. 그러고는 내가 알아차리기도 전에 아기가 태어났지.

드니즈: 실로 대단한 출산 스토리네! 아무튼 모든 일이 다 잘 풀렸다니, 나도 기쁘다!

---

dilate 팽창시키다, 확장시키다

Go well

: To do well

잘 되어 가다

I hope everything **goes well** with you.

네가 하는 모든 일이 다 잘 돼 가고 있기 바란다.

A: How's your new business?

B: **It's going well**, but I've been too busy.

A: 새로 시작하신 사업은 어때요?
B: 잘 되고 있긴 하지만, 제가 너무 바빴습니다.

A: How did the information session go?

B: It **went** pretty **well**.

A: 설명회는 어떻게 진행됐습니까?
B: 아주 잘 진행됐습니다.

* 참고로, go well with ～는 '～와 잘 어울리다'(to look better with ～/to be better with ～)의 의미로 쓰입니다. (1권 Lesson 2 참조)

Move around (in ~)

: To physically move or change your position
몸을 움직이다/자세를 바꾸다

I can't sit at a desk all day. I have to get up and **move around**.

> 난 종일 책상에 앉아 있을 수가 없어. 일어나서 움직여야 하는 체질이거든.

The closet was so small that I could hardly **move around in it**.

> 그 벽장은 너무 작아서 난 그 안에서 거의 움직일 수가 없었어.

I love this large office! I feel like I have a lot of room to **move around in**.

> 난 이 넓은 사무실이 너무 좋아! 내가 이 안에서 여기저기 돌아다닐 수 있는 공간이 충분한 것처럼 느껴지거든.

* 참고로, move around는 타동사로 목적어와 함께 쓰여 move around ~/move ~ around 가 되면 '~를 움직이다'의 뜻이 됩니다.

To repair the clothes dryer, I had to reach inside a small space in the back of the dryer. I had very little room to **move my hands around**, so it was difficult to do the repair.

> 건조기를 고치기 위해서, 난 건조기 뒤쪽에 있는 작은 공간에 손을 넣어야 했어. 손을 움직이기에 너무 작은 공간이어서, 수리하는 것이 힘들었어.

Boil down to ~

: To arrive at the most important part of ~
결국 ~로 요약되다

Problems in any organization usually **boil down to the personalities of one or two people** in leadership positions.

> 어떤 조직이건 보통 문제는 결국 리더 자리에 있는 한두 사람의 성격으로 요약돼.

It all **boiled down to money**. We couldn't finish the project because we ran out of money.

> 그건 모두 결국 돈 문제였어. 우리는 돈이 다 떨어졌기에 그 프로젝트를 끝내지 못했어.

Sometimes success **boils down to hard work**.

> 가끔 성공은 결국 열심히 일한 결과지.

Map out ~ / Map ~ out

: To devise a path or way from one location to another

(한 장소에서 다른 곳으로 가는 이동 경로를) 자세하게 계획하다/ (무언가를) 세심하게 계획하다

Before our road trip, we **mapped out a route** that would allow us to avoid major cities.

장거리 자동차 여행을 시작하기 전에, 우리는 대도시들을 피해 가게 해 주는 경로를 세심하게 계획했다.

We don't have good cell phone reception in the country, so you should **map out your drive** and write it down. You might not be able to use your phone's GPS.

시골에서는 핸드폰이 잘 터지지 않아서, 네가 운전할 길을 세심하게 계획해서 적어 놔야 해. 핸드폰의 GPS를 쓰지 못할 수도 있을 테니까.

There are several ways you can go to get from here to the grocery store. I can **map the quickest route out** for you.

여기서 슈퍼마켓까지 갈 수 있는 길이 여러 개가 있거든. 내가 가장 빠른 길을 너한테 알려 줄 수 있어.

Close off ~ / Close ~ off

: To block access to ~

～를 차단하다/고립시키다/ 차단시키다

The city is repaving part of the highway, so they **have closed that part of the highway off** at night.

시가 고속도로 한 부분을 재포장하고 있어서, 밤에는 그 부분에 차들이 못 들어가도록 막았다.

The flooding was dangerous, so the main bridge **was closed off** until the waters were lower.

침수가 돼서 위험했고, 그래서 수위가 낮아질 때까지 주요 다리는 폐쇄되었다.

You know she loves you very much. Don't **close off your heart** to her.

그녀가 너를 아주 많이 사랑한다는 걸 너도 알잖아. 그녀에게 네 마음을 닫아버리지 마.

They **closed the whole campus off** to traffic for the soccer team's victory parade.

축구팀의 승리 축하 퍼레이드를 위해 그들은 캠퍼스 전역을 차가 못 들어오게 막았다.

Double back

: To return in the direction you came from

왔던 길로 되돌아가다

Oh no! I forgot my driver's license! I'll need to **double back** and get it.

이를 어째! 운전 면허증을 깜빡 잊고 안 가지고 왔네! 다시 돌아가서 가지고 와야겠어.

We need to **double back** and find another way to get to her apartment. It looks like downtown is closed off to traffic.

우리가 그녀의 아파트로 가려면 왔던 길을 되돌아가서 다른 길을 찾아야 해. 시내는 차량 통행을 막아 놓은 것 같아 보여.

I'm going to **double back** and see if I dropped the key on the way here.

내가 왔던 길로 되돌아가서 여기 오는 길에 열쇠를 떨어뜨렸는지 봐야겠어.

Get to ~

: To arrive at a place/To start a task

~에 도착하다/(어떤 업무를) 시작하다

Even though we had a lot of little delays, we managed to **get to our destination** on time.

비록 사소한 지연들이 많이 있었지만, 우리는 제시간에 목적지에 도착할 수 있었다.

A: Have you looked over that file I sent you?

B: Sorry. I **haven't gotten to it** yet.

A: 내가 너한테 보낸 파일 검토해 봤니?
B: 미안. 아직 그 일은 시작 못했어.

We usually **get to school** by 7:45 every morning.

우리는 보통 매일 아침 7시 45분까지 학교에 도착해.

Fill out ~ / Fill ~ out

: To write information into a form

어떤 서식을 작성하다

Every time I go to the doctor's office, I have to **fill some forms out**.

난 진료하러 갈 때마다, 어떤 서식을 작성해야 해.

Here, **fill out this name tag** and take a seat, please.

여기 이름표를 작성하고 자리에 앉으세요.

It usually takes me a week to **fill out my tax forms**. I need to go over all of my receipts for the year.

세금 관련 서류들 작성하는 데 난 보통 일주일이 걸려. 그 해의 모든 영수증을 다 살펴봐야 하거든.

Hurry up ~ / Hurry ~ up

: To make someone hurry/To do something more quickly

(누군가를) 재촉하다/(어떤 일이) 빨리 되게 하다

I didn't mean to **hurry you up**, so please take your time.

재촉하려는 의도는 아니었습니다. 그러니 천천히 하세요.

My mom **hurries me up** all the time, which sometimes gives me stress.

우리 엄마는 언제나 날 재촉하시는데, 그게 때로는 나한테 스트레스를 줘.

The boss says we should **hurry up the project**.

사장님께서 우리가 서둘러 그 프로젝트를 진행해야 한다고 말씀하세요.

Excuse me, but is there any way you could **hurry up my order**? I need to attend a meeting in 30 minutes.

죄송하지만, 제 주문을 빨리 처리해 주실 방법이 없을까요? 제가 30분 뒤에 회의에 참석해야 하거든요.

Hurry up

: To move or act more quickly

서두르다

We don't have to **hurry up**; we have plenty of time.

우리 서두를 필요 없어. 시간이 충분하거든.

Kids, **hurry up**! The school bus is almost here!

얘들아, 서둘러! 스쿨버스 여기 거의 다 왔어!

When I fly, I always get to the airport very early. I hate having to **hurry up**; it's so stressful.

난 비행할 때면, 항상 공항에 아주 일찍 도착해. 서둘러야 하는 게 싫거든. 그건 너무 스트레스 주는 일이야.

Luck out (with ~)

: To have an advantage due to good luck

(~에 관한) 운이 좋다

I turned in my homework late, and the teacher still gave me full credit. I really **lucked out**!

난 숙제를 늦게 제출했는데, 선생님께서 그래도 만점을 주셨어. 정말로 운이 좋았지!

We **lucked out with this car**. We bought it ten years ago, and we've never had any problems with it.

이 차를 산 건 우리에게 행운이었어. 우리는 10년 전에 이 차를 샀는데, 단 한 번도 어떤 문제가 없었거든.

Alan totally **lucked out with that job**. It's in a city that is closer to his family, he loves the work, and the pay is great.

앨런이 그 직장을 잡은 건 굉장히 운이 좋았지. 그 직장이 가족들과 더 가까운 도시에 있고, 앨런이 그 일도 좋아하니까. 게다가 급여까지 훌륭하거든.

𝒱ocabulary POINT 1

임신(pregnancy)과 출산(childbirth)에 관련된 단어와 표현을 익혀 봅시다.

Have a baby: 이 표현은 상태 동사(state verb)일 때와 동작 동사 (action verb)일 때 의미가 다릅니다. 상태 동사일 때는 문자 그대로 '아이가 있다'의 뜻이고, 동작 동사일 때는 '아이를 낳다'의 뜻입니다.

상태 동사

We **have a newborn baby** at home; he's only four weeks old.
우리 집에 갓난아기가 있어. 걔는 겨우 4주밖에 안 된 아기야.

She **has two babies**; one is 18 months old, and the other one is just two weeks old.
그녀에게 아기가 둘 있는데, 하나는 18개월이고, 다른 하나는 겨우 2주 된 아기야.

동작 동사

She's having a baby in six months.
그녀는 6개월 후에 아기를 낳아.

We're so excited; **we're having our second baby** later this year.
우리는 너무 신이 나 있어. 올해 후반기에 우리 둘째 아이를 낳거든.

When you are ready to **have your baby**, you can come to the hospital, or **have the baby** at home.
아기 낳을 준비가 되면, 병원으로 오셔도 되고, 집에서 아기를 낳으셔도 됩니다.

Trimester: 한국에서는 통상적으로 임신 기간을 열 달로 보지만, 미국에서는 아홉 달로 봅니다. 참고로, 여성의 평균 임신 기간은 아홉 달 반이라고 합니다. 그런 이유에서 미국에서는 아홉 달을 3으로 나눠서, 첫 석 달을 first trimester(임신 초기), 두 번째 석 달을 second trimester(중기), 마지막 석 달을 third trimester(말기)라고 부릅니다.

My first trimester was really hard. I was very tired and didn't feel well, but my **second and last trimesters** were great.
임신 초기는 정말 힘들었어. 너무 피곤했고 컨디션도 좋지 않았지. 그런데 중기와 말기는 아주 좋았어.

Midwife: 산파, 조산사

Obstetrician: 산과 전문의
* 한국은 산부인과가 함께 있는 경우가 대부분이지만, 미국은 산과와 부인과가 따로 있습니다. 부인과 전문의는 **gynecologist**라고 합니다.

Labor: '분만, 진통'의 의미인 이 단어는 주로, "go into labor"(산기가 있다), "be in labor"(진통 중이다), "have a labor"(진통을 겪다) 등의 동사구와 함께 쓰입니다.

My sister **went into labor** this morning.
우리 언니는 오늘 아침에 산기를 보였어.

I **was in labor** for 19 hours.
나는 19시간 동안 진통했어.

My mom **had really easy labors** with all of her kids.
우리 엄마는 아이들을 모두 정말 쉽게 낳으셨어.

My friend **had an intense labor**.
내 친구는 극심한 진통을 겪었어.

Dilation: 이 단어의 사전적 의미는 '확장', '팽창'인데, 임신과 관련해서는 자궁경관의 확장을 말합니다. 10cm만큼 확장되면, 배 속의 아이가 나올 준비가 됐다는 뜻입니다.

Contractions: (출산을 앞둔 산모의) 진통

My wife is having **contractions** every 10 minutes.
제 아내는 진통 간격이 10분입니다.

Delivery room: (병원의) 분만실

Vocabulary POINT 2

구동사 map ~ out은 '어느 장소에서 다른 장소로 가는 길을 계획하다'의 의미입니다. 하지만 꼭 길 외에 어떤 일을 계획한다는 뜻으로도 사용됩니다. 주로 다음과 같이 직업이나 진로(future career), 또는 프로그램 등을 자세하게 계획한다는 의미로 쓰이죠.

High school guidance counselors help kids to **map out their plans for work or further study** once they graduate from high school.
고등학교 진로 상담관들은 학생들이 일단 고등학교를 졸업하면 직업이나 계속되는 학업에 관해 자세한 계획을 세우도록 도와줍니다.

The executive team **mapped out the strategic plan for the company** for the next 15 years.
경영 간부 팀은 회사의 다음 15년을 위한 전략적인 계획을 세심하게 세웠다.

If you want to buy a house and pay it off quickly, you need to **map out an intelligent plan for earning and saving money**.
집을 사서 빨리 집값 지급을 끝내고 싶다면, 돈을 벌고 저축하는 똑똑한 계획을 세심하게 세워야 한다.

Vocabulary POINT 3

대화에서 '(어떤 서식을) 작성하다'의 의미로 fill out이 쓰였습니다. 이때 fill out 대신 fill in을 사용해도 뜻은 같습니다. Fill in이 다른 문맥에서는 다른 뜻으로도 쓰이지만, 이렇게 '서식이나 문서를 작성하다'(to add information to a form)의 의미로 쓰일 때는 fill out과 아무런 의미 차이가 없습니다.

Please **fill in/out this form** with your name, date of birth, address, and phone number.
이 서식에 이름과 생일, 주소 그리고 전화번호를 기재해 주세요.

Before we can interview you, you will need to **fill in/out this job application**.
면접을 보기 전에, (지원자분이) 이 입사 지원서를 먼저 작성하셔야 합니다.

Did you **fill in/out the forms** online?
이 서식들을 온라인으로 작성하셨습니까?

POP Quiz!

PHRASAL VERBS(구동사)에
얼마나 익숙해졌는지 체크하며
뜻이나 생각나는 영어 표현 등을 써 보세요.

Go well ☐

Move around (in ~) ☐

Boil down to ~ ☐

Map out ~ /Map ~ out ☐

Close off ~ /Close ~ off ☐

Double back ☐

Get to ~ ☐

Fill out ~ /Fill ~ out ☐

Hurry up ~ /Hurry ~ up ☐

Luck out (with ~) ☐

LESSON 14
수명 다한 제품과 유통/공급 문제

Peter: Honey, are you doing a load of laundry?

Maureen: Yes, why?

Peter: Have you heard the washing machine?

Maureen: No, I just **dozed off** for a minute.

Peter: It sounds like the washing machine is on its last legs. It sounds like the thing is about to **keel over**!

Maureen: Goodness! It sure doesn't sound good. Should I call a repair guy?

Peter: Maybe we should buy a new one; it's already 12 years old. I just **bumped into Don Brown** the other day. He was saying that he was on his way to Home Depot to pick out a new fridge. Apparently, there is a big sale going on this week.

Maureen: I guess we could **head over to Home Depot*** now. There's no sense in waiting.

Peter: I agree. We need to see what they have in stock. Hopefully, they **haven't sold out of washing machines**. You know, with the supply chain issues these days, everyone is having to wait a long time for appliances.

Maureen: Tell me about it! You know, I **ran into my friend Rachel** last week. She's been re-doing her bathroom, so I asked her how it was going, and she **burst into tears**!

Peter: Over a bathroom?

Maureen: She **tore down all the tile, ripped out the old toilet and cabinets** and was ready to install new things, but then her entire order of bathroom items was delayed. She's been waiting six months to have a bathroom again.

Peter: That's terrible! I don't want to know how she's living without a toilet!

Maureen: It's not pretty.

Peter: Well, let's get over to Home Depot right away before they **run out of washing machines**!

---

* Home Depot: 집을 수리하고 고치는 데 관계되는 모든 것들을 파는 미국의 대형마트로, 미국인들은 세탁기, 냉장고, 오븐 등의 가전제품도 이곳에서 산다.

피터: 여보, 지금 세탁하고 있어요?

모린: 네, 왜요?

피터: 세탁기 소리 들었어요?

모린: 아뇨, 방금 잠깐 졸아서.

피터: 소리 들으니까 세탁기 수명이 다한 것 같아서요. 기계가 금방이라도 쓰러질 것 같이 들리는데!

모린: 아이고! 정말 소리가 안 좋네요. 수리공을 불러야 할까요?

피터: 아마도 새로 하나 사야 할 것 같아요. 벌써 12년이나 됐잖아요. 내가 엊그제 단 브라운 씨를 우연히 만났거든요. 그분이 홈디포에 새 냉장고 고르러 가는 길이라고 했어요. 이번 주에 큰 세일이 있는 게 틀림없어요.

모린: 우리도 지금 홈디포에 가야 할까 봐요. 기다릴 이유가 없잖아요.

피터: 맞아요. 가서 거기 어떤 물건이 재고로 있는지 봐야 할 것 같아요. 세탁기가 다 팔린 게 아니면 좋겠어요. 글쎄, 요즘 공급망 문제로 모두가 가전제품을 사려면 오랫동안 기다려야 하거든요.

모린: 내 말이 바로 그 말이에요! 글쎄, 지난주에 내 친구 레이철을 우연히 마주쳤거든요. 자기네 욕실을 리모델링하는 중이라서, 내가 어떻게 돼 가냐고 물었더니, 울음을 터뜨리는 거예요!

피터: 욕실 때문에요?

모린: 걔가 타일을 전부 다 허물고, 오래된 변기와 보관장을 다 뜯어내서 새것으로 설치할 준비가 됐는데, 욕실 제품 주문한 게 다 연기됐다지 뭐예요. 6개월 동안 욕실이 완성되기를 기다리고 있대요.

피터: 끔찍하네요! 변기 없이 어떻게 사는지 알고 싶지도 않네요!

모린: 엄청 힘들죠.

피터: 뭐, 우리도 세탁기가 다 팔리기 전에 빨리 홈디포로 갑시다!

---

on one's last legs 다 죽어 가는, 기진맥진한
There is no sense in ~ ~하다니 쓸데없는 짓이다

Doze off

: To fall asleep

잠들다, 졸다

My grandfather **dozes off** in his easy chair every night after dinner.

우리 할아버지는 매일 밤 저녁 식사 후에는 안락의자에 앉으셔서 조셔.

I always **doze off** on long train rides. I find them so relaxing.

난 기차를 오래 탈 때면 항상 졸아. 기차 여행이 날 너무나 편안하게 해 주거든.

The cranky baby eventually **dozed off** in her father's arms.

그 짜증 부리던 아기가 결국 아빠 품에서 잠들었어.

Keel over

: To fall over suddenly, and usually to die

갑자기 쓰러지다

Our dog is 22 years old. That's super old for a dog, so we know that he could **keel over** and die any day.

우리 개가 22살이거든. 개로서는 엄청나게 나이 든 거라서, 어느 날 그 개가 갑자기 쓰러져서 죽을 수도 있다는 걸 우리는 알고 있어.

Did you hear the news? Fred just **keeled over** from a heart attack. They found him on the floor of his office. He's in the hospital right now.

그 뉴스 들었니? 프레드가 심장마비로 방금 갑자기 쓰러졌어. 사람들이 사무실 바닥에서 그를 발견했고, 지금 병원에 입원해 있어.

Apparently, my great-grandfather was working the fields one day when he **keeled over** and died.

분명히, 우리 증조할아버지는 들에서 일하시던 중 어느 날 갑자기 쓰러지셔서 돌아가셨어.

Bump into ~

: To meet someone by chance
〜를 우연히 만나다/마주치다

I was at H&M shopping for jeans, and I **bumped into an old friend**.

내가 청바지를 사려고 H&M 매장에 있었는데, 오랜 친구와 우연히 만났어.

You will never guess who I **bumped into** at the library: Mr. Joiner, my 9th grade history teacher!

내가 도서관에서 누구랑 마주쳤는지 넌 절대로 못 알아맞힐걸. 9학년 때 역사 선생님이셨던 조이너 선생님을 만났어!

My company holds a lot of social events, so I often **bump into people** from other departments; it's a good way to stay connected to other employees.

우리 회사는 사교 모임을 많이 열어서 난 다른 부서 사람들과 종종 마주치거든. 다른 직원들과 알고 지내는 좋은 방법이지.

Head (over) to ~

: To go to a place
〜로 가다/향하다

I'm heading to the grocery store. Do you need anything?

나 지금 슈퍼마켓에 가거든. 너 뭐 필요한 것 있니?

Stan **headed over to Margaret's place** and decided to stop for gas on the way.

스탠은 마거릿의 집으로 가다가 가는 길에 주유하기로 했다.

Jin will **head to the restaurant** around 6 pm, so we can have dinner around 6:30.

진이 6시쯤 식당으로 갈 거라서, 6시 30분쯤이면 우리가 저녁을 먹을 수 있어.

(In a text message)

A: Are you here yet?

B: Not yet. **Heading over to your place** now.

(문자 메시지에서)
A: 여기 도착했니?
B: 아직. 지금 너희 집으로 가는 길이야.

Sell out (of ~)

: To sell the entire stock (of ~)

(〜를) 다 팔아버리다/매진되다

We wanted to get tickets to see Lizzo in concert, but the tickets **sold out** right away.

우리는 리조를 콘서트에서 보려고 티켓을 사고 싶었지만, 티켓이 순식간에 매진되었다.

I always buy these t-shirts when they are in stock. They are popular and **sell out** quickly.

난 재고가 있으면 언제나 이 티셔츠를 사. 그 셔츠는 인기가 많고 금방 다 팔리거든.

Customer in a restaurant: I'll have the salmon and vegetables.

Waiter: Oh, I'm so sorry. **We've sold out of that** for the evening, but we have some other seafood dishes that you might like.

식당의 손님: 저는 연어와 채소로 할게요.
웨이터: 오, 죄송합니다. 오늘 저녁 그 메뉴는 다 나갔습니다만, 손님께서 좋아하실 만한 다른 해산물 요리도 있습니다.

Run into ~

: To meet someone by chance

〜를 우연히 만나다/마주치다

I had a great day except that I **ran into my ex**.

우연히 전처(전남편)와 마주친 것만 빼고는, 좋은 하루를 보냈어.

Guess what! I **ran into my high school math teacher** at the mall today.

있잖아, 나 오늘 쇼핑몰에서 고등학교 때 수학 선생님과 우연히 마주쳤어.

What do you do when you **run into someone you don't really like**?

넌 네가 정말 싫어하는 사람과 우연히 마주치면 어떻게 하니?

* 참고로, run into가 사람이 아닌 어떤 문제를 목적어로 취할 때는 '난관에 부딪히다'(to encounter a problem)의 의미로도 쓰입니다. (1권 Lesson 22 문제와 해결 참조)

Burst into ~

: To suddenly begin to produce ~

갑자기 ~을 터뜨리다

The movie was so sad that Sarah **burst into tears** when the main character died.

> 그 영화는 너무 슬퍼서, 주인공이 죽었을 때 사라는 눈물을 터뜨렸다.

When I told my mother that I was having a baby, she **burst into tears of joy**.

> 우리 어머니한테 내가 아기를 가졌다고 이야기했을 때, 어머니는 기쁨의 눈물을 흘리셨어.

He had had such a terrible day that when I asked him how he was, he **burst into tears**.

> 그는 너무나도 끔찍한 하루를 보내서, 내가 그에게 어떤지 물어봤을 때, 눈물을 터뜨렸다.

The baby **burst into tears** when his mother took a dangerous toy away from him.

> 엄마가 자기한테서 위험한 장난감을 빼앗아 갔을 때, 아기는 울음을 터뜨렸다.

When my wife saw my Halloween costume, she **burst into laughter**.

> 내 핼러윈 복장을 봤을 때, 아내는 웃음을 터뜨렸다.

The famous musician came on stage, and as soon as she played a few notes of her most popular song, the whole crowd **burst into song**.

> 그 유명한 뮤지션이 무대에 올라왔고, 자신의 가장 유명한 노래의 첫 몇 음을 연주하자, 전체 군중이 갑자기 노래를 부르기 시작했다.

Tear down ~ / Tear ~ down

: To demolish ~

〜를 파괴하다/해체하다/허물다/헐다

They **tore down the old mall** to make space for a new apartment building.

그들은 새 아파트 건물을 짓기 위한 공간을 만들려고 오래된 그 쇼핑몰을 허물었다.

We're going to expand the kitchen in our house. First, we have to **tear one wall down** in the living room.

우리 집 부엌을 확장할 거거든. 우선, 거실의 벽 하나를 허물어야 해.

The city has to **tear down this old bridge** now that the new one has been built.

이제 새 다리가 건설됐기 때문에, 시는 이 오래된 다리를 허물어야 합니다.

Rip out ~ / Rip ~ out

: To remove ~ (in a way that requires some force)

(물리적인 힘을 사용해서) 〜을 제거하다

To make room for more desks in the classroom, the workers had to **rip out some bookcases**.

교실 안에 책상을 더 넣을 공간을 만들기 위해, 인부들이 책장을 몇 개 뜯어내야 했다.

The wind was so strong at the beach that it **ripped our umbrella right out of the sand**.

해변가 바람이 너무 강해서 모래사장에 박혀 있던 우리 우산을 밖으로 날려 버렸어.

A: Is waxing your legs painful?

B: Yes, a little. Basically, **you're ripping the hair out of your legs**.

A: 다리 왁싱하는 거 아프니?
B: 응, 조금 아파. 그러니까, 네 다리에서 털을 뜯어 내는 거잖아.

Run out (of ~)

: For the supply of something to be used completely

~를 완전히 다 써 버리다

I bought some more coffee. I want to make sure that we don't **run out of it** this week.

난 커피를 좀 더 샀어. 이번 주에 커피가 다 떨어지지 않게 확실히 해두고 싶어서.

During the start of the pandemic, stores in the US frequently **ran out of toilet paper**.

팬데믹이 시작되는 동안, 미국 상점에는 화장지가 종종 다 떨어지곤 했다.

Darn! I wanted to bake a cake, but I see that **I've run out of sugar**. I'm going to head to the store and pick some up.

제길! 난 케이크를 굽고 싶었는데, 설탕이 다 떨어졌네. 가게에 가서 좀 사 올게.

Vocabulary POINT 1

Sell out of ~와 run out of ~는 거의 같은 의미의 구동사입니다. 둘 다 '더 이상 남은 ~가 없다', '~가 다 떨어지다'(to have no more supply of ~ left)라는 뜻이거든요. 이 둘의 가장 큰 차이는 sell out of ~는 '가게에서 팔리는 물건'에만 쓰인다는 점입니다. 그런 상황에서는 다음과 같이 이 두 가지 구동사 중 아무거나 사용해도 좋습니다.

(At an ice cream shop)
Customer: Do you have any chocolate chip ice cream?
Shop clerk: No, I'm sorry. **We've sold out of/run out of that flavor** today.

> (아이스크림 가게에서)
> 고객: 초콜릿 칩 아이스크림 있어요?
> 가게 점원: 아니요, 죄송합니다. 저희가 오늘 그 맛은 다 팔렸습니다.

반면, 팔리는 물건에 관한 것이 아니라 이미 가지고 있는 물건이 다 떨어진 상황에서는, 다음과 같이 run out of ~만 사용할 수 있습니다.

(In an office)
Manager: I need to print out some files. Do we have any colored paper?
Secretary: No, **we've run out of the colored paper**, but I've ordered more.
It should be here in two days.

> (사무실에서)
> 매니저: 내가 파일을 몇 개 출력해야 하거든요. 색깔 있는 종이가 있습니까?
> 비서: 아니요, 색깔 있는 종이는 다 떨어졌는데, 제가 더 주문했습니다. 이틀 후면 도착할 겁니다.

이 run out of ~는 꼭 물건이나 음식이 아니더라도 에너지(energy)나 인내심(patience) 같은 추상적인 개념에도 쓰일 수 있습니다.

Darren just took up running. He can now run three miles without **running out of energy**.
대런이 막 달리기를 시작했거든. 이제는 힘이 달리지 않은 상태에서 3마일을 달릴 수 있지.

Parents sometimes **run out of patience** when dealing with teenagers.
10대 아이들과 씨름하다 보면, 부모는 때로 인내심이 바닥이 되죠.

Sell out 또한 마찬가지로, 팔던 물건뿐만 아니라 어떤 추상적인 개념을 팔아 버렸다는 의미로도 쓰입니다. 이를테면 다음 예문을 보세요.

I would rather quit my job than **sell out my co-workers** to the competition.
경쟁하느라 내 동료들을 팔아넘기기보다는 차라리 직장을 그만두는 게 더 낫겠어.

The politician promised to help the people, but in the end, he **sold them out** to an oil company which promised to finance his campaign.
정치인은 그 사람들을 돕겠다고 약속했지만, 결국에는 자신의 선거 캠페인에 돈을 대주기로 약속한 정유회사에 그 사람들을 팔아넘겼다.

앞의 두 예문에서 동료들이나 사람들을 문자 그대로 팔아 치우는(sell out) 것은 불가능합니다. 이때의 sell out은 '자신의 이익을 위해서 다른 사람을 배신하다'(to betray others for personal gain)라는 의미입니다. 물론, 이런 문맥에서 sell out은 극도로 부정적인 의미로 쓰이죠.

마지막으로, sell out은 '(어떤 사업체나 사업체의 한 부분을) 팔아넘기다'라는 의미로도 쓰입니다.

When she retired, she **sold out her share of the company** for a profit.
은퇴할 때, 그녀는 이윤을 남기기 위해 그 회사의 자기 지분을 팔아넘겼다.

$\mathscr{V}$ocabulary POINT 2

피터의 문장 "It sounds like the washing machine is on its last legs."에서 미국인들이 자주 쓰는 이디엄을 배워 봅시다. Be on its last legs는 '(어떤 제품이) 수명이 다하다'(to be at the end of its life/productivity/usefulness)라는 의미입니다. 한마디로, '매우 나쁜 상태이다'(to be in bad condition)라는 말이죠.

Our TV set **is** ten years old and **on its last legs**. The picture is no longer good, and the audio doesn't work well either. It's time to buy a new TV.
우리 집 텔레비전이 10년이 돼서 거의 수명이 다됐어. 화면은 더 이상 좋지 않고, 오디오도 잘 안 되거든. 새 텔레비전을 사야 할 때야.

이 이디엄은 물건이나 기계뿐만 아니라, 어떤 사업이나 단체, 혹은 시스템에 관해서 얘기할 때도 쓰입니다.

The bookstore **was on its last legs**. Although everyone loved it, it could not compete with the online booksellers.
그 서점은 상황이 너무 좋지 않아졌어. 모두가 그곳을 좋아했지만, 인터넷 서점들과는 경쟁할 수가 없었거든.

Some people say that the gas-powered car industry **is on its last legs**. Soon, most cars will run on electricity.
어떤 사람들은 휘발유 자동차 산업은 이제 수명이 다했다고 해. 곧 대부분의 차는 전기로 달릴 거거든.

이 이디엄은 흥미롭게도 살아 있는 동물에 관한 이야기를 할 때도 쓰입니다.

We all thought that **Lisa's little, old dog was on his last legs**. He had many health issues and was losing weight. But after taking a new medicine, he was able to live another year in good health.
우리 모두 리사의 작고 늙은 개가 수명이 다했다고 생각했거든. 그 개가 건강 이상으로 인한 문제가 많았고 살도 빠지고 있었으니까. 그런데 약을 새로 먹고 난 뒤, 건강하게 1년을 더 살 수 있었어.

Rip out ~과 tear down ~은 모두 어떤 물리적인 힘을 가해서 제거하는 걸 표현하는 구동사입니다. 다음 두 문장을 비교해 보세요.

1. have a tooth **removed** 치아를 제거하게 하다
2. have a tooth **ripped out** 치아를 뽑게 하다

같은 의미이긴 하지만, 1번 문장이 치아를 제거했다는 단순한 사실만을 표현한 반면, 2번 문장은 '물리적인 힘을 가해 뽑아내다'라는 의미가 더해졌습니다. 그러니 대부분의 문맥에서 remove보다는 rip out이 좀 더 폭력적인 어감이 더해진 단어로 쓰입니다. 동의어라도 단어들의 이런 차이를 알고 사용하면, 영어로 풍성한 언어 표현이 가능하겠지요? Tear down 또한 강한 물리력이 더해지는 느낌의 단어라 demolish(철거하다/무너뜨리다/허물다)와 같은 의미로 쓰입니다. 특히 빌딩이나 구조물에 관한 문맥에서 이 두 표현은 아무거나 사용해도 괜찮습니다.

The builder **tore down the old house**. = The builder **demolished the old house**.
그 건축업자가 오래된 그 집을 허물었다.

마지막으로, 이 두 구동사는 모두 감정적인 상황(emotional situations)에서도 쓰일 수 있습니다. Tear down one's character나 rip one's heart out (emotionally)이 그 예입니다.

Jack was distraught when his girlfriend left him. He said she **had ripped his heart out** and stomped on it.
여자 친구가 떠났을 때 잭은 괴로움에 휩싸였다. 잭은 그녀가 자기 심장을 갈기갈기 찢고, 그것을 짓밟았다고 말했다.

* 물론 여기서 **rip out one's heart**(심장을 뜯어내다) 표현은 실제로 심장을 도려낸다는 말이 아니라, 감정적으로 마음을 아프게 했다는 의미입니다. 우리 한국어에도 마음이 극도로 아플 때, '심장을 갈기갈기 찢어놓다'라는 표현을 사용하는 것과 마찬가지로 말이죠.

It was a fierce political race, and all of the nominees were trying to **tear down each other's reputations**.
그것은 격렬한 선거전이었고, 모든 후보가 서로의 평판을 깎아내리려고 애썼다.

POP *Quiz!*

PHRASAL VERBS(구동사)에
얼마나 익숙해졌는지 체크하며
뜻이나 생각나는 영어 표현 등을 써 보세요.

Doze off ☐

Keel over ☐

Bump into ~ ☐

Head (over) to ~ ☐

Sell out (of ~) ☐

Run into ~ ☐

Burst into ~ ☐

Tear down ~ /Tear ~ down ☐

Rip out ~ /Rip ~ out ☐

Run out (of ~) ☐

LESSON 15
저녁 뉴스

Newscaster 1: Thank you for joining us for tonight's news. Our top story: Two inmates have tried to **break out of prison**. The two were caught before they could leave the prison grounds.

Newscaster 2: Another top story that we're working on: An armed gunman broke into the State Street Bank and **held up a security guard** at gunpoint. The security guard alerted police, and the gunman **was** later apprehended and **taken into custody**.

Newscaster 1: It's a disturbing story because we've had several bank robberies in the past month, and local law enforcement has been struggling with higher crime rates this past year.

Newscaster 2: Yes. In this case, fortunately, the perpetrator was caught. Our sources tell us that he will be booked on several counts of felony.

Newscaster 1: In state politics, lawmakers gathered to discuss a bill that is aimed at **bringing down property taxes** in our state.

Newscaster 2: In addition to this, they will also soon vote on allowing for voters to come to the polls early. Proponents of this plan say that allowing more time for voting is a key to a stronger democracy.

Newscaster 1: In local news, our mayor and city council met on Thursday to discuss crime in our city. In addition to the bank robberies we've reported on, police caught a man who was trying to **burn down an empty warehouse** last night. A town hall meeting is being planned to gather input from concerned citizens about ways to reduce crime and increase community involvement in this issue.

Newscaster 2: And another local story we're working on is about a family from a war-torn region of the world who are seeking asylum here in our city. We **set up an interview** with them. Tomorrow night we'll bring you an interview with this family about their inspirational journey out of danger and into safety.

Newscaster 1: Yes, our reporter Ben Bryant will tell us how the family is doing in terms of adjusting to life in the United States.

Newscaster 2: And finally, if **you're up for some family fun** this weekend, there will be a free concert starting at 6 pm at the Peach Park Amphitheater. This is part of the city's Summer Sunshine concert series. There will be several bands playing rock and country music.

Newscaster 1: And there will be food trucks, too, so don't forget to bring your appetite. And now, let's **turn to our meteorologist**, Art McCall, at the weather desk.

뉴스 캐스터 1: 오늘 밤 뉴스를 시청해 주셔서 감사합니다. 주요 뉴스입니다. 수감자 두 명이 탈옥을 시도했는데, 그 두 사람은 감옥 밖으로 나가기 전에 잡혔습니다.

뉴스 캐스터 2: 저희가 준비하고 있는 또 다른 주요 뉴스입니다. 무장 강도가 스테이트 스트리트 은행에 침입해서 경비원에게 총을 들이대고 강탈했습니다. 경비원은 경찰에 알렸고, 강도는 후에 체포되어 수감되었습니다.

뉴스 캐스터 1: 우려스러운 뉴스네요. 지난달 여러 건의 은행 강도 사건이 있었으니까요. 저희 지역 법집행기구가 작년에 높아진 범죄율을 잡으려고 애를 쓰고 있잖습니까.

뉴스 캐스터 2: 네. 이번 사건의 경우 다행히 범인이 잡혔습니다. 저희 뉴스 정보원에 따르면, 범인은 몇 건의 중범죄로 형사 입건될 거라고 합니다.

뉴스 캐스터 1: 주 정치 관련해서는, 입법자들이 우리 주의 재산세를 낮추는 것을 목표로 하는 법안을 논의하려고 모였다고 합니다.

뉴스 캐스터 2: 이에 더해, 그들은 또 유권자들이 투표를 일찍 하도록 하는 것에 관해서도 곧 투표를 할 겁니다. 이 안건의 지지자들은 투표하는 시간을 더 주는 것이 민주주의를 강화하는 핵심 요소라고 주장합니다.

뉴스 캐스터 1: 지역 뉴스로, 시장과 시의회가 도시 범죄에 관해 논의하기 위해 목요일에 만났습니다. 저희가 보도한 은행 강도 건 외에도, 경찰은 어젯밤 비어 있는 창고에 불을 지르려고 한 남성을 체포했습니다. 범죄를 줄이는 방법에 관해 관심 있는 시민들의 의견을 모으고, 이 이슈와 관련한 공동체의 개입을 높이기 위해 시청에서 진행하는 회의가 잡혀 있습니다.

뉴스 캐스터 2: 저희가 준비하는 또 다른 지역 뉴스는 전쟁으로 피폐해진 지역에서 우리 도시로 망명을 요청한 어느 가족에 관한 소식입니다. 우리는 그분들과 인터뷰를 잡았습니다. 내일 밤 이 가족과의 인터뷰를 통해 위험에서 빠져나와 안전한 곳으로 온 가족들의 영감을 주는 여정에 관한 이야기를 여러분께 들려드리겠습니다.

뉴스 캐스터 1: 네, 저희 벤 브라이언트 기자가 미국에서의 생활에 적응하는 측면에서 이 가족들이 어떻게 지내고 있는지 알려줄 겁니다.

뉴스 캐스터 2: 그리고 마지막으로, 여러분께서 가족들과 함께 재미있는 주말을 보내고 싶으시다면, 피치 파크 원형 극장에서 6시에 시작하는 무료 공연이 있습니다. 이 공연은 시 측에서 기획한 써머 선샤인 공연 시리즈의 일부로, 록과 컨트리 음악을 연주하는 여러 밴드가 올 겁니다.

뉴스 캐스터 1: 그리고 푸드 트럭도 있을 테니까, 오셔서 맛있게 드세요. 자 이제, 저희 날씨 데스크의 기상학자 아트 맥콜 씨의 이야기를 들어보겠습니다.

Break out (of ~)

: To escape from prison

(감옥을) 탈출하다

When she left her abusive family, she felt like she **had broken out of a prison**.

자신을 학대하는 가족들을 떠났을 때, 그녀는 마치 감옥에서 탈출한 것처럼 느꼈다.

The criminals used spoons to dig an underground tunnel and **break out of prison**.

그 범죄자들은 지하 터널을 파서 감옥에서 탈출하기 위해 숟가락을 이용했다.

The leader of an international drug ring **broke out of prison** by bribing a security guard.

한 국제 마약 조직의 리더가 교도관에게 뇌물을 주고 감옥을 탈출했다.

Hold up (someone) / Hold (someone) up

: To steal from a person by threatening them with a weapon

~에게 무기를 들이대면서 강도질을 하다

When the mugger **held me up** at knifepoint, I gave him my watch and wallet right away.

그 강도가 칼끝으로 나를 위협하면서 강탈했고, 나는 그에게 내 손목시계와 지갑을 바로 줬어요.

The robbers planned to **hold up the salesperson** at the jewelry store.

그 강도들은 그 보석 가게의 판매원을 위협해서 강도질을 하려고 계획했다.

The woman was desperate for money, so she **held up the worker** at the convenience store.

그 여자는 돈이 절실했고, 그래서 편의점 직원을 위협해서 돈을 빼앗았다.

* 참고로, 이 구동사는 다음과 같이 수동태의 형태로 자주 등장합니다.

Be careful walking in the park at night. Someone **got held up** there last week.

그 공원에서 밤에 걸어갈 때는 조심해. 지난주에 거기서 누군가가 강도를 당했거든.

Convenience store workers have a high risk of **being held up**.

편의점에서 일하는 사람들은 강도를 당할 위험이 크다.

* **Hold up**의 목적어로 사물이 나오기도 합니다. 다음 페이지 내용을 확인해 주세요.

Hold up (something) / Hold (something) up

: To rob (a place)

(상점이나 은행을) 강도질을 해서 털다

Oh my God, Bank of America just got robbed. I mean they **held up Bank of America**!

세상에, 뱅크오브아메리카(미국의 대표적인 은행)가 방금 강도를 당했어. 그러니까, 그 사람들이 뱅크오브아메리카를 털었다고!

Two people **held up a convenience store** at the intersection of Monroe and Tennessee last night.

어젯밤, 두 사람이 먼로가와 테네시가 교차로에 있는 편의점을 털었다.

John's cellmate taught him how to **hold up a store**.

존의 감방 동료는 존에게 상점을 터는 법을 가르쳐 줬다.

Take ~ into custody

: To arrest ~

~를 체포하다/수감하다

The police **took the suspected thief into custody**.

경찰은 절도 용의자를 체포했다.

The money-laundering scandal was exposed, and police **took the head of the accounting firm into custody**.

돈세탁 추문이 드러났고, 경찰은 그 회계법인의 수장을 체포했다.

When a man started shouting violent threats during a political rally, security guards were sent to arrest him and **take him into custody**.

어느 정치 집회 도중에 한 남자가 큰 소리로 폭력적인 협박을 하기 시작했고, 보안 요원들이 그를 체포해서 구금하기 위해 보내졌다.

Bring down ~ / Bring ~ down

: To lower/reduce ~
~를 줄이다/떨어뜨리다

The presidential candidate pledged to **bring down income taxes**.

> 그 대통령 후보자는 소득세를 낮추겠다고 공약했다.

How can we **bring down the crime rate** in this neighborhood?

> 어떻게 하면 이 동네 범죄율을 낮출 수 있을까?

What is the best way to **bring inflation down**?

> 인플레이션을 낮추는 가장 좋은 방법이 뭘까요?

* 참고로, 쇼핑 관련 문맥에서 bring down이 '물건값을 깎다/값을 내리다'(to lower the price)의 의미로 쓰입니다. (1권 Lesson 2 참조)

Burn down ~ / Burn ~ down

: To completely destroy ~ with fire
불로 ~를 완전히 태워 없애 버리다

This might sound a bit silly, but people here think weird things are happening because of that haunted house, and they've decided to **burn it down**.

> 좀 바보같이 들릴 수도 있는데, 여기 사람들이 저 흉가 때문에 자꾸만 이상한 일이 벌어진다고 생각해서, 그 집을 불태워 없애기로 했어.

I wouldn't **burn down the whole barn** just to kill a cockroach.

> 나라면 바퀴벌레 한 마리 잡으려고 헛간을 모두 태워 버리지는 않겠어.

When the United States invaded Iraq, angry Iraqi people **burned down American flags**.

> 미국이 이라크를 침공했을 때, 성난 이라크 사람들이 미국 국기를 태워 버렸다.

Set up ~ /
Set ~ up

: To plan and prepare ~ (such as an interview or a meeting)

(인터뷰나 회의 같은) 어떤 자리를 마련하다

Somehow, we were able to **set up an interview** with Michelle Obama.

어찌어찌해서, 우리는 미셸 오바마와의 인터뷰 자리를 마련할 수 있었다.

Since the CEO is out of the country, we'll have to **set up an online meeting**.

CEO께서 지금 국외에 계시므로 온라인 회의를 준비해야 할 겁니다.

Larry helped me **set the event up**.

래리 씨께서 제가 그 행사 준비하는 것을 도와줬습니다.

Be up for ~

: To want to do ~

~를 하고 싶어 하다

A: Want to go to the movies tonight?

B: No, **I'm** not really **up for it**. I'm kind of tired.

A: 오늘 밤에 영화 보러 가고 싶니?
B: 아니, 별로 그러고 싶지 않아. 나 좀 피곤하거든.

Any time you want to go shopping, let me know. **I'm** always **up for a little retail therapy**.

언제든 쇼핑하러 가고 싶으면, 나한테 알려 줘. 난 늘 쇼핑으로 기분 전환을 원하거든.

I haven't gone anywhere all year. **I'm** totally **up for a road trip** this summer!

난 일 년 내내 아무 데도 가지 않았거든. 올여름에는 자동차 여행을 너무도 하고 싶어!

Turn to ~

: To direct one's attention towards someone or something

관심이나 주목을 ~로 돌리다

Let's **turn to our next speaker**, Carole Abernathy.

이제 우리 다음 강연자인 캐롤 애버나디 씨를 주목합시다.

Please **turn to page 95**. You can find a bar graph there.

95페이지를 보세요. 거기서 막대그래프 하나가 보일 거예요.

* 참고로, 이 구동사는 다음과 같이 turn 뒤에 **your mind**(정신)나 **your attention**(주의/주목) 등의 목적어를 넣고서 to ~가 올 수도 있습니다.

Please **turn your attention to this chart**. This shows us hurricane information for the last ten years.

이 차트에 주목하세요. 이 차트는 지난 10년간의 허리케인 정보를 보여줍니다.

You need to **turn your mind to more serious things**.

넌 좀 더 진지한 것들로 관심을 돌려야 해.

G RAMMAR POINT

어떤 경우 구동사를 하이픈으로 연결해서 하나의 명사로 쓰는 때도 있습니다. 물론 구동사로 쓰일 때나 명사로 쓰일 때나 기본 의미는 같습니다. 대화에 나오는 hold up ~과 break into ~를 예로 들어볼까요?

To hold up ~: (동사) 강도질을 해서 ~를 털다

The thieves **held up the bank**.
그 도둑들은 은행을 털었다.

A hold-up: (명사) 강도 사건

There was **a hold-up** at a local bank today.
오늘 이 지역 은행에서 강도 사건이 하나 있었어.

If you are involved in **a hold-up**, try to call the police as soon as you can.
강도 사건에 연루되는 일이 생기면, 가능한 한 빨리 경찰에 전화하도록 해.

To break into ~: (동사) ~에 침입하다

The teenagers **broke into the high school gym** and stole some of the football equipment as a prank.
그 십 대 아이들은 장난삼아 고등학교 체육관에 침입해서 미식축구 장비를 몇 개 훔쳤다.

A break-in: (명사) 침입

Everyone in the neighborhood is nervous. We had several **break-ins** this past month.
이 지역 사람들 모두가 불안해하고 있어요. 지난달에 여러 건의 가택 침입 사건이 있었거든요.

It's very upsetting to experience **a break-in**.
가택 침입 사건을 겪는 건 정말 화나는 일이야.

Vocabulary POINT 1

뉴스 캐스터의 문장 "…local law enforcement has been struggling with higher crime rates." 에서 struggle with ~는 '~과 고군분투하다'(to have a difficult time with ~)라는 뜻입니다.

When I was a kid, I really **struggled with reading**.
아이였을 때, 나는 책을 읽는 것이 정말 어려웠어.

It looks like **you're struggling with that bottle**. Can I open it for you?
네가 그 병 여느라고 애를 쓰는 것 같은데, 내가 대신 열어 줄까?

동사 struggle 뒤에 "with 명사" 대신 다음과 같이 to부정사가 오기도 합니다.

She **struggled to understand** why he would say such terrible things.
그녀는 그가 왜 그렇게 끔찍한 말들을 하는지 이해하려 애썼다.

After moving to a large city, he found he didn't have to **struggle to be himself**.
대도시로 이사한 후에, 그는 자기 모습 그대로 살아가려고 애쓸 필요가 없다는 사실을 깨달았다.

미국 구어체 영어에서 아주 흔하게 들을 수 있는 struggle with ~의 동의어로 grapple with ~도 있습니다.

Scientists and concerned citizens **are grappling with the problems** caused by climate change.
과학자들과 걱정스러운 시민들이 기후 변화로 인해 초래된 문제들을 해결하려고 고군분투하고 있다.

People fear that a recession is coming. Economists **are grappling with how to solve this situation**.
사람들은 불경기가 다가오고 있다고 두려워한다. 경제학자들은 이 상황을 어떻게 풀어갈지 고군분투하고 있다.

That's the kind of **problem that an astrophysicist could grapple with**, but not me!
My brain doesn't work at that level!
그건 바로 천체물리학자가 고군분투하는 종류의 문제지만, 난 아냐! 내 두뇌는 그런 레벨로 작동 안 하거든!

그런데 위의 두 표현과 비슷한 의미를 가진 표현 중에 deal with ~(~를 처리하다)도 있습니다. 차이점이라면, struggle with ~와 grapple with ~가 모두 힘들어하는 느낌(a feeling of difficulty)이 강조됐다면, deal with ~는 중립적인 어감입니다. 그래서 무언가가 힘들다는 사실을 지나치게 강조하지 않으면서 중립적으로 말하고 싶을 때는 앞의 두 표현보다 deal with ~를 사용해야 합니다.

Police **are** currently **dealing with a shooting** that took place in the middle of downtown today.
경찰은 현재 오늘 시내 중심가에서 일어난 총기 난사 사건을 처리하는 중이다.

People are worried about another wave of the pandemic. Public health officials say that while it is a challenge, they **are dealing with it**.
사람들은 전염병의 대유행이 또다시 시작될까 봐 걱정하고 있다. 공중 보건 공무원들은 그게 힘든 일이기는 하지만, 그것을 막기 위해 힘쓰고 있다고 한다.

 Vocabulary POINT 2

동사 book은 여러 가지 의미가 있습니다. 그중에서 아마도 다음 예문처럼 '예약하다'(to reserve)
라는 의미와 가장 친숙할 거예요.

I need to **book a hotel room** for three nights.
난 3일 동안 묵을 호텔 방을 예약해야 해.

We **booked tickets** for a cruise in March.
우리는 3월에 갈 크루즈 여행 티켓을 예매했다.

Let's **book a table** for six at that new restaurant for this Friday night.
이번 주 금요일 밤을 위해 새로 생긴 그 식당에 여섯 명 자리 예약하자.

물론, 누군가가 대신 예약해 준다는 의미에서도 동사 book이 쓰입니다.

Travel agent: How can I help you?
Customer: Can you **book me on an evening flight** for my departure, and a morning
flight for my return?
여행사 직원: 어떻게 도와드릴까요?
고객: 제가 저녁에 떠나서 아침에 돌아올 수 있는 비행 편을 예약해 주실 수 있으세요?

그런데 대화 속 뉴스 캐스터의 다음 문장에서 book이 동사로 어떻게 쓰였는지 보세요.

Our sources tell us that he will **be booked on several counts of felony**.
저희 뉴스 정보원에 따르면, 범인은 몇 건의 중범죄로 형사 입건될 거라고 합니다.

이 문맥에서 be booked on ~은 '~으로 형사 입건되다'(to be charged with an instance of
some kind of illegal action)의 의미로 쓰입니다. 범죄를 저지르고 체포가 되면 범인이 저지른
범죄에 대한 모든 정보가 경찰 시스템에 공식 기록됩니다. 이렇게 공식적으로 기록되는 것을 바로
"booking"이라고 하지요. 미국 뉴스에서 book이 동사로 쓰일 때는 이런 의미가 압도적으로 많겠
지요?

She **was booked on numerous crimes** including drug dealing, fraud, and
possession of illegal weapons.
그 여자는 마약 거래, 사기, 불법 무기 소지를 포함한 다수의 범행으로 형사 입건됐습니다.

Book이 어떤 의미로 쓰였는지 정확히 알려면 문맥을 봐야 합니다. 다음 문장을 보세요.

Terrence **was booked on the 9 am flight to Denver**. (= to have a reservation for a
seat on a flight)
테런스는 덴버로 가는 아침 9시 비행 편이 예약돼 있다.

Terrence **was booked on drunk driving charges**. (= to be charged with a crime)
테런스는 음주 운전 혐의로 입건됐다.

POP *Quiz!*

PHRASAL VERBS (구동사)에
얼마나 익숙해졌는지 체크하며
뜻이나 생각나는 영어 표현 등을 써 보세요.

Break out (of ~) ☐

Hold up (someone) /Hold (someone) up ☐

Hold up (something) /Hold (something) up ☐

Take ~ into custody ☐

Bring down ~ /Bring ~ down ☐

Burn down ~ /Burn ~ down ☐

Set up ~ /Set ~ up ☐

Be up for ~ ☐

Turn to ~ ☐

Be booked on ~ ☐

LESSON 16
범죄

Annie: Ruth, did you hear about the armed assault case that **took place** in town?

Ruth: Do you mean an incident like that **broke out** in our town? I haven't seen the news.

Annie: Yeah. A 30-year-old man beat up and robbed a teenage girl.

Ruth: Oh, my God, that's terrible! Did he **break into her house**?

Annie: No, he saw her on the bus and threatened her with his gun. The police have found out he **was carrying that gun around** all the time.

Ruth: Is it legal to **carry about a gun** in our state?

Annie: It is…with a concealed carry permit.

Ruth: I can't believe it! After all those innocent people were butchered in mass shootings, they still don't want to change the gun control laws?

Annie: Tell me about it! Anyways, there was nobody on the bus at that time, and apparently the bus driver had no idea what was going on.

Ruth: Did that guy rob her on the bus?

Annie: No, no. He took her to an out-of-the-way place. She couldn't **run away** because he kept threatening her with his freaking gun.

Ruth: She **should've** just **run away**! I don't think he could've shot her in public.

Annie: I know. After all, she's just a teenager. She was probably too scared and didn't know what to do. When the police found her, she had bruises all over her body. Obviously, she **had gotten** brutally **beaten up**. She also got shot in her shoulder. According to the police, he was trying to **shoot her down** after robbing her but failed to do that.

Ruth: Gosh, there are too many sick people in this world. Besides, he should've known he wouldn't be able to **get away with it** after committing such a felony.

Annie: I'm sure he now knows he's not gonna be able to **go free** after what he did; that's probably why **he's taking cover**. You know, the police have been trying to **track him down** for almost two days.

Ruth: I think he'll be given an extremely severe sentence even if he **turns himself in** now. Because of people like him, I'm all for the death penalty.

190

애니: 루스, 이 도시에서 발생한 무장 습격 사건 소식 들었어?

루스: 우리 도시에서 그런 사건이 일어났다는 말이야? 나 그 뉴스는 아직 못 봤는데.

애니: 그래. 서른 살 남자가 10대 여자아이를 때리고 강도질을 했어.

루스: 어머나, 세상에, 끔찍하다! 그 사람이 그 아이 집에 침입한 거야?

애니: 아니, 그 사람이 버스에서 그 아이를 봤고, 자기 총을 가지고 협박했어. 경찰은 그 사람이 항상 총을 가지고 다녔다는 사실을 알아냈고.

루스: 우리 주에서 총을 가지고 다니는 게 합법적이니?

애니: 합법적이야…총기를 숨긴 채로 다닐 수 있는 허가증이 있으면.

루스: 믿을 수가 없어! 총기 난사 사건으로 그 많은 죄 없는 사람들이 죽임을 당한 후에도 여전히 총기 규제법을 바꾸지 않겠다고?

애니: 내 말이 바로 그 말이야! 어쨌든, 그 시간에 버스에 아무도 없었고, 버스 기사는 버스 안에서 무슨 일이 벌어지고 있었는지 전혀 몰랐던 것 같고.

루스: 그 남자가 버스 안에서 그 아이에게 강도질을 했니?

애니: 그게 아냐. 그 사람이 그 애를 외진 곳으로 데리고 갔어. 그 아이는 도망을 갈 수가 없었는데, 그 남자가 계속 그 망할 놈의 총으로 걔를 협박했거든.

루스: 그 아이가 그냥 도망을 갔어야 했어! 그가 공공장소에서는 그 아이에게 총을 쏘지 못했을 것 같거든.

애니: 그러게. 결국 걔는 십 대 아이일 뿐이었으니. 아마도 너무 무서워서 뭘 어떻게 해야 할지 몰랐을 거야. 경찰이 그 아이를 찾았을 때, 그 아이 온몸에 멍이 들어 있었어. 분명히 잔인하게 폭행당했을 거야. 어깨에 총도 맞았고. 경찰에 따르면, 그 남자가 그 아이에게 강도질을 한 후에 그 아이를 쏴 죽이려고 했는데, 그렇게 하는 건 실패했어.

루스: 맙소사, 이 세상에는 미친 사람들이 너무 많아. 게다가, 그 사람은 그런 흉악 범죄를 저지른 후에 자신이 빠져나갈 수 없을 거라는 사실을 알았어야지.

애니: 지금쯤은 그 사람도 자기가 그런 짓을 하고서는 빠져나가지 못할 거라는 사실을 알고 있겠지. 아마도 그래서 지금 숨어 있는 것일 테고. 글쎄, 경찰이 거의 이틀 동안 그 사람을 추적하고 있거든.

루스: 설사 지금 자수한다고 해도 그 사람은 극도로 무거운 형을 받게 될 것 같아. 그런 사람들 때문에 난 사형제에 완전 찬성이야.

Take place

: To occur/To happen

일어나다

I can't believe this murder case **took place** in public.

난 이 살인 사건이 사람들이 있는 공공장소에서 벌어졌다는 사실이 믿기지 않아.

Surprisingly, Asian hate crimes **took place** more in the blue states.

놀랍게도, 아시아인을 향한 증오 범죄는 민주당 지지 주에서 더 많이 일어났어.

We need to talk about **what's** actually **taking place** here.

우리는 실제로 이곳에서 어떤 일이 벌어지고 있는지를 이야기해야 한다.

Break out

: To start to happen (usually something unpleasant)

(보통 좋지 않은 일이) 일어나다/ 발생하다

The Korean war **broke out** in 1950.

한국 전쟁(6.25 전쟁)은 1950년에 일어났다.

Destructive wildfires **are breaking out** across the world.

파괴적인 산불이 세계 곳곳에서 일어나고 있다.

Both of them were enraged, but fortunately, fistfights didn't **break out**.

두 사람 모두 격분했지만, 다행히 주먹다짐은 일어나지 않았다.

Many Asian hate crimes **broke out** after this pandemic started.

이번 팬데믹이 시작된 후, 아시아인을 대상으로 하는 증오 범죄가 많이 발생했다.

Break into ~

: To enter (a house/building/car) illegally

(건물이나 자동차 등에) 불법으로 몰래 들어가다

Somebody **broke into my mom's car** and took her handbag.

누군가 우리 엄마 차에 침입해서 엄마 핸드백을 가져갔어.

A: What should I do if someone **breaks into my house**?
B: You should call 911 immediately.

A: 누가 우리 집에 침입하면 내가 어떻게 해야 하지?
B: 곧장 911에 전화해야 해.

The protesters got very angry and **broke into the government building**.

시위자들은 매우 화가 나서 정부 청사를 침입해 들어갔다.

This morning I accidentally locked myself out of my house. I had to **break into my own house** by climbing in through the bathroom window.

오늘 아침에 난 실수로 문이 잠겨서 집 밖에 있었다. 욕실 창문을 통해 집 안으로 들어감으로써 내 집을 침입해야 했다.

When we returned from vacation, we found that someone **had broken into our house** and stolen the TV.

우리가 휴가를 끝내고 돌아왔을 때, 누군가 우리 집을 침입해서 TV를 훔쳐 갔다는 사실을 알게 됐다.

Never leave your car unlocked; it's an invitation to a thief to **break into it**.

절대로 자동차 문을 잠그지 않은 상태로 두지 마세요. 그건 도둑에게 차 안으로 침입하라고 초대하는 겁니다.

Carry around ~ / Carry ~ around

: To physically carry ~ all around

~를 가지고 다니다/지니고 다니다

I try not to **carry around too much cash**.

나는 현금을 너무 많이 가지고 다니지 않으려고 해.

It's illegal to **carry a gun around** in our state.

우리 주에서는 총을 가지고 다니는 게 불법이야.

I don't want to **carry around this laptop computer** because it's too heavy.

나는 이 노트북 컴퓨터 가지고 다니기 싫어. 너무 무겁거든.

It's exhausting to **carry a baby around** all day long.

아기를 종일 안고 다니는 건 심신을 지치게 하는 일이야.

Carry about ~ / Carry ~ about

: To physically carry ~ all around

~를 가지고 다니다/지니고 다니다

I don't know how you **carry about all those coins**.

난 네가 그 동전들을 다 어떻게 가지고 다니는지 모르겠어.

My professor usually **carries about a large tote bag**.

우리 교수님은 보통 큰 토트백을 가지고 다니셔.

When I was living in London, I always **carried an umbrella about** because you never know when it would rain.

런던에 살았을 때는 난 언제나 우산을 가지고 다녔어. 언제 비가 올지 모르기 때문이었지.

Run away

: To leave a place in order to escape from a situation
도망가다

His secretary **ran away** with his money.

그 사람 비서가 그의 돈을 가지고 도망갔다.

They embezzled millions of dollars from the company and **ran away** together.

그들은 회사에서 수백만 달러의 돈을 횡령하고 함께 도주했다.

While the suspect was being sent to the prosecution, he **ran away**.

그 용의자는 검찰로 송치되던 중에 도망갔다.

* 이 구동사는 '(부정적인 환경 때문에) 집을 떠나다/가출하다'(to leave a place, usually one's home, because of negative circumstances)의 의미로 쓰입니다. (1권 Lesson 11 참조)

Beat up ~ /
Beat ~ up

: To injure someone by hitting them

~를 두들겨 패다

He **beat up his wife**, so she filed a restraining order against him.

그는 자기 아내를 때렸고, 그래서 그녀는 남편에 대한 접근 금지 명령을 요청했다.

My grandfather ran away when he was 15 because his stepfather **beat him up** whenever he got drunk.

우리 할아버지는 15살 때 가출하셨는데, 할아버지의 의붓아버지가 술만 취하면 할아버지를 때려서였어.

Did the police really **beat him up**? How's that possible?

경찰이 정말로 그를 때렸어? 그런 일이 어떻게 가능하지?

He **was beaten up** and mugged while walking down a dark alley late at night.

밤늦게 어두운 골목을 걷던 중에, 그는 두들겨 맞고 강도를 당했다.

Hockey players are famous for starting fights and **beating each other up**.

하키 선수들은 싸움을 시작해서 서로 두들겨 패는 것으로 유명하다.

I heard she **beat up a co-worker**, but she's such a gentle person. I can't believe she would **beat anyone up**.

나는 그녀가 직장 동료를 두들겨 팼다고 들었지만, 그녀는 너무나도 온화한 사람이거든. 난 그녀가 누군가를 때린다는 사실이 도저히 믿기지 않아.

Shoot down ~ / Shoot ~ down

: To kill someone by shooting them

~를 총으로 쏘아 죽이다

The hunter **shot the deer down**.

그 사냥꾼은 사슴을 총으로 쏘아 넘어뜨렸다.

After the murderer **shot down two people**, he ran out of bullets.

그 살인자가 두 사람을 총으로 쏴 죽인 후에, 그는 총알이 다 떨어졌다.

Don't be scared. I'm not here to **shoot you down**; I'm here to protect you.

무서워하지 마. 난 널 쏘아 죽이려고 여기 온 것이 아니야. 너를 보호해 주려고 왔어.

* 참고로, 이 구동사는 목적어가 항공기일 경우, '미사일 등으로 쏘아 격추시키다'의 뜻으로 쓰입니다.

They **shot down the military plane**.

그들은 그 군용기를 격추시켰다.

Get away with ~

: To not be punished/criticized for ~

~으로 벌이나 비판을 받지 않다

How can you do this to that poor woman? You won't be able to **get away with what you did**.

저 불쌍한 여인에게 넌 어떻게 이런 짓을 할 수가 있니? 네가 한 일로 인해 반드시 벌을 받을 거야.

He's the kind of person who can lie when he thinks he can **get away with it**.

그는 자신이 빠져나갈 수 있다고 생각이 들면 거짓말을 할 수 있는 사람이다.

Homicide is not something you can **get away with**.

살인은 저지른 후에 빠져나갈 수 있는 종류의 죄가 아니다.

* **Get away**는 '휴가를 떠나다'(to have a vacation)의 의미로 쓰이는 것도 함께 알아두세요. (1권 Lesson 3 참조)

Go free

: To not be punished/criticized for something they did
벌을 받지 않다/비난받지 않다/
자유의 몸이 되다

A: I can't believe George Zimmerman **went free** after killing an innocent person.

B: He said it was self-defense, and the jury believed him.

> A: 조지 짐머맨이 무고한 사람을 죽인 후에 벌을 하나도 받지 않았다는 사실이 난 도저히 믿기지 않아.
> B: 그는 정당방위로 그랬다고 말했고, 배심원단이 그를 믿었거든.

If you prove to be innocent, they will let you **go free**.

> 네가 무죄라는 것을 증명하면, 그들이 너를 석방해 줄 거야.

He **went free** after embezzling official funds.

> 그는 공금을 횡령한 후에 아무런 벌도 받지 않았다.

* 비슷한 뜻의 구동사로 walk free도 있는데, '(법정에서) 처벌을 받지 않고 자유롭게 걸어서 나가다'라는 의미입니다.

George Zimmerman **walked free** from a Florida courtroom on July 13th.

> 조지 짐머맨은 7월 13일에 플로리다 법정에서 처벌을 받지 않고 자유롭게 걸어서 나갔다.

Take cover

: To hide
숨다

As the gunman entered the bank, all the people **took cover** under the table.

> 무장 강도가 은행 안으로 들어오자, 모든 사람이 테이블 아래로 숨었다.

The rain was coming down very hard, so we **took cover** in the entryway of the shopping mall.

> 비가 아주 세차게 내리고 있어서, 우리는 쇼핑몰의 입구 통로로 피했다.

Whenever we were playing hide-and-seek, my brother always **took cover** behind the trees in our backyard.

> 우리가 숨바꼭질 놀이할 때, 우리 오빠는 언제나 우리 집 뒤뜰에 있는 나무들 뒤에 숨었다.

Track down ~ / Track ~ down

: To look for someone in different places and finally find them

~를 추적해서 찾아내다

These days, it's easy to **track down anyone** online.

요즘은 어떤 사람이든 온라인에서 추적해서 찾아내는 것이 쉽다.

Interpol failed to **track down the criminal**.

인터폴(국제 경찰)은 그 범죄자를 추적하는 데 실패했다.

The police are **tracking down the suspect** now.

경찰이 현재 그 용의자를 추적 중이다.

* 참고로, 이 구동사는 사람이 아니라 '어떤 물건이나 정보를 추적해서 찾아내다'라는 의미로도 쓰입니다.

Do you know how to **track someone's phone number down**?

넌 누군가의 전화번호 찾아내는 법 아니?

Turn oneself in

: To go to the police and tell them the truth after committing a crime

경찰에 자수하다

He **turned himself in** to the police yesterday.

어제 그는 경찰에 자수했다.

I don't think the criminal will **turn himself in**.

내 생각에 그 범죄자가 자수하지는 않을 것 같다.

There are many benefits of **turning yourself in** to the police.

경찰에 자수하면 유리한 점이 많다.

G RAMMAR POINT

앞의 대화에서 the police(경찰)가 들어간 문장들을 보세요.

The police have found out he was carrying that gun around all the time.
경찰은 그가 그 총을 항상 지니고 다녔다는 사실을 알게 됐다.

The police have been trying to track him down for almost two days.
경찰이 거의 2주 동안 그를 추적 중이다.

이렇게 the police가 주어일 경우에는 단수형이 아니라 복수형 동사가 쓰입니다. 왜 그럴까요? 그 이유는 police는 '한 명의 경찰관'을 뜻하는 단어가 아니라, '경찰관 여러 명이 모여 있는 조직'을 뜻하는 단어이기 때문입니다. 그래서 the police가 주어일 때는 위와 같이 복수형 동사를 사용해야 합니다. 경찰 조직이 아니라 '한 명의 경찰관'을 이야기할 때는, 다음과 같이 policeman이나 policewoman, 또는 police officer 단어를 사용합니다.

Jerry's son wants to become **a policeman**.
제리의 아들은 경찰이 되고 싶어 해.

She was **the first policewoman** in the United States of America.
그녀는 미국 최초의 여성 경찰관이었다.

When we got lost in New York, **a kind police officer** helped us find our hotel.
우리가 뉴욕에서 길을 잃었을 때, 친절한 경찰관이 우리가 호텔 찾는 것을 도와줬다.

𝒱ocabulary POINT

루스의 문장 "After all those innocent people were butchered ～"를 보세요. 여기서 butcher는 '～를 잔혹하게 죽이다'라는 의미의 동사로 쓰였습니다. 문어체와 구어체 영어에서 모두 자주 볼 수 있는 동사 butcher는 다양한 의미로 쓰이므로, 그 모든 의미를 하나하나 짚고 넘어갑시다.

우선, butcher는 '고기를 얻기 위해 동물을 죽이다'(to kill an animal in order to prepare its meat)의 뜻이 있습니다.

My grandfather taught me how to **butcher a cow**.
우리 할아버지는 내게 소를 잡는 법을 가르쳐 주셨어.

바로 동사 butcher의 이런 의미 때문에 butcher가 명사로는 '정육점 주인', '도살자', '백정' 등의 의미로 쓰입니다.

The generous **butcher** donated lots of meat for the church festival.
인심 후한 정육점 주인이 교회에서 하는 행사에 고기를 많이 기부했다.

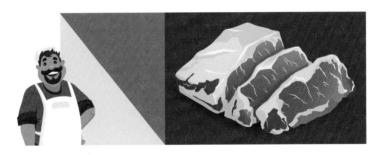

물론, 대화 속 루스의 문장에서처럼 butcher는 동물뿐만 아니라 '사람을 잔인하게 죽이다'(to kill people in a cruel way)의 의미로도 쓰입니다.

During the war, civilians on both sides **were butchered** by military troops.
전쟁 중에 양쪽 모두 민간인들이 군대에 의해 잔인하게 살해당했다.

그런데 무시무시한 의미의 이 단어가 현대 일상생활에서는 '(무언가를) 형편 없이 하다/만들어 버리다'(to do a horrible job on ～)라는 뜻으로도 쓰입니다.

The amateur orchestra basically **butchered Beethoven's symphony**.
그 아마추어 오케스트라는 한마디로 베토벤의 교향곡을 엉망으로 만들어 버렸다.

I **butchered a very important presentation** at school.
나는 학교에서 아주 중요한 발표를 완전히 망쳐 버렸다.

Culture POINT

총기를 가지고 다니는 것이 합법인지를 묻는 루스에게 애니는 "a concealed carry permit"이 있으면 합법이라고 말합니다. Concealed carry permit이란 총기를 보이지 않게 숨긴 상태로 가지고 다닐 수 있는 허가증입니다. 바꾸어 말하면, 이 허가증이 있으면 총기를 보이지만 않게 하면 여기저기 가지고 다닐 수 있다는 이야기입니다. 미국인 중 절반 이상이 좀 더 강력한

총기 규제법을 원하지만, 현재까지도 미국 대부분의 주에서는 기본적인 필요 요건만 갖추면 누구나 이 허가증을 쉽게 얻을 수 있습니다. 참고로, 캘리포니아주, 뉴욕주, 매사추세츠주를 포함한 8개 주에서는 이 허가증을 얻는 과정이 다른 주보다는 까다로운 편이라고 하네요. 그렇지만 그 외의 모든 주에서는 수월하게 받을 수 있습니다.

POP *Quiz!*

PHRASAL VERBS (구동사)에
얼마나 익숙해졌는지 체크하며
뜻이나 생각나는 영어 표현 등을 써 보세요.

Take place ☐

Break out ☐

Break into ~ ☐

Carry around ~ /Carry ~ around ☐

Run away ☐

Beat up ~ /Beat ~ up ☐

Get away with ~ ☐

Take cover ☐

Track down ~ /Track ~ down ☐

Turn oneself in ☐

Janessa: Glenn, I've heard **you've been filling in for Katie** while she's gone. You must be pretty busy these days.

Glenn: Oh, Katie **got back to work** yesterday, so I can focus solely on my work now.

Janessa: Great! So, how **are** you **getting on with fundraising letters for the museum**?

Glenn: I'm doing okay, Janessa. Yesterday, I **cranked out 200 personalized letters** and finished updating the website.

Janessa: Oh, that's awesome. I'm making progress on my work, too. **I've been chipping away at the donor database project**.

Glenn: That's a huge project! That's the kind of thing that you really have to **carve out tons of time** to complete.

Janessa: You're right. It seemed impossible to tackle, but then I talked to Adam about it, and we decided to **break down the project into smaller parts** and **divvy up those parts** between each other. Now I have five small tasks, and he has five small tasks. It's so much more manageable!

Glenn: Excellent! It sounds like we are really on a roll around here! Six months ago, I thought the museum might close soon, but it seems that we're going to survive.

Janessa: You know, I think it's because everyone in the community really **identifies with the museum**. We do so much programming that **deals with local history**. There is really something for every age group and every background here. Plus, we offer so many classes on art, nature, and history. We're important to the community.

Glenn: Yes, we are! I know all of our hard work is going to **pay off**. And the museum will be more successful than ever.

Janessa: I agree with you, Glenn! I'm looking forward to a bright future for the museum, but I'm also looking forward for all of this extra work to **ease up**, so I can catch my breath.

Glenn: I hear you, Janessa! I'll be glad when things slow down, too.

자네사: 글렌 씨, 글렌 씨가 케이티 씨가 안 계시는 동안 대신해서 일하고 있다고 들었어요. 요즘 아주 바쁘시겠네요.

글렌: 아, 케이티 씨가 어제 복귀해서 지금은 제 일에만 집중할 수 있어요.

자네사: 잘됐네요! 그런데 박물관 기금 마련 서신 관련해서는 어떻게 진행하고 있으세요?

글렌: 괜찮게 진행되고 있어요, 자네사 씨. 어제는 개개인에게 보낼 200통의 서신을 빠르게 만들어 냈고, 웹사이트 업데이트도 끝냈습니다.

자네사: 오, 정말 잘됐네요. 저도 제 일을 진척시키고 있어요. 기부자들의 데이터베이스 프로젝트 일을 조금씩 하고 있거든요.

글렌: 그거 엄청 큰 프로젝트잖아요! 끝내려면 정말로 엄청 시간을 많이 내야 하는 종류의 일이잖아요.

자네사: 맞아요. 해결하기가 불가능해 보였지만, 아담 씨한테 그 이야기를 했고, 우리가 그 프로젝트의 세부 사항을 나누고, 그 사항을 서로 분배하기로 했어요. 지금은 저한테 작은 업무 다섯 건, 아담 씨에게 작은 업무 다섯 건이 있어요. 그렇게 하니까 훨씬 더 할 만합니다!

글렌: 좋네요! 여기 있는 우리 모두 정말 일을 빨리 해내는 것 같아요! 6개월 전에는 전 박물관이 곧 문 닫을 거라고 생각했지만, 우린 살아남을 것 같네요.

자네사: 있잖아요, 제 생각에는 우리 공동체 모든 사람이 박물관을 자신들과 동일시하는 것 같아요. 우리 박물관에서 이 지역 역사를 다루는 프로그램을 아주 많이 운영하잖아요. 모든 나이대와 모든 배경을 가진 사람들을 위한 것들이 정말 다 있고요. 게다가, 미술, 자연, 역사에 관한 수업도 굉장히 많이 열고요. 이 공동체에서 우린 정말 중요한 존재입니다.

글렌: 네, 정말 그래요! 우리의 성실한 노력이 성과를 보일 거라는 걸 알죠. 그리고 박물관이 그 어느 때보다 더 성공할 겁니다.

자네사: 저도 동의해요, 글렌 씨! 저는 우리 박물관의 밝은 미래가 기대돼요. 그렇지만 이 모든 추가 업무가 덜어지는 것도 기대해요. 제가 숨 좀 고를 수 있게 말이죠.

글렌: 자네사 씨 말씀 이해해요! 저 또한 느긋하게 일할 수 있으면 좋겠어요.

---

be on a roll 승승장구하다   **catch one's breath** 숨을 고르다, 숨을 돌리다

Fill in for ~

: To do someone else's job when they cannot

～를 대신해 일하다

The music teacher came down with the flu, and we need a substitute teacher who can **fill in for her**.

음악 선생님이 독감에 걸려서 그분을 대신해 가르칠 보조 교사가 필요해.

I'm going on a vacation for a week, but Jenny will **be filling in for me** while I'm gone.

저는 일주일 동안 휴가를 떠나지만, 저 없는 동안 제니 씨가 제 자리를 대신할 거예요.

Susan **filled in for me** while I was on maternity leave, and I don't know how to express my gratitude to her.

제가 출산 휴가를 가 있는 동안 수잔 씨가 제 일을 대신해 주셨어요. 그분께 어떻게 감사의 표시를 해야 할지 모르겠어요.

Get back (to ~)

: To return

(원래 있던 자리로) 돌아오다

She really wants to **get back to work**.

그녀는 정말로 업무에 복귀하고 싶어 해.

A: Hey, Ted, what's your favorite Beatles song?

B: **Get back! Get back! Get back to where you once belonged~**

A: 야, 테드, 네가 좋아하는 비틀스 노래는 뭐야?
B: 돌아와! 돌아와! 네가 원래 속했던 자리로 돌아와~

Mom, you have no idea how much I wanted to **get back home**.

엄마, 엄마는 내가 얼마나 집으로 돌아오고 싶었는지 모르실 거예요.

* 참고로, get back to ～는 '～에게 나중에 답을 주다'(to talk to ～ later in order to give a reply)라는 의미로 쓰입니다.

Get on with ~

: To perform or make progress in a certain way

～를 진척이 있게 해나가다/～를 계속 해 나가다

I know you've had some hard things happen, but you need to **get on with your life**.

너한테 힘든 일들이 있었다는 건 알지만,
넌 계속해서 네 삶을 살아가야 해.

If Dan doesn't make a decision soon, we will not be able to **get on with this project**.

댄이 빨리 결정하지 않는다면, 우리는
이 프로젝트를 계속 진행할 수 없을 거야.

My boss is driving me crazy. Every 15 minutes he asks me how **I'm getting on with my work**.

내 직장 상사가 날 돌아버리게 해. 15분마다 나한테
일을 진척시키고 있는지 물어보거든.

Crank out ~ /
Crank ~ out

: To produce ~ quickly

～를 빠르게 만들어 내다

The bakery **cranks out 400 pies** each day.

그 빵 가게는 매일 400개의 파이를 만들어 낸다.

The writer worked every day on her novel and was able to **crank out three chapters** in a week.

그 작가는 매일 자기 소설을 썼고, 일주일 만에
세 챕터를 써낼 수 있었다.

Our factory **cranked out 100 bicycles** a day last summer to prepare for the holiday orders in the late fall.

우리 공장은 지난여름에, 늦가을 크리스마스 철
주문에 대비해 하루에 자전거 100대를 만들어
냈다.

My Aunt Lisa can **crank out a meal for 30 people** in no time.

우리 리사 이모는 30인분 식사를 순식간에 만들어
낼 수 있어.

Chip away at ~

: To gradually and continuously work at ~ so that the task is reduced

~를 계속해서 조금씩 깎아내다/ 계속 일해서 업무량이 서서히 줄어들게 하다

My brother and his wife are renovating a very old house. It's a lot of work, but they plan to **chip away at it** until the house is restored.

우리 오빠와 올케언니가 아주 오래된 집을 개조하고 있어. 일이 너무도 많지만, 집이 복원될 때까지 그걸 계속해서 조금씩 해 나갈 계획이야.

A: Wow! How many papers do you need to file? That looks like a lot.

B: It's over 900 pages, so I'm going to **chip away at it** a little each day until I'm done.

A: 와우! 대체 얼마나 많은 서류를 철해서 보관해야 하는 거니? 정말 많아 보이는데.
B: 900페이지가 넘어서, 다 끝날 때까지 매일 조금씩 해 나갈 거야.

This is a really competitive company, and people are not always helpful, but don't let them **chip away at your confidence**.

여긴 정말 너무 경쟁이 심한 회사라 사람들이 항상 도와주는 건 아니야. 그렇지만 그 사람들이 너의 자신감을 갉아먹게 하지는 마.

This is a huge piece of chocolate cake! If I get two forks, can you help me **chip away at it**?

엄청 큰 초콜릿 케이크 조각인데! 내가 포크 두 개 가지고 오면, 네가 그걸 다 먹게 도와줄 수 있어?

Carve out ~

: To make space or time for ~
~를 위한 공간이나 시간을 만들다

My schedule is totally packed, but I can always **carve out some time for a cup of coffee**.

내 스케줄이 완전 꽉 차 있기는 한데, 커피 한잔할 시간은 언제나 만들어 낼 수 있어.

Let's **carve out a little area in the living room** where the kids can keep their toys and games.

거실에 아이들이 자기 장난감과 게임을 둘 수 있는 작은 공간을 만들자.

I appreciate that Dr. Smith **carved out 20 minutes** to meet with me. I know she is very busy.

스미스 박사님이 시간을 20분 내 절 만나 주셔서 감사하죠. 박사님이 아주 바쁘시다는 걸 제가 알거든요.

We don't have a large backyard, but we **carved out an area for a small hot tub**.

우리 뒤뜰은 넓지 않지만, 작은 온수 욕조가 들어갈 공간을 만들었어.

Break down ~ /
Break ~ down
(into ~)

: To reduce something large into smaller components

큰 무언가를 작게 나누다/분절하다

My fourth-grade math teacher was really great. She used to **break down math problems into steps** so that we could learn the math with ease.

내 4학년 때 수학 선생님이 정말 좋으셨어. 선생님은 수학 문제들을 단계 단계 나누셔서 우리가 수학을 쉽게 배울 수 있게 해 주셨어.

Any task is less stressful if you **break it down into smaller parts**.

어떤 업무든, 작게 부분 부분 나눠서 하면, 스트레스를 덜 받아.

After my surgery, the physical therapist **broke my treatment plan down** so that I could understand how all of the exercises would help me recover.

내가 수술을 받은 후에, 물리치료사가 내 치료 계획을 하나하나 나눠서, 그 모든 운동이 내가 회복하는 데 어떻게 도움이 되는지 이해할 수 있게 해 줬어.

Customer: This is a really expensive bill! What exactly am I paying for?

Auto mechanic: Let me **break this down** for you so you can see how the costs add up.

고객: 이건 너무 비싸게 나왔네요! 정확히 뭐에 돈이 들어간 거죠?
자동차 정비사: 고객님께서 어떻게 이 가격이 나왔는지 확인하실 수 있게, 제가 하나하나 나눠서 보여드리겠습니다.

Divvy up ~ /
Divvy ~ up

: To divide ~ into portions

~를 분배하다

Dad made a big bowl of popcorn, and the children **divvied it up** among themselves.

아빠는 커다란 그릇 하나 가득 팝콘을 만들었고, 아이들은 그것을 서로 나눴다.

When my grandfather died, my dad and his siblings **divvied up all the old photographs**, so that everyone could have some.

우리 할아버지가 돌아가셨을 때, 우리 아빠와 아빠의 형제자매들이 모두가 조금씩 가질 수 있게 오래된 사진들을 다 나눴다.

The high school students will **divvy up the profits** from the car wash. They will give 50% to the animal shelter and 50% to the food pantry.

그 고등학교 학생들은 세차로 번 이익을 분배할 것이다. 50%는 동물 보호소에, 그리고 50%는 음식 저장실에 줄 것이다.

The six friends purchased a large piece of land and then **divvied it up** into individual lots.

그 여섯 명 친구들이 넓은 땅을 샀고, 그 후 그것을 개개인 부지로 분배했다.

Identify with ~

: To be closely associated with something or someone

(누군가나 무언가에) 동감하다/ 동질감을 느끼다/동일시하다

I didn't enjoy the novel much. I couldn't **identify with the main character**.

난 그 소설이 그렇게 재밌지 않았어. 주인공에게 전혀 동감할 수가 없었거든.

My parents totally **identify with the music from the 1960s**. They were in high school then and consider music of that time to be "their" music.

우리 부모님은 1960년대 음악을 완전히 자신들의 음악이라고 생각해. 부모님이 그때 고등학생이었고, 그 시절의 음악을 "자신들의" 음악이라고 여기시는 거지.

We need a presidential candidate that people can **identify with**.

우리에게는 동질감을 느낄 수 있는 대통령 후보가 필요합니다.

This community really **identifies with its Mexican and German heritage**.

이 공동체는 자신들의 멕시코 혈통과 독일 혈통에서 정체성을 파악한다.

Deal with ~

: To be about or to cover (a particular topic)

(어떤 주제를) 다루다

Today's lecture will **deal with the Shakespearean sonnet**.

> 오늘 강의의 주제로 셰익스피어의 소네트를 다룰 겁니다.

I can't wait to see the new film that **deals with a medieval kingdom in Northern Africa**. The costumes, scenery, and acting are supposed to be fantastic.

> 난 북아프리카 중세 왕국을 다루는 새 영화를 빨리 보고 싶어. 의상, 배경, 연기가 환상적이라고 하거든.

A: Did you attend the singing workshop last week?

B: Yes, it was awesome! The teacher **dealt with how to use different vocal techniques** to make your voice sound more expressive.

> A: 지난주 노래 워크숍에 참가했니?
> B: 응. 끝내주더라! 우리 목소리가 좀 더 표현력 있게 들리게, 선생님께서 다양한 보컬 테크닉을 다루셨어.

I'm a little disappointed. We had a staff meeting today, and our manager covered a lot of important information, but she didn't **deal with the lack of raises for this year**.

> 난 좀 실망했어. 오늘 직원회의가 있었고, 우리 매니저가 많은 중요한 정보를 다뤘지만, 올해 급여 인상을 안 한 것에 관한 건 다루지 않았거든.

* 참고로, deal with ~는 '(어떤 문제를) 처리하다' (to take an action in order to solve a problem)의 의미로 쓰입니다. (1권 Lesson 22 참조)

Pay off

: To be worth one's effort

**성과가 있다/노력할 가치가 있다/
수고한 보람이 있다**

Keeping up with your homework
really **pays off**. You won't have to
cram for exams, and you will have
better grades.

숙제를 제때제때 하는 건 정말 성과를 받는 일이야.
시험 전날 벼락치기 안 해도 되고, 또 좋은 성적을
받게 할 거거든.

We were very frugal for about
seven years, and it really **paid off**
in the end. We had enough savings
to buy a house and do some
travelling.

우리는 7년여간 매우 검소하게 지냈는데, 결국
그렇게 한 보람이 있었어. 집을 사고 여행도 좀
할 만큼 돈을 충분히 모았거든.

Any professional musician will tell
you that practicing scales **pays
off** in the end.

어느 전문 뮤지션이건 음계 연습을 하면 결국
성과를 보일 거라고 말해 줄 거야.

* 참고로, 돈과 관련한 문맥에서는 pay off~/pay
~ off가 타동사로 '(빚진 돈을) 다 갚다'(to finish
paying a debt)의 의미로 쓰이기도 합니다.
(1권 Lesson 20 참조) '수고한 보람이 있다'의
뜻으로 쓰일 때는 자동사로 목적어 없이 쓰이는
점에 유의하세요.

Ease up

: To lessen in intensity

(어떤 것의 정도가) 덜해지다

Wow! That was a wild
thunderstorm. I'm glad it **has**
finally **eased up**. It's just raining
lightly now.

우왜! 정말 사나운 뇌우였어. 결국은 누그러져서
다행이야. 지금은 가볍게 비만 내리네.

The doctor told me that I would be
in a lot of pain two days after my
surgery, but that the pain would
ease up a lot by the third day.

의사 선생님이 수술 후 이틀은 통증이 심할 거라고
하셨지만, 삼일쯤이면 통증이 많이 덜해질 거라고
하셨어.

The workload in my office is really
intense by Wednesday, but usually
by Friday, things **ease up**, and it's
less stressful.

우리 사무실에서 업무 강도가 수요일까지는 정말
세지만, 보통 금요일쯤에는 강도가 약해지고,
스트레스를 덜 주지.

Gas prices are high right now, but
when the demand **eases up**, the
prices will come down again.

휘발유 가격이 지금은 비싸지만, 수요가 줄어들
때는, 가격이 다시 내려갈 겁니다.

*V*ocabulary POINT 1

자네사는 "I'm making progress on my work, too."라고 말합니다. Make progress on ~은 '~에 진전을 보이며 해나가다'(to further develop something or to move forward on ~) 의 뜻으로 미국인들이 일상에서 굉장히 자주 쓰는 표현이니까 반드시 익혀두세요.

Boss: Greg, **are** you **making progress on the inventory**?
Greg: Yes, **I'm making** steady **progress on it** and should be finished this afternoon.
상사: 그레그 씨, 재고품 목록 정리가 잘 진행되고 있습니까?
그레그: 네, 꾸준히 진행하고 있고, 오늘 오후면 끝날 겁니다.

Unfortunately, Alex got sick with the flu and was not able to **make any progress on his project**.
불행히도, 알렉스가 독감으로 아파서 자기가 하는 프로젝트를 진행하지를 못했다.

We need to **make progress on the preparations** for school play.
우리는 학교 연극을 위한 준비를 진척시켜야 합니다.

Beth **made** steady **progress on her master's thesis**.
베스는 자신의 석사 논문을 꾸준히 완성해 갔다.

그런데 대화 속에 비슷한 의미의 표현이 또 나오는데, 글렌의 다음 문장을 보세요.

It sounds like we **are** really **on a roll** around here!
여기 있는 우리 모두 정말 일을 빨리 해내는 것 같아요!

Be on a roll은 '빨리 진전을 보이다'(to make quick progress)라는 뜻의 이디엄인데, 이 또한 미국인들이 아주 자주 사용하는 표현입니다.

I need to paint three rooms in my house this summer. It's a lot of work, but once I've gotten started, I know **I'll be on a roll** with it.
난 올여름에 우리 집에 있는 방 세 개를 페인트칠해야 해. 일이 많지만, 내가 일단 시작하면, 빨리 해나갈 거라는 걸 알아.

A: Hey, you must **be on a roll**! I was coming to help you pack all of these books, but it looks like you are almost finished.
B: Yes, it wasn't as hard as I thought it would be.
A: (이사 준비가 거의 끝난 걸 보고) 얘, 넌 아주 빨리 일하는구나! 네가 이 책들 싸는 걸 도와주려고 왔는데, 네가 거의 다 끝낸 것 같네.
B: 네, 제가 생각했던 것보다 어렵지 않았어요.

My favorite basketball team **is on a roll** this season! They've been winning every game they play.
내가 응원하고 좋아하는 농구팀이 이번 시즌에 빠르게 잘하고 있어! 하는 경기마다 이기고 있거든.

I was so productive yesterday. I went to the bank, got some shopping done, got my oil changed, made a good dinner, and did some yard work. **I was** really **on a roll**!
난 어제 무척 생산적인 하루를 보냈어. 은행에 갔고, 쇼핑도 좀 했고, 자동차 오일도 바꿨고, 맛있는 저녁도 만들고, 정원 일까지 했어. 내가 정말 모든 걸 빨리 해냈다니까!

Vocabulary POINT 2

대화 마지막 부분에서 글렌은 자네사에게 "I hear you!"라고 합니다. "I hear you!"는 "I agree with you!"(네 말에 동의해!)와 같은 뜻입니다. 다른 사람이 한 말에 그 사람의 견해를 이해한다는 뜻으로, 구어체 영어에서 자주 쓰이는 표현입니다.

A: You know, our employer hasn't given us a raise in three years, so we can't even keep up with inflation.
B: **I hear you**! Basically, without a raise, our salaries are being reduced.

A: 있잖아. 우리 사장이 3년 동안 우리에게 급여 인상을 안 해 줬잖아. 그래서 인플레이션 물가를 따라갈 수가 없어.
B: 동의해! 그러니까, (급여) 인상이 없다는 건 우리 급여가 줄어들고 있다는 뜻이지.

A: When I hear that parents do everything for their teenagers, it makes me mad. I have three teenagers, and they are all capable of washing their own clothes and cooking dinner.
B: Yeah, **I hear you**! When I was a kid, we had to do lots of chores, and it didn't hurt us.

A: 부모들이 십 대 자녀들에게 모든 걸 다 해 준다는 소리를 들으면, 화가 나.
난 십 대 아이가 셋인데, 걔들 모두 자기 빨래랑 저녁밥은 해먹을 수 있거든.
B: 그래, 나도 동의해! 내가 아이였을 때, 우리는 집안일을 많이 해야 했지만, 그게 우리에게 해가 되지는 않았잖아.

Vocabulary POINT 3

자네사는 "I'm also looking forward for all of this extra work to ease up, so I can catch my breath."라고 말합니다. Catch one's breath는 '숨을 고르다/호흡을 가다듬다'(to pause after exercising to return to your normal breathing)라는 말입니다. 즉, 막 달리다가 너무 숨이 차서 숨을 고르려고 달리기를 멈추는 걸 바로 catch one's breath라고 하지요. 우리는 또한 이 표현을 너무 바빠서 스트레스받을 때도 사용할 수 있습니다.

Student: Sorry I'm late for class. The bus was late, so I had to run!
Teacher: It's okay. Please take a seat and **catch your breath** first. We'll start class in a minute.
학생: 수업에 늦어서 죄송합니다. 버스가 늦게 와서, 뛰어야 했거든요!
교사: 괜찮아요. 자리에 앉아서 숨부터 고르세요. 바로 수업 시작할 겁니다.

I love dancing salsa, but that was a really fast song. I just need a minute to **catch my breath** before I dance again.
난 살사 추는 걸 너무도 좋아하지만, 그건 정말 빠른 곡이었어. 춤 다시 추기 전에 잠깐 호흡을 가다듬을 시간이 필요해.

Final exam week is busy for teachers and students. No one can stop and **catch a breath** until the exams are finished.
기말고사 주간은 교사와 학생들에게 바쁜 기간입니다. 시험이 끝날 때까지 아무도 숨 돌릴 틈이 없습니다.

Alexa can finally **catch her breath** this month. Last month she started a new job and her kids started new schools. Now that they have a normal routine again, they can relax a little.
알렉사는 이번 달에 드디어 숨을 돌릴 수 있어. 지난달에 그녀가 새 직장을 다니기 시작했고, 아이들은 새 학교에 다니기 시작했거든. 이제 다시 일상을 갖게 됐으니, 그들이 조금 여유를 가질 수 있을 거야.

POP *Quiz!*

PHRASAL VERBS (구동사)에
얼마나 익숙해졌는지 체크하며
뜻이나 생각나는 영어 표현 등을 써 보세요.

Fill in for ~

☐

Get on with ~

☐

Crank out ~ /Crank ~ out

☐

Chip away at ~

☐

Carve out ~

☐

Divvy up ~ / Divvy ~ up

☐

Identify with ~

☐

Deal with ~

☐

Pay off

☐

Ease up

☐

Timothy: Ugh. I **am** so **burned out with my job**. I can't stand it anymore. **I'm dying for a change**. I think it's time to **shake things up** in my life.

Jane: You have a decent job. Maybe you could try working in a different department or see if you could work on some other projects instead of **giving up working**.

Timothy: I know what you mean, but if I did that, I would just **be dragging things out**. A year from now, I would still be tired of this job.

Jane: Do you want to find something similar in a new organization?

Timothy: Actually, I'm thinking about a whole new career path. I'd like to devote myself to work that makes me happy.

Jane: Really? But something like that could take training, and it can take a lot of time to **adjust to something that new**. What are you thinking of doing?

Timothy: I'd like to become a baker.

Jane: What?! Have you ever baked anything before?

Timothy: Yes, I'll have you know that I can actually bake a lot of things. I was in a local bakery recently, and I felt so happy in there. If they had a position open, I would **jump at the chance**.

Jane: But you have no real professional experience in this area.

Timothy: Yes, that's true. So, I'm thinking that I might take a professional course, see how I like it, and then look for a job in a bakery once I have some qualifications. I believe that you can actually teach an old dog new tricks.

Jane: That's such a huge change to make. It's like night and day.

Timothy: You're right. There's a lot of learning that I need to do, and I'll have to get accustomed to a whole new lifestyle, but I want a change, and I know I can **get up to speed on the skills** if I **put my back into it**.

티모시: 윽. 난 일 때문에 정말 너무나 지쳤어. 더는 못 견디겠어. 난 변화가 절실하게 필요해. 내 삶의 모든 것들을 변화시킬 때라는 생각이 들어.

제인: 넌 직업이 좋잖아. 다른 부서에서 일해 보든가 아니면 다른 프로젝트를 해 볼 수도 있지 않을까 싶다. 일을 그만두는 대신 말이야.

티모시: 네 말이 무슨 뜻인지는 알지만, 그렇게 하면 그냥 내가 일을 질질 끌기만 할 거야. 지금부터 1년 후에도 여전히 이 일을 지겨워할 거라고.

제인: 새로운 조직에서 비슷한 일을 찾고 싶은 거니?

티모시: 실은, 내가 완전히 새로운 진로를 생각하고 있어. 나를 행복하게 하는 일에 몰두하고 싶거든.

제인: 정말? 하지만 그런 일은 트레이닝이 필요하고, 그렇게 새로운 것에 적응하는 건 시간도 많이 들 수 있어. 뭘 할 생각인데?

티모시: 난 제빵사가 되고 싶어.

제인: 뭐?! 전에 뭐라도 구워 본 적은 있니?

티모시: 응, 내가 사실 많은 걸 구울 수 있다는 걸 네가 알게 해줄게. 최근에 이 지역에 있는 어떤 빵 가게에 갔는데, 그곳에서 내가 너무 행복했거든. 그곳에 일자리가 하나 난다면, 난 그 기회를 바로 붙잡을 거야.

제인: 하지만 넌 이 분야에서 진짜 경력이 전무하잖아.

티모시: 그래, 그건 맞아. 그래서 전문가 과정을 들을까 생각 중이야. 내가 그 일을 얼마나 좋아하는지도 보고, 일단 자격 요건을 갖추게 되면 빵집에서 일자리를 알아보려고. 난 사실 늙은 개에게도 새로운 기술을 가르칠 수 있다고 믿거든.

제인: 그건 실로 엄청난 변화를 하는 거네. 완전히 다른 일이잖아.

티모시: 맞아. 내가 배워야 할 것들이 아주 많고, 또 완전히 다른 라이프스타일에도 익숙해져야 하겠지만, 난 변화가 필요해. 그리고 내가 그 일에 내 노력을 쏟아부으면, 그 기술에 관한 최신 정보를 알게 될 거야.

It's like night and day. 천지 차이다.

Be burned out (with ~)

: To feel physical or mental exhaustion caused by too much work or stress

에너지가 소진되어 육체적으로나 정신적으로 완전히 지치다

My brother **is** totally **burned out**. He got divorced right before the pandemic, then the pandemic hit, and then he got a demanding new boss. My brother needs a vacation!

우리 오빠는 완전히 지쳤어. 팬데믹 직전에 이혼했고, 바로 팬데믹이 시작됐는데 또 일을 엄청 시키는 상사가 새로 왔지. 오빠는 정말 휴식이 필요해!

I'm working full time, trying to help my parents at home, and I'm finishing my college degree. **I'm** very **burned out with everything.** I don't know how much longer I can do all of these things.

난 집에서 부모님을 도와드리면서 풀타임으로 일도 해. 또 대학 학위도 마무리하려고 하고 있고. 정말 모든 것에 너무 지쳐 버렸어. 내가 이 모든 걸 얼마나 더 할 수 있을지 모르겠어.

Sara **was burned out with her job.** She felt that no one cared about what she did.

사라는 직장 일로 완전히 지쳐 버렸다. 그녀는 아무도 자기가 한 일에 신경도 안 쓴다고 느꼈다.

You can avoid **being burned out with work** by taking breaks to relax and recharge yourself.

긴장을 풀고 재충전을 위해 휴식을 취하면서, 일로 지치는 것을 막을 수 있습니다.

* 참고로, 위의 모든 예문은 burn out이 수동태형으로 쓰인 문장인데, burn out은 다음과 같이 능동태형으로도 쓰입니다.

Larry, I don't think it's a good idea to keep working three part-time jobs. Please quit one of them before **burning yourself out**.

래리, 난 아르바이트를 세 개나 계속하는 게 좋은 생각인 것 같지 않아. 너 자신을 완전히 지치게 하기 전에 제발 하나는 그만둬.

When the new CEO took over the company, the workload increased and **burned out most of the employees**.

새로 온 CEO가 회사를 인수했을 때, 업무량이 증가했고, 이 때문에 대부분의 직원들이 지치게 됐다.

* 단, 구어체 영어에서 burn out은 수동태형으로 쓰이는 경우가 훨씬 더 많습니다.

Die for ~

: To eagerly want ~

~를 간절히 원하다

---

* 이 구동사는 주로 현재진행형으로 쓰인다는
사실도 함께 기억하세요.

Is it four o'clock? That's why **I'm dying for a cup of coffee**.
I always need some caffeine in the afternoon.

> 지금 네 시야? 그래서 내가 커피 한 잔을 간절히
> 원하는 거구나. 난 오후에는 항상 카페인이 좀
> 필요하거든.

I need to go and feed my kids; they **are dying for something to eat** right now.

> 난 가서 아이들에게 뭘 좀 먹여야겠어. 걔들이 지금
> 뭐가 먹고 싶어 죽을 지경이거든.

* 참고로, 동사 die 뒤에 'for + 명사' 대신
to부정사가 와도 같은 의미(to eagerly want to
do something)를 나타냅니다.

We're dying to hear the
election results.

> 우리는 선거 결과가 너무나도 듣고 싶어.

My mother **has been dying to visit Italy** all her life, so she's finally planned a trip for next year.

> 우리 어머니는 평생 이탈리아 방문을 간절하게
> 원하셨고, 드디어 내년에 여행을 갈 계획을
> 세우셨어.

Shake up ~ / Shake ~ up

: To make radical changes to something (such as an organization or system)

(어떤 조직이나 시스템을) 대대적으로 개혁하다/개편하다

Unless we **shake up our organizational culture**, it's going to be impossible.

> 우리의 조직 문화를 대대적으로 바꾸지 않는다면,
> 그건 불가능한 일일 거야.

When Guus Hiddink became the coach of the Korean national team, he **shook up the team** by recruiting soccer players who were not from the top universities.

> 거스 히딩크가 한국 국가 대표팀 감독이 되었을 때,
> 그는 최고 대학 출신이 아닌 축구 선수들을
> 선발함으로써 팀을 대대적으로 개혁했다.

Our new president is trying to **shake up the whole country** by implementing a new system.

> 우리의 새 대통령은 새로운 제도를 실행함으로써
> 나라 전체를 대대적으로 개혁하려고 하고 있어.

The new manager had some innovative ideas about how to run the business. He really **shook things up**, and business gradually increased.

새 매니저에게는 사업을 어떻게 꾸려 갈 것인가에 관한 몇 가지 획기적인 아이디어가 있었다. 그는 실로 모든 것을 대대적으로 바꿨고, 매출은 점차 증가했다.

The Beatles **shook up the world of rock and roll** with their music in the 1960s.

비틀스는 1960년대 그들의 음악으로 로큰롤의 세계를 완전히 변화시켰다.

People like Elon Musk and Steve Jobs **have shaken up the technology industry** with their creative ideas.

일론 머스크와 스티브 잡스 같은 사람들이 창의적인 생각으로 기술 산업을 완전히 바꿔 놓았다.

I know I'm new to this company, and I don't want to **shake things up** too much, but I've got some good ideas about how we could improve our effectiveness.

저는 이 회사에 새로 왔고, 너무 많은 것을 변화시키고 싶지는 않습니다만, 우리의 효율성을 어떻게 높일 수 있는지에 관해서는 좋은 아이디어가 몇 가지 있습니다.

Give up ~ / Give ~ up

: To stop ~ / To disclaim ~
~를 그만두다 / ~를 포기하다

My father **gave up drinking and smoking** after getting brain surgery.

우리 아버지는 뇌 수술을 받으신 후에 술, 담배를 모두 끊으셨다.

Working at a general hospital, I sometimes have to **give up my weekend**.

종합병원에서 일하기 때문에, 나는 때때로 주말을 포기해야 한다.

I want to **give up working** when I turn 70.

나는 70세가 되면 일을 그만두고 싶어.

I **gave chocolate up** for Lent.

나는 (기독교의) 사순절 동안 초콜릿을 먹지 않았다.

Drag out ~ / Drag ~ out

: To unnecessarily prolong ~

필요 이상으로 ~을 질질 끌다

The meeting should have taken 30 minutes, but my co-worker **dragged it out** by asking too many questions.

> 회의는 30분 만에 끝났어야 했지만, 내 직장 동료가 질문을 너무 많이 해서 회의를 질질 끌었다.

I don't want to **drag things out**. Can we discuss things quickly and go to lunch?

> 난 필요 이상으로 시간을 끌고 싶지 않아. 우리 빨리 논의하고 점심 먹으러 갈까?

Dr. Jones **dragged out class** again, and we finished 10 minutes late.

> 존스 교수님이 또 수업을 필요 이상으로 오래 끌었고, 수업은 10분 늦게 끝났어.

If this case goes to court, it will **be dragged out** for years.

> 만약 이 사건이 법정으로 가게 되면, 몇 년씩이나 질질 끌게 될 거야.

Adjust to ~

: To get used to a situation by modifying your behavior or learning new behavior

~에 적응하다

My son went to a very small middle school, so it took some time for him to **adjust to a large high school**.

> 우리 아들은 아주 작은 중학교에 다녔기 때문에 큰 고등학교에 적응하느라 시간이 좀 걸렸어.

We have a new email system at work, and I **have not adjusted to it** yet.

> 우리 직장에서 새로운 이메일 시스템을 사용하게 됐는데, 난 아직도 그 시스템에 적응하지 못했어.

When you move to a new town, there is usually a lot of changes to **adjust to**.

> 새로운 도시로 이사하면, 보통은 많은 변화에 적응해야 하지.

A: **Have** you **adjusted to your new job** yet?

B: It's going well, but I'm still adjusting.

> A: 년 새로운 직장에 이제 적응했니?
> B: 일은 잘 돼 가고 있지만, 난 여전히 적응하는 중이야.

Jump at ~

: To eagerly accept an opportunity (often used with the words "chance" or "opportunity")

(기회나 제의 등을) 덥석 붙잡다/
~에 선뜻 달려들다

When he heard that there was a job in his field with a higher salary based in New York City, he **jumped at it.**

그는 뉴욕에 자기 분야에서 높은 급여를 받을 수 있는 직장이 있다는 소리를 들었을 때, 바로 그 기회를 붙잡았다.

I would **jump at the chance** to hear BTS in concert.

나는 BTS 노래를 콘서트에서 들을 수 있는 기회가 있다면 바로 붙잡겠어.

I've never been to Australia, but if someone offered me a ticket to get there, I would **jump at it.**

나는 호주에 한 번도 가 본 적이 없지만, 누군가 내게 그곳에 갈 비행기표를 준다면, 바로 가겠어.

When his co-worker had an emergency and couldn't do the presentation, Jim **jumped at the opportunity** to show his boss how well he could do it.

그의 직장 동료에게 비상 상황이 생겨서 프레젠테이션을 할 수 없었을 때, 짐은 그의 상사에게 그가 얼마나 잘할 수 있는지를 보여줄 기회를 바로 잡았다.

Get up to speed on ~

: To have the most recent information about ~

~에 관한 가장 최근 정보를 알다

Thanks for the reports, Jake! I just need an hour to read these to help me **get up to speed on the progress the team is making.**

제이크 씨, 그 보고서들 주셔서 감사합니다! 그 팀이 진행하고 있는 것에 관한 가장 최근 상황을 제가 잘 이해할 수 있게 이 보고서들을 읽을 한 시간이 필요합니다.

The prime minister's team briefed her on what each of the departments was doing. Once she **got up to speed on current events**, she was ready for the press conference.

총리의 팀은 각각의 부서가 무엇을 하고 있는지를 총리에게 브리핑했다. 일단 현재 일어나는 일들에 관한 최신 동향을 알게 되자, 그녀는 기자 회견을 할 준비가 되었다.

Tim could help us with the financial side of things, but he needs to **get up to speed on everything else** first.

팀 씨는 재정적인 측면에서 우리를 도울 수가 있겠지만, 먼저 다른 모든 것들에 관한 최신 동향부터 알 필요가 있습니다.

I need some time to prepare for my new job. I **haven't gotten up to speed on my duties** yet.

나는 새로운 일을 하기 위해 준비할 시간이 좀 필요해. 아직 내가 맡은 직무에 관한 모든 것을 이해하지는 못했거든.

Put one's back into ~

: To work very hard at ~/
To make an effort

~에 열심히 노력하다

If you want to make good mashed potatoes, you have to mash them by hand and **put your back into it**.

맛있는 매쉬드 포테이토를 만들고 싶으면, 감자를 손으로 으깨야 하고 정성을 들여야 합니다.

I thought it would take the whole weekend to get the garden ready, but Harvey helped me. He really **put his back into it**, and we were finished in one afternoon.

난 정원이 준비되는데 주말 내내 걸릴 거라고 생각했지만, 하비가 나를 도와줬거든. 하비는 그 일에 정말로 정성을 쏟았고, 우리는 오후 시간만 들여서 끝냈어.

When my brother started his consulting company, he **put his back into it** and worked day and night to make it successful.

우리 형이 컨설팅 회사를 시작했을 때, 자기 회사를 성공적인 회사로 만들기 위해 밤낮으로 공을 들이면서 일했어.

If we **put our backs into it**, we could finish the project this week.

우리가 열심히 노력해서 그 프로젝트를 하면, 이번 주에 그걸 끝낼 수가 있을 거야.

𝒱ocabulary POINT 1

티모시는 "You can actually teach an old dog new tricks."라고 말합니다. 사실 이 말은 미국인들이 일상생활에서 자주 언급하는 속담 인 "You can't teach an old dog new tricks."(늙은 개에게는 새로 운 기술을 가르칠 수 없다.)를 약간 변형한 말입니다. 이 속담은 '배움 에는 다 때가 있다'의 의미로 쓰입니다. 많은 사람이 나이가 들면 자신 에게 이미 굳어진 생활 습관과 행동 패턴, 또는 신념 등을 바꾸기 싫어 하기 때문이죠. 미국인들은 누군가가 변화하는 데 어려움을 겪고 있을 때도 이 표현을 사용합니다.

Lucy: I think the older teachers in our school had a really hard time teaching online during the pandemic.
Sam: Not all of them. Most of them did fine with the new technology.
Lucy: But Alan had a really hard time.
Sam: That's true, but that's his personality; he really hates any kind of change. Sometimes **you can't teach an old dog new tricks**.

루시: 우리 학교의 나이 드신 선생님들은 팬데믹 중에 온라인으로 수업하는 걸 정말 힘들어하신 것 같아요.
샘: 모두 다 그러신 건 아니에요. 대부분은 새로운 기술에 잘 적응하셨어요.
루시: 하지만 앨런 선생님은 정말로 힘들어하셨거든요.
샘: 그건 그래요. 하지만 그분의 성격이 그래요. 어떤 종류의 변화도 정말로 싫어하세요. 때로는, 배움에 때가 있는 것 같아요.

 $\mathcal{V}$ocabulary POINT 2

대화에서 제인이 "It's like night and day."라고 하죠? 티모시의 현재 직업이 그가 되려는 제빵사와 서로 얼마나 다른지를 말하기 위해 "night and day"라는 표현을 쓴 거예요. 여기서 "night and day"는 서로 완전히 다른 둘(total opposites)을 말합니다.

June: Sal, how do you like your new job?
Sal: Oh, the change is like **night and day**! My old workplace was toxic, but my new job is wonderful. Everyone is so supportive, and the work is interesting.
준: 샐, 네 새 일은 어때?
샐: 오, 완전히 달라졌어! 지난번 직장은 진짜 최악이었지만, 이번 새 직장은 아주 좋거든. 모두가 서로 많이 힘이 되어 주고, 일도 재밌어.

그렇지만 이 표현은 다음과 같이 누군가나 무언가에게 엄청난 변화가 왔을 때도 자주 쓰입니다.

Compared to last year, my son's behavior at school is like **night and day**. Last year, he was almost failing. But this year he's getting good grades, and he's very active in the school theater. He enjoys school now.
작년에 비하면, 학교에서 우리 아들의 행동이 180도 달라졌어. 작년에는 아이가 거의 낙제할 뻔했지만, 올해는 좋은 성적을 받고 있고, 학교 극단에서도 아주 열심히 활동하고 있어. 지금은 아이가 학교생활을 좋아해.

Bill: Have you seen Becky since she started training for marathons?
John: I almost didn't recognize her, that's how fit she looks; it's like **night and day**.
빌: 베키가 마라톤 훈련을 시작한 후에 걔를 본 적이 있니?
존: 나 걔를 거의 못 알아볼 뻔했는데, 그만큼 그 애 몸이 탄탄해 보였거든. 완전히 달라졌다니까.

참고로, night and day 대신 day and night이라고 쓰기도 합니다. 재밌는 사실은, 무언가가 더 좋아진 상황에서는 night and day를, 더 나빠진 상황에서는 day and night을 쓰는 경향이 있습니다. 물론, "night and day"는 문자 그대로 '밤낮으로', 즉 '항상'(all the time)을 뜻하기도 합니다.

My brother is on Instagram **night and day**. I swear he posts pictures of everything he eats. I don't see the point.
내 동생은 밤낮으로 인스타그램을 해. 자기가 먹는 모든 것의 사진을 다 올린다니까. 왜 그러는지 난 모르겠어.

Larry: What's that noise?
Janet: Oh, it's my neighbor. He's a drummer, and he plays **night and day**.
래리: 저게 무슨 소리지?
재닛: 아, 우리 이웃. 그 사람이 드럼연주자인데, 밤낮으로 드럼을 쳐.

ⓒ Culture POINT

티모시는 자신의 현재 직장에 관한 이야기를 하면서, "I can't stand it anymore."이라고 합니다. "I can't stand ～"는 '～를 아주 싫어하다'(to hate ～/to dislike ～)라는 말이므로 굉장히 강한 표현입니다. 그러니 친한 친구들이나 가족들과 함께하는 편안한 자리에서는 사용할 수 있지만, 직장이나 공적인 자리에서 사용하면 무례하게 들리는 표현이라는 걸 기억하세요. 예를 들어, 다음은 친한 친구 둘이서 식당에서 편하게 함께 있는 자리의 대화입니다.

Friend 1: (Looking at the menu) Oh, I see they have roasted beets, I love beets!
Friend 2: Ugh. **I can't stand beets**, but if you like them, you should order them.
친구 1: (메뉴를 보면서) 오, 구운 비트가 있네. 난 비트 엄청 좋아하거든!
친구 2: 우웩. 난 비트 엄청 싫어하지만, 네가 좋아한다면 주문하도록 해.

이런 경우는 "I can't stand beets."라는 문장이 별문제 없이 적절하게 쓰였다고 볼 수 있습니다. 다음은 처음 보는 사람과 일로 만난 자리에서 함께 식사하는 상황입니다.

Waiter: Our vegetable of the day is roasted beets.
Customer: Not for me. **I can't stand beets. (X)**
웨이터: 저희 식당의 오늘의 채소는 구운 비트입니다.
고객: 저는 됐습니다. 비트는 딱 질색이거든요.

이 경우에 "I can't stand beets."는 무례한 표현입니다. 이렇게 일로 만난 사람과 격식을 갖춘 자리에서는, "Not for me. I can't stand beets." 대신 다음과 같이 말할 수 있습니다.

What other sides do you have? Beets are not my favorite vegetable.
다른 곁들임 요리는 뭐가 있습니까? 비트는 제가 좋아하는 채소가 아니라서요.

POP *Quiz!*

PHRASAL VERBS(구동사)에
얼마나 익숙해졌는지 체크하며
뜻이나 생각나는 영어 표현 등을 써 보세요.

Be burned out (with ~) ☐

Die for ~ ☐

Shake up ~ / Shake ~ up ☐

Give up ~ /Give ~ up ☐

Drag out ~ /Drag ~ out ☐

Adjust to ~ ☐

Jump at ~ ☐

Get up to speed on ~ ☐

Put one's back into ~ ☐

Die to ~ ☐

Ted: Hey, Uncle Mike, what's that?

Mike: It's a bunch of photo albums that Grandma gave me. She's downsizing soon and wanted to **hand these over** to me.

Ted: Who are the kids in this picture?

Mike: Oh, that's me and your mom. And this is my dad, your Grandpa Jim.

Ted: I barely remember him but I do remember that he used to sing me this funny song whenever we visited him.

Mike: Yes, now that you say that, the lyrics **are coming back to me**.

Ted: What's that thing in the picture?

Mike: Oh, that? That's Granny Lina's Victrola. Granny Lina was my grandmother, so she was your great grandmother. Wow, yeah, this really **hearkens back to another era**. Basically, it's an antique record player; it's known as a Victrola. That was the name of a company that was famous for making record players.

Ted: Wow! That's pretty cool!

Mike: You know, I think we still have the Victrola in the attic. We should bring it down so you can see it. Gosh, when I **look back on those years**, it doesn't seem that long ago, but it was.

Ted: Was that the only way you guys could listen to music back then?

Mike: (Laughing) No, no! That Victrola is way before my time. That **goes all the way back to Granny Lina's childhood in the early 1900s**. It was already an antique when I was a kid, but we did enjoy playing old records on it.

Ted: Here's another photo with you and Mom. Looks like a family party; there's a lot of food in this picture!

Mike: We ate well back then! Oh, and that cake right there, that's Aunt Margaret's special caramel cake. Just looking at this blurry photograph **calls up so many memories**. I can still smell and taste that cake. It was so good! Oh, and I also see a plate of Grandma Miller's casserole— goodness, that was terrible! (Laughing) At least I was able to **block out the memory of the casserole**! Do you have anything that you associate with your childhood, Ted?

Ted: Yeah, now that you mention caramel cake, I **think of caramel apples** that you get at the fair. Whenever I see those, I remember being five years old.

Mike: Ah yes, those remind me of my childhood, too! We'll have to spend some time looking at more pictures. It's been nice **reminiscing about the past** like this.

테드: 저기, 마이크 삼촌, 그게 뭐예요?

마이크: 할머니께서 나한테 주신 앨범 뭉치란다. 할머니가 곧 집을 줄이실 거라서 이것들을 다 나한테 물려주고 싶어 하셨거든.

테드: 이 사진 속의 아이들은 누구예요?

마이크: 오, 나하고 너희 엄마란다. 그리고 이 분은 우리 아빠이자 너희 짐 할아버지고.

테드: 전 할아버지는 거의 기억 안 나는데, 할아버지 뵈러 갈 때마다 저한테 웃긴 노래를 불러 주신 건 기억이 나요.

마이크: 그래, 네가 그 말을 하니까 나도 그 노래 가사가 떠오르네.

테드: 사진 속에 저건 뭐예요?

마이크: 아, 그거? 리나 할머니의 빅터(Victrola) 축음기야. 리나 할머니가 우리 할머니니까 너한테는 증조할머니지. 우와, 그래, 이건 정말 또 다른 시대를 기억나게 하네. 그러니까 이건 골동품 전축인데 빅터 축음기로 알려졌지. 그게 축음기 제작으로 유명한 어느 회사 이름이었단다.

테드: 우와! 정말 멋지네요!

마이크: 얘, 다락에 여전히 축음기가 있는 것 같은데. 네가 볼 수 있게 가지고 내려와야겠다. 아이고, 그 시절을 되돌아보면 그렇게 오래전도 아닌 것 같은데, 오래전이네.

테드: 삼촌 시대에는 그게 음악을 들을 수 있는 유일한 방법이었어요?

마이크: (웃으면서) 아니야! 빅터 축음기는 우리 세대보다 훨씬 더 전이야. 1900년대 초, 리나 할머니의 어린 시절까지 거슬러 올라가지. 내가 아이였을 때도 그건 이미 골동품이었지만, 우리는 거기에 오래된 레코드를 틀어서 즐겨 들었지.

테드: 여기 삼촌이랑 엄마 사진이 또 있네요. 가족 파티처럼 보이는데요. 이 사진 속에 음식이 많아요!

마이크: 그때 우린 잘 먹었지! 아, 바로 저기에 있는 저 케이크 말이야, 마가렛 고모의 특별한 캐러멜 케이크란다. 이 흐릿한 사진만 봐도 추억이 많이 떠오르네. 난 여전히 저 케이크를 냄새 맡고 맛볼 수 있는데, 정말 맛있었지! 오, 밀러 할머니의 캐서롤 접시도 보이네. 세상에, 그건 엄청나게 맛없었어! (웃으면서) 그래도 난 그 캐서롤의 기억은 지워 버릴 수가 있었지! 테드, 넌 네 어린 시절과 관련지어 연상되는 뭔가가 있니?

테드: 네, 삼촌이 캐러멜 케이크 말씀하시니까, 삼촌이 박람회에서 사 주신 캐러멜 입힌 사과가 생각나요. 전 그걸 볼 때마다 다섯 살이었을 때가 기억나요.

마이크: 아, 그래, 나도 캐러멜 입힌 사과를 보면 어린 시절이 떠올라! 우리 사진들을 더 보면서 시간을 좀 보내야 할 것 같다. 이렇게 과거에 대한 추억에 잠기는 것도 좋았어.

Hand over ~ / Hand ~ over

: To give someone else responsibility for something

(권력이나 책임 등을) 이양하다/ 양도하다/넘겨주다

My grandfather's vision got so weak that he could no longer drive, so he **handed the keys to his car over** to my father.

우리 할아버지의 시력이 너무 나빠지셔서 더 이상 운전을 못 하게 되셨어. 그래서 할아버지는 자신의 자동차 열쇠를 우리 아버지에게 넘겨주셨지.

After my sister and her husband bought a big house, my mother **handed over the job of hosting Thanksgiving** to them.

우리 누나와 매형이 큰 집을 산 후에, 우리 어머니는 추수감사절 파티를 여는 일을 누나와 매형에게 넘겨주셨지.

When Hannah's co-worker was out of work for an injury, the boss **handed over the co-worker's project** to Hannah.

해나의 동료가 다쳐서 출근을 못 하게 됐을 때, 사장은 그 동료가 하던 프로젝트를 해나에게 넘겼다.

Come back to someone

: To start to remember something

누군가에게 기억이 나기 시작하다

I haven't heard that song in a long time, but after only hearing the first few notes, the words **are coming back to me**.

난 그 노래를 오랫동안 못 들었지만, 처음 몇 소절만 듣고 나니까 가사가 생각나기 시작했어.

I had to memorize that poem years ago when I was in school. I'm really surprised that **it's coming back to me** so easily.

그 시를 몇 년 전에 내가 학교에 다닐 때 외워야 했거든. 그 시가 너무나도 쉽게 기억나는 게 정말 놀랍네.

Darn! I can't remember the combination for the lock. Wait, okay, **it's coming back to me** : 4, 9, 3, 2, 4, 1.

에이! 이 자물쇠 비밀번호가 기억이 안 나네. 잠깐만, 오케이. 이제 기억나기 시작하네. 4, 9, 3, 2, 4, 1.

Hearken back to ~

: To remember a time period from the past

(과거의 어떤 시절을) 돌아보게 하다/ 기억나게 하다

That restaurant **hearkens back to the diners** from the 1950s. The décor and the menu are all historically accurate.

그 식당은 1950년대의 식당이 기억나게 해. 장식과 메뉴 모두 실제 그 시절의 식당과 정확히 똑같거든.

Colonial Williamsburg is a living museum in Virginia, which **hearkens back to the colonial period** in the US. You can walk the streets of the town, and everything is as it was in the 1700s.

콜로니얼 윌리엄스버그는 버지니아주에 있는 살아 있는 박물관인데, 미국의 식민지 시대를 돌아보게 하지. 그 도시의 거리를 걸어 볼 수 있는데, 거기 있는 모든 게 마치 1700년대에 있었던 것 같아.

The city restored the old baseball stadium. The colors they used, and the layout of the stadium all **hearken back to the 1920s**. It's fun to watch baseball games there.

시에서 예전의 야구장을 복원했거든. 사용한 색이나 야구장의 배치 등이 모두 1920년대를 떠올리게 해. 그곳에서 야구 경기를 보는 게 재밌어.

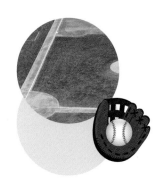

Look back on ~

: To remember what has happened in the past

~를 되돌아보다

When I **look back on my life**, I really have no regrets.

내 삶을 되돌아보면, 난 정말 후회하는 일은 없어.

She **looked back on what could have been** and decided to try harder going forward.

그녀는 어떤 일이 일어날 수도 있었는지를 되돌아봤고, 더 열심히 하면서 앞으로 나아가기로 결심했다.

Sometimes I **look back on my 20s** and remember how carefree I was, but if I'm honest, it was also a stressful time.

때로는 내 20대를 돌아보고 내가 얼마나 속 편했는지를 생각하지만, 솔직해지자면, 그때도 스트레스가 많은 시기이기도 했어.

It's easy to **look back on past events** and imagine that things were easier and simpler then.

과거의 일을 되돌아보면서 그때는 모든 것들이 더 수월하고 단순했다고 생각하기가 쉽지.

Go (way) back to ~

: To have existed since ~

특정 기간부터 있어 왔다/~로 거슬러 올라가다

The problems with the city's water system are not new. They **go way back to the 1960s**.

이 도시의 급수 시설 문제점은 새로운 게 아니야. 1960년대부터 있던 문제거든.

* 참고로, 이 구동사에서 to ~부분을 빼고 "go way back"만 쓰면 '서로 오랫동안 알고 지내다'라는 의미가 됩니다.

Phil and I **go way back**. We went to elementary school together.

필과 나는 서로 오랜 세월 알고 지냈어. 초등학교를 함께 다녔거든.

Kim and I **go way back**. We went to college together and worked for the same company together for several years.

킴과 나는 서로 오랫동안 알고 지냈어. 대학을 함께 다녔고, 몇 년 동안 같은 회사에서 함께 일했어.

Call up ~ /
Call ~ up

: To cause someone to remember ~

**(어떤 기억이나 추억을) 떠오르게
하다/상기시키다**

Hearing rock music **calls up
memories of my teenage
years**.

락 음악을 들으면 내 십 대 시절의 추억이 떠올라.

I don't want to go to that bar. It
**calls memories of my former
fiancée up**.

난 그 바에 가기 싫어. 거기 가면 전 약혼녀와의
기억이 떠오르거든.

When I smell the air after a good
rainstorm, it **calls up the times
I spent at my grandparents'
house** out in the country.

난 폭풍우가 지나간 후의 공기 냄새를 맡으면, 멀리
시골에 있는 우리 할머니 할아버지 댁에서 보냈던
시간들이 떠올라.

Block out ~ /
Block ~ out

: To stop painful memories/
thoughts

(불쾌한 기억을) 지우다/떨쳐 버리다

I was in a bad car accident years
ago. I don't remember much
because I **blocked it out**.

내가 몇 년 전에 끔찍한 교통사고를 당했거든. 많이
기억나지는 않아. 내가 그 기억을 지워 버렸거든.

Uncle Stan **blocked out his
memories** about being a soldier
during a war. He doesn't want to
relive that experience.

스탠 삼촌은 전쟁 중에 군인이었던 기억을 지워
버리셨어. 그 경험을 상상 속에서라도 다시 겪고
싶지 않으시거든.

That was the worst meeting I've
ever been to! I need to **block out
all thoughts of it**, or it will stress
me out too much.

그건 내가 참석했던 최악의 회의였어! 난 회의에서
있었던 모든 일을 다 지워야겠어. 아니면 그것
때문에 내가 너무 스트레스받을 거야.

Think of ~

: To conceive of an idea or to imagine ~

~을 머릿속에 떠올리다/생각하다/ 기억하다

Now that I **think of it**, it would be better to take the Interstate rather than the scenic route.

지금 와서 생각해 보니까, 경치 좋은 경로보다 (주와 주 사이의) 고속도로로 가는 편이 더 나을 것 같아.

You're right, adding a little red wine to the stew will improve the flavor. I don't know why I didn't **think of that** before.

네 말이 맞아. 그 스튜에 적포도주를 조금 넣으면 맛을 더 좋게 할 거야. 전에는 내가 왜 그 생각을 못 했는지 모르겠네.

When I smell cookies baking, I **think of my aunt**. She was always baking cookies when we used to visit her.

쿠키 굽는 냄새를 맡으면, 난 우리 이모가 생각나. 이모는 우리가 이모네 집에 갈 때면 언제나 쿠키를 구우셨거든.

Reminisce about ~

: To happily remember past events

(행복한 추억을) 회상하다

The two old friends **reminisced about their youth**.

두 오랜 친구는 자신들의 젊은 시절 추억에 잠겼다.

Whenever I visit family, we often spend some time **reminiscing about things we did years ago**.

내가 가족들을 방문할 때면, 우리는 종종 여러 해 전에 우리가 했던 것들에 대한 추억을 회상하며 시간을 보내.

My brother and I had a lot of laughs together **reminiscing about our bad behavior as kids**.

남동생과 난 아이였을 때 우리가 했던 짓궂은 행동들을 회상하면서 함께 많이 웃었어.

It can be so relaxing to get together with long-time friends, drink some coffee and **reminisce about the past**.

오랜 친구들과 함께 만나 커피를 마시고 과거의 추억에 잠기는 건 마음을 아주 편안하게 해 줄 수 있어.

GRAMMAR POINT

대화에서 마이크는 "That Victrola is way before my time."이라고 합니다. 여기서 way는 '길'이나 '방법'을 뜻하는 명사가 아니라, '큰 차이로' 또는 '훨씬'이라는 의미의 부사입니다.

Her house is **way** bigger than mine.
그녀의 집이 우리 집보다 훨씬 더 커요.

Your service is **way** better than theirs. It's like night and day!
당신들의 서비스가 그 사람들 서비스보다 훨씬 더 좋습니다. 180도 달라요!

기억과 추억에 관한 구동사를 배우고 있는 김에, 테드와 마이크의 대화에 나오는 기억과 추억에 관한 동사구도 정리해 봅시다.

Remind someone of ~: To cause someone to remember
~ 누군가에게 ~를 생각나게 하다

My daughter **reminds me so much of my sister**. They both like the same things and have the same laugh.
우리 딸을 보면 난 우리 언니가 참 많이 생각나. 그 둘은 똑같은 걸 좋아하고 웃는 것도 똑같아.

Our conversation about your doctor's appointment **reminds me of my last doctor's appointment**. I also had to wait a long time before I was seen by the doctor.
네 병원 예약 이야기를 하다 보니까 내가 지난번에 병원에 갔던 게 생각나네. 나도 의사 보기 전에 오랫동안 기다려야 했거든.

Whenever I listen to the album, it **reminds me of the time** when my family went camping in the mountains.
난 그 앨범을 들을 때마다, 우리 가족이 산에 캠핑하러 갔던 그때가 떠올라.

Talking to my friends in Spain **reminds me of how much I miss being there**.
스페인에 있는 내 친구들과 이야기하면 내가 거기에 있었던 시간을 얼마나 그리워하는지가 막 생각나.

Associate A with B: To connect A with B A를 B와 관련지어 생각하다

He had some issues with money because he **associated wealth with stinginess**.
그는 돈과 관련해 문제가 좀 있었어. 그가 부를 인색함과 결부해 생각했기 때문이야.

I didn't realize that she sang country music, **I've** always **associated her with rhythm and blues**.
난 그녀가 컨트리 음악을 부르는지 몰랐어. 난 그녀를 언제나 R&B 음악과 결부해 생각했거든.

Some people don't like snow, but I grew up in Vermont, and I **associate snow with home**.
어떤 사람들은 눈을 싫어하지만, 난 버몬트주에서 자라서 난 눈 하면 고향이랑 연관해서 생각해.

$\mathscr{V}$ocabulary POINT 2

대화에서 마이크는 "That Victrola is way before my time."이라고 합니다. 즉, 그것이 마이크가 태어나기 전의 일이라는 말이죠? Before one's time은 '~가 태어나기 전', 또는 '~의 재임 기간 이전'이라는 의미로 쓰입니다.

There used to be a movie theater in the middle of downtown. I never saw it; it was **before my time**, back in the 1940s.
시내 중심에 영화 극장이 하나 있었거든. 난 한 번도 못 봤어. 내가 태어나기 전의 일이라서. 그 옛날 1940년대야.

I don't know why our company has this policy. It's **before my time**. It was already like this when I started working here five years ago.
난 우리 회사에 왜 이런 정책이 있는지 모르겠어. 내가 여기 오기 전에 만든 정책이거든. 5년 전에 내가 여기서 일하기 시작할 때 이미 그랬으니까.

Before one's time 외에도 과거 회상과 관계된 표현을 더 배워 볼까요?

Step back in time: To have an experience of a time in the past 과거의 어떤 시간을 경험해 보다

Every year at Christmas, the local historical society holds a holiday party from the 1850s at an historical home. They dress in period clothing and serve food that people ate during that time. It's like **stepping back in time** for a day.
매년 크리스마스 때면, 이 지역 역사학회는 역사적인 주택에서 1850년대 스타일의 크리스마스 파티를 엽니다. 그들은 그 시대의 옷을 입고 그 당시 사람들이 먹었던 음식을 대접합니다. 그건 마치 하루 동안 그 당시로 돌아가는 것과 같죠.

Whenever I visit my grandmother's house, it's like **stepping back in time**. She has not changed a thing for over 50 years.
우리 할머니 댁을 방문할 때면, 마치 과거의 시간으로 돌아가는 것 같아. 할머니는 50년이 넘도록 아무것도 바꾸지 않으셨거든.

Hindsight is 20/20: 때늦은 지혜

과거에 내린 어떤 결정을 지금 보니까 그게 옳은 것이었는지 아니었는지 명확하게 보인다는 말입니다. 그땐 몰랐는데, 지금 깨달아 봤자 이미 늦었죠. 그러니 이는 뒤늦은 깨달음을 탓하는 표현입니다.

I had a chance to buy stock in Amazon years ago, but I didn't think the company would last long. Oh well, **hindsight is 20/20**!
몇 년 전에 아마존 주식을 살 기회가 있었지만, 그 회사가 오래 갈 거라고 생각 안 했거든. 뭐, 이제 와서 깨달아 봤자 무슨 소용이겠니!

He couldn't believe that he had been madly in love with her at one time. He now realizes that she is quite selfish. **Hindsight is 20/20**!
그는 자신이 한때 그녀와 미치도록 사랑에 빠졌다는 사실이 믿기지 않았어. 이젠 그녀가 너무 이기적이라는 사실을 깨닫고 있거든. 뭐, 이제 와서 깨달아 봐야 무슨 소용이겠어!

𝒱*ocabulary* POINT 3

이 과에서 배운 구동사 block out ~/block ~ out은 '(고통스러운 기억을) 지우거나 떨쳐 버리다'라는 뜻입니다. 그럼, '고통스러운 기억을 지우지 않고 오히려 명확하게 표현하다'라는 의미의 구동사 shut out ~/shut ~ out도 함께 공부하고 넘어가세요.

She could not **shut out her memories of the accident**, so she started seeing a therapist for emotional support.
그녀는 그 사고의 기억을 명확하게 표현할 수가 없었고, 그래서 정서적으로 도움을 받기 위해 전문 치료사를 만나기 시작했다.

Shut out은 고통스럽거나 불쾌한 기억 외에도 '부정적인 감정을 표현하다'라는 의미로도 쓰입니다.

If he doesn't like something, he **shuts it out**.
그는 뭔가가 싫으면, 그걸 확실하게 표현해.

Sometimes when you are upset about something, it is hard to **shut out those negative feelings**.
무언가에 대해 화가 날 때, 그런 부정적인 감정들을 명확하게 표현하는 것이 힘들 때가 있습니다.

LESSON 20
집중해서 일하기

Christina (Office Manager): Hey, Monica, have you read this article on "quiet quitting"?

Monica (Department Head): No, what's that?

Christina: It's the new thing now for employees: just do the minimum for your job; basically, quit your job while you're still on the job.

Monica: That's nothing new, and I can understand why many people do that. Every worker in the world **is hankering after better pay and something meaningful to do**. I'd take quiet quitting with a grain of salt.

Christina: Well, I'm sensing that many people in our department are doing this. I appreciate our staff, and I want them to be happy. I'm trying to **focus on some ways** to keep them motivated.

Monica: What evidence do you have that people **are slacking off**?

Christina: **I've been poring over productivity reports** trying to **zero in on times and tasks** where employees are not pulling their weight. I've also looked at some of the completed work, and in a few cases, I'm finding work that **is riddled with errors**.

Monica: That's not good. I wonder how some of these things **are sailing through the final editing process**. What should we do about this?

Christina: As always, money talks. But I'm afraid if I ask for more money for salaries, the VP of Finance will shoot down my suggestion.

Monica: Well, maybe initially he'll shoot your idea down, but if you sell yourself well, you might be able to work something out. In the meantime, we can find some other ways to make work more enjoyable and help people be more efficient.

Christina: Like what do you think would work?

Monica: Well, I think in some of our teams, one person usually ends up doing the lion's share of the work, and other people **are just along for the ride**. We need all the work to be divided fairly. And also, I think we should have a company pickleball league.

Christina: A pickleball league?

Monica: It's a hot new trend, sort of like a cross between badminton and tennis. It would get people away from their desks to do some fun exercise, and it's not too difficult.

Christina: You know, that sounds like a great idea!

크리스티나 (사무실 관리자): 저기, 모니카 씨, "조용한 퇴사"에 관한 기사 읽어 보셨어요?

모니카 (부서장): 아뇨, 그게 뭔데요?

크리스티나: 지금 직원들 사이에서 일어나는 새로운 현상이에요. 직장에서 최소한의 일만 하는 거죠. 한마디로, 여전히 직장이 있는 상태에서 일을 그만두는 거예요.

모니카: 전혀 새로운 현상이 아닌데요. 그리고 전 왜 많은 사람이 그렇게 하는지 이해할 수 있어요. 세상 모든 근로자들이 더 많은 급여와 또 뭔가 의미 있는 일을 하고 싶어 하잖아요. 저라면 "조용한 퇴사"란 말을 좀 걸러 들을 것 같아요.

크리스티나: 글쎄요, 저는 우리 부서 내 많은 사람이 그렇게 하고 있다는 게 느껴져요. 저는 우리 부서 직원들에게 고맙고, 또 그 사람들이 행복하기를 바라거든요. 직원들에게 계속해서 동기 부여를 할 수 있는 방법을 찾는 데 집중하려고 저도 노력하고 있고요.

모니카: 사람들이 게으름을 피우고 있다는 무슨 증거가 있나요?

크리스티나: 제가 생산성 관련 보고서를 자세히 보고 있어요. 직원들이 맡은 임무를 다 하지 않는 시간대와 업무에 집중하면서요. 제가 직원들이 다 끝낸 업무도 몇 가지 봤는데, 몇 가지 경우는 실수투성이로 끝낸 업무도 나오더라고요.

모니카: 좋지 않은데요. 이런 실수들이 어떻게 마지막 편집 과정을 쉽게 통과하는지 궁금하네요. 이걸 어떻게 해결해야 할까요?

크리스티나: 언제나처럼 돈이 힘을 발휘하죠. 그렇지만 제가 직원들 급여를 더 주기 위해 재정 지원을 요청한다 해도 재정 담당 부사장이 저의 제안을 그냥 거부할까 봐 걱정입니다.

모니카: 글쎄요, 아마도 처음에는 크리스티나 씨 아이디어를 거부하겠지만, 크리스티나 씨의 생각을 잘 설득하신다면, 뭔가를 이뤄낼 수 있지 않을까 싶은데요. 그러는 동안 우리도 일을 좀 더 즐길 만하게 만들고 사람들이 더 효율적으로 일할 수 있게 도울 다른 방법들을 찾을 수도 있을 테고요.

크리스티나: 모니카 씨는 어떤 것들이 효과가 있겠다고 생각하세요?

모니카: 뭐, 우리 전체 팀 중 몇 팀에서는 결국 한 사람이 가장 많은 분량의 일을 하고, 다른 사람들은 조금씩만 하는 경우가 대부분인 것 같아요. 작업량을 공평하게 배분해야 합니다. 그리고 또, 회사의 피클볼 리그도 개최해야 한다고 생각해요.

크리스티나: 피클볼 리그요?

모니카: 인기 있는 새로운 트렌드인데, 일종의 배드민턴과 테니스를 합쳐 놓은 거예요. 그렇게 되면 직원들이 책상에서 벗어나서 재밌는 운동을 할 수도 있을 거예요. 그렇게 어려운 스포츠도 아니고요.

크리스티나: 어, 그거 훌륭한 생각인 것 같은데요!

Hanker after ~

: To crave ~

〜를 몹시 원하다/갈망하다

I'm hankering after a chocolate milkshake; I haven't had one in a long time.

> 난 초콜릿 맛 밀크셰이크가 너무 먹고 싶어.
> 오랫동안 그걸 못 먹었거든.

Mom: You haven't been home in three years. What **are** you **hankering after**?

Daughter: I would love to have some meatloaf and mashed potatoes!

> 엄마: 넌 3년 동안 집에 못 왔잖니. 뭘 제일 먹고 싶니?
> 딸: 미트로프(다진 고기 요리)하고 으깬 감자가 너무 먹고 싶어요!

My husband gave up cigarettes years ago, but sometimes when he has a glass of whiskey, he still **hankers after one**.

> 우리 남편이 몇 년 전에 담배를 끊었는데, 가끔 위스키를 한 잔 마실 때면, 여전히 담배 한 대를 엄청 피우고 싶어 해.

I **am hankering after a cold beer**, but I've got a lot of work to do. The beer will have to wait.

> 난 차가운 맥주 한 병이 너무나도 마시고 싶지만, 할 일이 많거든. 맥주는 기다렸다가 마셔야지.

Focus on ~

: To give most of your attention to someone or something

〜에 집중하다

If you would **focus on your Spanish homework**, you would make better grades.

> 네가 스페인어 숙제에 집중하면, 좀 더 좋은 성적을 받을 수 있을 거야.

I'm having a hard time **focusing on my work**; I'd rather be watching TV right now.

> 일에 집중하는 게 힘드네. 지금은 그냥 TV를 보는 편이 더 낫겠어.

Dr. Jones was so helpful. He **focused on my medical issue** and asked me a lot of questions. In the end, he prescribed medicine that has really helped.

> 존스 박사님이 많은 도움이 됐어. 그분은 내 건강 문제에 집중하면서 내게 질문을 많이 했거든. 결국 나한테 정말 도움이 되는 약을 처방해 줬지.

Tricia, I'm working on a different project today, but tomorrow, I can work with you on yours. I can only **focus on one thing** at a time.

> 트리샤 씨, 오늘은 제가 다른 프로젝트 일을 하고 있지만, 내일은 트리샤 씨 프로젝트 일을 함께 할 수 있습니다. 저는 한 번에 한 가지 일에만 집중할 수 있거든요.

Slack off

: To do something with less energy or effort than is needed

게으름을 피우다

Everyone in my office **slacks off** on Fridays.

우리 사무실 사람들 모두 금요일이면 태만해져.

A: I need to find a carpenter for a few repairs before the end of December.

B: Good luck! People tend to **slack off** a bit during the holidays. It can be hard to find someone. You might have to wait until the new year.

A: 12월 말이 되기 전에 몇 가지를 수리해 줄 목공을 찾아야 해요.
B: 찾을 수 있기 바랍니다! 휴가철에는 사람들이 좀 게으름을 피우는 경향이 있죠. 일할 사람을 찾는 게 힘들 수도 있어요. 내년 초까지 기다리셔야 할지도 모르겠어요.

(To her class) Hey, guys, please put your phones away and stop **slacking off**!

(학생들에게) 얘들아, 전화기는 제발 치우고 게으름 좀 그만 부려!

I was very careful about painting the bedroom, but after a few hours, I got tired. You can look at the paint job and see where I was working hard and where I **was slacking off**.

난 매우 조심스럽게 침실을 페인트칠했지만, 몇 시간 후에 피곤해졌어. 내가 어떤 부분에서 열심히 칠했고, 어떤 부분에서 게으름을 피웠는지 페인트칠한 것 보면 네가 알 수 있을 거야.

Pore over ~

: To study or read ~ carefully

~를 자세히 파다/조사하다/보다

You need to **pore over that contract** before you sign it.

그 계약서에 서명하기 전에 자세히 읽어 보셔야 합니다.

The teacher **pored over the students' papers** to make sure that the writing was good.

선생님은 학생들이 낸 페이퍼를, 글을 잘 썼는지 확인하기 위해 자세히 읽어 봤다.

I have to admit, I didn't **pore over your article**. I didn't have time. I just skimmed it.

네가 쓴 기사를 자세히 읽지는 않았다고 인정해야겠네. 내가 시간이 없었거든. 그래서 그냥 대충 훑어보기만 했어.

Every day at 5 pm, my grandfather would **pore over the business pages** in the newspaper while drinking coffee.

매일 오후 다섯 시면, 우리 할아버지께서는 커피를 드시면서 신문의 비즈니스면을 세세하게 읽으시곤 하셨어.

Zero in on ~

: To focus your attention on ~
~에 모든 신경을 집중시키다

I think **we've zeroed in on the problem with your car.** You need a new alternator.

> 저희가 고객님 차가 가진 문제를 집중적으로 본 것 같습니다. 고객님께서는 새 교류 발전기가 필요합니다.

It took them months to **zero in on their vision** for their new company.

> 그들이 새로운 회사에 대한 비전을 집중해서 연구하는 데 여러 달이 걸렸다.

The tutor helped the student **zero in on the right subjects** to study for the college entrance exam.

> 과외 선생은 그 학생이 대학 입학시험 준비에 적합한 과목들에 집중할 수 있도록 도와줬다.

My skin was a mess, and my dermatologist helped me **zero in on what was causing my dry skin**.

> 내 피부가 엉망이라서 피부과 의사는 무엇 때문에 내 피부가 건조해지는지 알아내는 데 집중했어.

Be riddled with ~

: To be full of mistakes or unwanted things
(실수나 어떤 부정적인 것들) 투성이다

Don't sign that contract until a lawyer corrects it. **It's riddled with mistakes**.

> 변호사가 그 계약서를 수정하기 전에 서명하지 마세요. 그 계약서는 실수투성이입니다.

The editor feared that the manuscript would **be riddled with errors**, but it wasn't.

> 편집자는 그 원고가 실수투성이일까 봐 걱정했지만, 그렇지 않았다.

Dana accidentally damaged her friend's car. She paid for the damage, but she **was** still **riddled with guilt**.

> 데이나는 실수로 친구 차를 훼손시켰다. 그녀는 손해 배상을 했지만, 여전히 죄책감으로 가득했다.

The old log **was riddled with holes** made by insects.

> 그 낡은 통나무는 벌레들이 만들어 놓은 구멍투성이였다.

Sail through ~

: To proceed in a quick and easy way with no difficulties

~를 쉽게 넘어가다/어려움 없이 순조롭게 통과하다

I **sailed through high school** with straight A's, but when I got to college, I had a harder time.

> 난 고등학교를 전 과목 A를 받고 쉽게 졸업했지만, 대학교에 갔을 때는 참 힘든 시간을 보냈어.

The medical student was well-prepared and **sailed through the national exam**.

> 그 의대생은 만반의 준비가 돼 있었고, 국가 고시를 순조롭게 통과했다.

Mom: How did my son do today on his driving test?

Aunt: No problems! He **sailed through it** with no mistakes. Now he's got his license!

> 엄마: 우리 아들이 오늘 운전면허 시험 잘 봤니?
> 이모: 전혀 문제없었어! 하나도 실수하지 않고 순조롭게 통과했어. 이제 내 조카가 면허증을 땄네!

We flew into New York from London and, fortunately, **sailed through customs**.

> 우리는 런던에서 뉴욕으로 날아갔고, 다행히 세관을 쉽게 통과했어요.

Be/Go along for the ride

: To do something with other people even though you are not helping much/To do something with other people even though you are not very interested in it

무언가를 열심히 하지 않고 소극적으로 참여하다

I feel sorry for the team that has Susie. She never does much work; **she's** just **along for the ride**.

> 난 수지가 속해 있는 팀이 안 됐다는 생각이 들어요. 수지는 절대 일을 많이 안 하거든요. 그저 함께 있을 뿐 일은 별로 안 해요.

A: Ola, the rest of us want to get pizza, is that okay with you?

B: I'm fine with anything the group wants. **I'm** just **along for the ride**.

> A: 올라, 우리 모두 피자를 먹고 싶은데, 넌 괜찮아?
> B: 너희들이 먹고 싶은 건 뭐든 괜찮아. 난 그저 함께 어울리는 것일 뿐이니까.

Sometimes when my husband has to attend a conference in an interesting city, I **go along for the ride**.

> 가끔 우리 남편이 흥미로운 도시에서 하는 학회에 참석해야 할 때면, 난 그냥 따라가.

I'm going along for the ride to my friend's choir practice tonight. I'm thinking about joining the choir and want to know more about it.

> 난 오늘 밤 내 친구가 성가대 연습하는 곳에 따라가. 나도 성가대에 참여할까 생각 중이라서 거기가 어떤 곳인지 더 자세히 알고 싶거든.

Vocabulary POINT 1

크리스티나가 요즘 직원들이 조용한 퇴사(quiet quitting)를 한다는 말에 모니카는 "I'd take quiet quitting with a grain of salt."라고 말합니다. Take ~ with a grain of salt는 '~를 그대로 듣지 않고 걸러서 듣다'라는 말로, 누군가가 하는 말을 전적으로 믿기에는 회의적일 때 사용하는 이디엄입니다. 즉, 모니카는 그것을 증명하는 충분한 증거가 있기 전에는 안 믿겠다는 말을 하는 거죠. 미국인들이 너무나도 자주 사용하는 이디엄이니 확실하게 기억하고 넘어가세요.

A: I just heard a podcast where they said that everyone should put all their money in gold.
B: Well, that doesn't sound right. I'd **take that financial advice with a grain of salt**.
A: 난 방금 팟캐스트에서 우리 모두 돈을 금에 투자해야 한다는 말을 들었어.
B: 글쎄, 옳은 말처럼 들리지는 않는데. 나라면 그 재정 자문은 걸러서 듣겠어.

Cindy exaggerates a lot, so **take what she says with a grain of salt**.
신디는 과장을 많이 하니까, 걔가 하는 말은 가감해서 들어.

When my teenager tells me he must have super expensive things, I **take it with a grain of salt**. If I wait a day or two, he usually changes his mind.
십 대인 우리 아들이 엄청나게 비싼 걸 사야 한다고 나한테 말할 때면, 난 그걸 걸러서 들어. 하루나 이틀만 기다리면, 보통 걔 마음이 바뀌니까.

Vocabulary POINT 2

대화에서 크리스티나는 "Money talks."라고 합니다. 문자 그대로 해석하면 말이 안 되는 문장입니다. 돈은 말을 할 수 없으니까요. "Money talks."는 '돈이 힘이 있다'(Money has power.)는 뜻을 가진 이디엄으로, 돈에 영향력이 있어 돈이 사람들을 움직인다는 뜻을 내포합니다. 말하자면, 크리스티나는 회사가 사람들에게 급여를 더 주면, 사람들이 더 열심히 일할 거라는 말을 하는 거죠. 그렇다면 money가 들어가는 표현 중 미국인들 사이에서 사용 빈도가 높은 것만 몇 가지 더 배워 볼까요?

Money doesn't grow on trees.: 미국인들이 가장 많이 쓰는 money 이디엄으로, 한국식으로 말하자면, "땅을 파 봐라. 돈이 나오나!" 정도가 될 것 같아요. 그러니까, 이는 돈 버는 일이 결코 쉬운 일이 아니기 때문에 돈을 아껴 쓰라는 말입니다.

Daughter: Dad, can I have another $50 for the movies tonight?
Dad: What happened to the $50 I gave you last week? **Money doesn't grow on trees**, you know! I think you might need to get a job soon.
딸: 아빠, 오늘 밤에 영화 보게 50달러를 더 받을 수 있을까요?
아빠: 아빠가 지난주에 준 50달러는 어떻게 했니? 얘, 돈 버는 게 쉬운 일이 아니야! 너도 곧 돈을 벌기 시작해야 할 것 같구나.

Time is money.: 이것 또한 미국에서 자주 듣는 이디엄입니다. 이 이디엄은 시간 또한 돈과 마찬가지로 소중한 자산이기 때문에 시간을 낭비하면 안 된다는 말입니다.

After the meeting dragged on for an hour, the boss spoke up, "Is there more that we need to discuss? If so, let's do it and be done with it. **Time is money.**"
회의가 한 시간 정도 끌어지자, 사장이 큰 소리로 말했다. "우리가 의논해야 할 것이 더 있습니까? 그렇다면, 의논하고 끝냅시다. 소중한 시간 낭비하지 말고요."

Money doesn't buy happiness.: 인생에서 돈보다 더 소중한 것도 있다는 가치관을 나타내는 표현으로 돈이 다가 아니라는 뜻입니다. 사실 행복뿐만 아니라, 우정이나 사랑, 또는 젊음이나 건강 등 살면서 소중하게 여기는 많은 것 중에는 돈으로 살 수 없는 것들도 있으니까요.

A: I just heard that Nick and Tanya are getting divorced. They have that huge house, great jobs, a boat, a vacation place in the mountains. They have so much. I don't understand what went wrong.
B: You know what they say: **money doesn't buy happiness**.
A: 나 방금 닉과 타냐가 이혼한다는 말을 들었거든. 큰 집에 훌륭한 직업, 보트, 산에 별장까지 가지고 있고, 그렇게 많이 가졌잖아. 뭐가 잘못돼서 이혼하는지 이해가 안 되네.
B: 사람들이 늘 하는 말 있잖아. 돈으로 행복을 살 수는 없다고.

Vocabulary POINT 3

모니카는 "One person usually ends up doing the lion's share of the work."라고 말합니다. "The lion's share"는 뭔가를 나눈 것 중 가장 커다란 몫(the largest part of something)을 말합니다. 그러니까 팀에서 일을 나눴는데, 그중 가장 많은 분량의 일이 운 없는 한 사람에게 다 간다는 뜻이죠. 이 대화에서는 the lion's share가 이렇게 부정적인 의미로 쓰였지만, 사실 이 표현은 부정적인 표현에도, 긍정적인 표현에도 다 쓰입니다.

When you donate money to this charity, **the lion's share** goes to help people who need it. A small amount is used for administrative costs.
이 자선 단체에 돈을 기부하면, 그중 가장 큰 몫은 그것이 필요한 사람들에게 갑니다. 작은 액수만 행정 비용에 쓰이고요.

Michael Phelps is an amazing swimmer. Whenever he competed in the Olympics, he usually won **the lion's share** of the gold medals for swimming.
마이클 펠프스는 뛰어난 수영 선수입니다. 그가 올림픽에 출전할 때마다, 보통 그가 수영 분야의 가장 많은 금메달을 땄습니다.

Vocabulary POINT 4

크리스티나는 "…employees are not pulling their weight."라고 말합니다. Pull one's weight는 '자기가 맡은 임무를 다하다'(to do one's fair share of the work)라는 의미를 가진 이디엄입니다. 미국에서 직장 생활을 하면 흔히 듣는 표현이죠.

Oh no, Dan is on our team. He never **pulls his weight**. He wants to take credit for the work, but he doesn't do the work.
이를 어쩌지. 댄 씨가 우리 팀에 있네. 그 사람은 절대로 자기 맡은 일을 다 하는 법이 없는데. 일에 관한 공은 차지하고 싶어 하지만, 일은 안 하거든.

On the running team, when we run a relay, everyone has to **pull their own weight**, or we have no chance of winning.
우리 달리기팀에서는 우리가 릴레이 달리기를 할 때, 모두가 자기 맡은 바는 다 해야 해. 그렇지 않으면 이길 가능성이 없어.

She's a really great employee for your restaurant. She's not afraid to **pull her own weight**. You can rely on her.
그녀는 너희 식당에서 정말 훌륭한 직원이야. 그녀는 자기 맡은 일을 다하는 걸 마다하지 않거든. 넌 그녀를 믿어도 돼.

As a teenager, I was more of a follower than a leader. It took me several years to learn how to **pull my own weight** and contribute fully to a group.
십 대 때, 나는 리더보다는 따라가는 사람에 더 가까웠어. 내가 맡은 임무를 다하고 그룹에 완전하게 기여하는 법을 배우는 데는 여러 해가 걸렸지.

𝒱ocabulary POINT 5

모니카는 "…if you sell yourself well, you might be able to work something out."이라고 말합니다. Sell oneself는 '다른 사람들을 설득하여 자신이 가진 생각이나 자신의 가치를 알게 하다'(to convince others of one's value or ideas/to present oneself positively)라는 의미를 가진 이디엄입니다.

The start-up investors were impressed by my sister's pitch. She **sold herself** and her business idea so well that they offered her a lot of money.
신흥 회사 투자자들은 우리 언니의 홍보를 인상 깊게 봤거든. 언니는 자신의 사업 계획을 그들에게 아주 잘 이해시켰고 그래서 투자자들이 언니에게 많은 금액을 제시했어.

When you do a job interview, you need to **sell yourself**. Let them know why hiring you is a good investment.
구직 면접을 할 때는, 너 자신의 가치를 상대가 알게 해야 해. 그 사람들이 너를 고용하는 것이 왜 좋은 투자인지를 알게 해.

He's a great guy, but in the meeting, he came across as shy and nervous. He didn't **sell himself** well at all.
그는 대단한 사람이지만, 회의 중에는 수줍음이 많고 초조해 보였어. 자신의 가치를 전혀 보여주지 않았어.

You have a good chance of getting this scholarship. You need to **sell yourself** in the application. Be confident and impress the scholarship committee with your intelligence.
넌 이 장학금을 받을 가능성이 커. (장학금) 신청서에 너의 장점을 알려야 해. 자신감을 갖고, 너의 지성으로 장학회 사람들에게 깊은 인상을 주도록 하렴.

𝒞ulture POINT

피클볼(Pickleball)은 배드민턴, 탁구, 테니스를 결합한 스포츠입니다. 1960년대 미국에서 발달한 스포츠인데, 요즘 미국에서 굉장히 인기가 높아져서, 현재 미국에서 가장 빠르게 성장하는 스포츠 중 하나가 되었습니다. 피클볼을 하려면 패들(paddle)과 피클볼 공이 필요한데, 공에는 구멍이 여러 개 나 있습니다. 피클볼은 단식이나 복식으로 경기할 수 있으며, 나이와 신체 단련 정도에 관계없이 누구나 쉽게 즐길 수 있습니다. 이렇게 쉬우면서도 사람들과 재미있게 어울릴 수 있는 스포츠라서, 요즘 많은 미국인이 치기 시작하고 있습니다. 바로 그런 이유 때문에 대화 속 모니카가 회사 직원들이 서로 친선을 도모하면서 운동도 할 수 있는 스포츠로 피클볼을 선택한 것입니다.

LESSON 21
기후 변화

Brandon: Stacey, did you see the news this morning? The firefighters finally managed to **put out the fire**, but it took several days! I'm so worried about it because there will be more frequent wildfires because of climate change.

Stacey: I know. Every day there is a new story in the news about some sort of natural disaster that climate change **has brought about**.

Brandon: Yeah, the rivers **are drying up**! Big storms **are washing away the coastlines**. Outrageous heat waves **are setting** the forests **on fire**. And the glaciers **aren't freezing over** anymore; they're melting!

Stacey: I know, Brandon. It's bad.

Brandon: And people **are** just **brushing it all off**, like it's not important or anything! As a society, as a global society, we need to do a 180 on how we live. We really need to reevaluate our values, don't you think?

Stacey: I agree with you.

Brandon: We even have animal species all over the world that **are dying out** because of how humans are living on the planet.

Stacey: It's all true, but Brandon, help me get to the bottom of this because you seem really stressed out. Can I ask: what are you reading? and **who are you hanging out with** these days?

Brandon: Well, I read a lot of online news. I mean, I always try to find credible sources. I know there's a lot of unreliable stuff out there. And to be honest, I **haven't been hanging out with too many people** lately. You know, because of the pandemic and everything.

Stacey: I understand. Listen, I agree with everything you've said. The situation is not good, but freaking out about it won't help anyone, and it surely won't help the planet. I'd like to suggest that you join a group that I work with. We work here in our community to do things to reduce the impact of climate change. It makes a huge difference. You won't feel so helpless.

Brandon: What kinds of things do you do?

Stacey: Right now, I'm working with several schools to set up pollinator gardens. We teach the kids about plants that birds and bees need, and then we design and plant a garden. The kids take care of it, and it means that this generation of young people understand how important the connections are between plants, people, and animals. I know it probably doesn't **come across as much of anything**, but I'm telling you: every little thing we can do can be helpful.

252

브랜든: 스테이시, 오늘 아침 뉴스 봤니? 소방관들이 드디어 겨우 불은 껐지만, 며칠이나 걸렸어! 난 너무 걱정돼, 왜냐하면 기후 변화 때문에 산불이 더 자주 일어날 거라서.

스테이시: 맞아. 매일 뉴스에 기후 변화가 초래한 어떤 종류의 자연재해에 관한 새로운 이야기가 있으니까.

브랜든: 그래, 강들은 말라가고 있고! 엄청난 폭풍이 해안선이 유실되게 하고. 엄청난 열기가 숲에 불을 지르고. 빙하도 더 이상 얼음으로 덮여 있지 않아. 오히려 녹고 있어!

스테이시: 그러게 말이야, 브랜든. 심각하지.

브랜든: 그런데 사람들은 이 모든 걸 그냥 무시해 버려. 중요하지 않거나 아무 일도 아닌 것처럼 말이야! 사회에서, 그러니까 초국가적 사회에서, 우리는 우리가 살아가는 방식을 180도 바꿔야 해. 정말 우리의 가치를 재평가해야 한다고, 안 그래?

스테이시: 네 말에 동의해.

브랜든: 인간들이 지구에서 살아가는 방식 때문에, 전 세계적으로 멸종하는 동물 종들도 있잖아.

스테이시: 모두 맞는 말이지만, 브랜든, 내가 이 문제의 원인을 찾을 수 있게 도와줘. 네가 정말 스트레스받은 것 같거든. 네가 뭘 읽는지, 요즘 누구와 어울리는지 물어봐도 될까?

브랜든: 음, 난 인터넷 뉴스를 많이 읽어. 그러니까, 언제나 믿을 만한 소스를 찾으려고 해. 인터넷에 믿지 못할 것들이 많다는 걸 나도 아니까. 그리고 솔직히 말해서, 요즘엔 너무 많은 사람과 어울리고 있지는 않아. 팬데믹과 그 모든 것들 때문에 말야.

스테이시: 알겠어. 잘 들어. 난 네가 말한 모든 것에 다 동의해. 상황이 좋지는 않지만, 그것에 너무 공포감을 갖는 건 아무도 도울 수 없고, 확실히 지구에도 도움이 안 될 거야. 내가 일하는 그룹에 너도 합류하면 어떨까 제안하고 싶어. 우린 이 공동체 내에서 기후 변화의 영향을 줄이기 위한 일들을 해. 그건 엄청난 변화를 가져다주고 있고. (합류하게 되면) 그렇게 무력하게만 느껴지지는 않을 거야.

브랜든: 넌 어떤 종류의 일을 하는데?

스테이시: 지금은, 꽃가루 공급원이 되는 정원을 만들기 위해 여러 학교와 함께 일하고 있어. 우린 아이들에게 새들과 벌들에게 필요한 식물들에 관해 가르쳐. 그런 다음 우리가 정원을 계획하고 식물을 심지. 아이들이 정원을 가꾸는데, 그건 이 어린아이 세대가 식물, 사람, 동물 사이의 연결된 관계가 얼마나 중요한지를 이해한다는 거야. 아마도 이게 아주 대단한 무언가처럼 보이지는 않을지도 모른다는 걸 나도 알지만, 진짜야. 우리가 할 수 있는 모든 작은 것들이 도움이 될 수 있어.

Put out

: To extinguish

(불 등을) 끄다

You can **put out a fire** without an extinguisher. Cover it with a blanket.

> 소화기 없이도 불을 끌 수가 있어. 담요로 불을 덮어.

We didn't have an extinguisher, so we tried to **put the fire out** by pouring water.

> 우리는 소화기가 없어서 물을 부어 그 불을 끄려고 했다.

My dad told me we can **put out a fire** in a fireplace using baking soda.

> 우리 아빠는 나한테 우리가 베이킹소다를 이용해서 벽난로의 불을 끌 수가 있다고 말씀하셨어.

Bring about ~ / Bring ~ about

: To cause something to happen

~를 초래하다/유발하다

Making one mistake could **bring about the failure of this whole project**.

> 실수 하나로 이 프로젝트 전체를 망칠 수도 있습니다.

What **brought about climate change**?

> 기후 변화를 초래한 것이 무엇입니까?

Science and technology **have brought about immense change** in many ways.

> 과학과 기술은 많은 면에서 엄청난 변화를 초래했다.

Dry up

: To become extremely dry
바싹 마르다

We haven't had rain in weeks. The plants **are** all **drying up**.

> 몇 주 동안 비가 안 왔어. 식물들이 모두 바싹 말라가고 있어.

This week, we had heavy storms with a lot of rain. It will take a few days of good weather for things to **dry up**.

> 이번 주에 많은 비를 동반한 심한 폭풍우가 있었어. 모든 것들이 다 마르려면 좋은 날씨가 며칠 동안 지속되어야 할 거야.

I was going to use this paint, but I see that it's old and **has dried up**.

> 난 이 페인트를 사용하려고 했는데, 보니까 오래돼서 바싹 말라 버렸네.

Because of climate change, many lakes **have been** slowly **drying up**.

> 기후 변화 때문에 많은 호수가 천천히 말라가고 있어.

Wash away

: To carry something away, or to erode something away, by the movement of water
(물의 흐름으로) 휩쓸어 가다

After the powerful hurricane, the bridge to the island **washed away**.

> 강력한 허리케인이 지나가고서, 섬에 연결된 다리가 휩쓸려 갔다.

Several cars **were washed away** in the flood.

> 홍수 때 자동차 몇 대가 휩쓸려 갔다.

On the barrier island, the shoreline changes all the time as the changing tides **wash away different parts of the beach**.

> 보초도에서는, 변화하는 조류가 해변의 여기저기를 쓸어가기 때문에 해안선이 늘 바뀐다.

We went tubing on the river, and my sunglasses accidentally **washed away** when they fell off my head!

> 우리는 강에 튜브를 타러 갔는데, 내 선글라스가 실수로 내 머리에서 떨어졌을 때 떠내려갔어.

Set ~ on fire

: To cause something to burn

〜에 불을 지르다

The children **set a leaf on fire** by using a magnifying glass in the sun.

> 그 아이들은 태양 아래서 돋보기를 이용해서 나뭇잎에 불을 질렀다.

We need some fuel to **set the charcoal on fire** if we want to grill some food.

> 우리가 음식을 그릴에 구우려면 숯에 불을 붙이게 연료가 좀 필요해요.

Grease from a hot pan near the stove **set the whole kitchen on fire**.

> 스토브 옆에 있던 뜨거운 팬에서 나온 기름이 부엌 전체를 불타게 했다.

It's been very dry lately, so the city has banned all outdoor burning. It's too easy right now for a small burn pile to **set nearby trees and woods on fire**.

> 최근에 날씨가 매우 건조해서, 시에서는 야외에서 뭔가를 태우는 것을 모두 금지했습니다. 지금은 작은 불더미가 가까이 있는 나무들과 숲을 불붙게 하기 너무 쉽거든요.

Freeze over

: To become completely covered by ice

완전히 얼음으로 뒤덮이다

Every winter the lake **freezes over**, and we go ice skating on it.

> 겨울마다 그 호수는 꽁꽁 얼어 얼음으로 뒤덮이고, 우리는 그 위에 스케이트를 타러 가.

It was so cold this morning that the water in the bird bath **froze over**.

> 오늘 아침은 너무 추워서 정원에 있는 새 물통의 물이 완전히 얼음으로 뒤덮였다.

You have to be careful on this road in the winter; it has a tendency of **freezing over** and being very slippery.

> 겨울에는 이 길에서 조심해야 합니다. 얼음으로 뒤덮여서 매우 미끄러워지는 경향이 있거든요.

In the Arctic, parts of the sea **freeze over** and ships have to cut through the ice in order to navigate through the water.

> 북극에서는 바다의 부분 부분이 얼음으로 뒤덮여서, 배들이 물을 따라 항해를 하기 위해서는, 얼음 사이로 길을 내야 합니다.

Brush off ~ /
Brush ~ off

: To dismiss something or someone usually in an abrupt way

(보통 갑작스럽게) 무언가나 누군가를 완전히 무시하다

She made a very reasonable suggestion, but her husband rudely **brushed her off**.

그녀는 아주 합리적인 제안을 했지만, 그녀의 남편은 무례하게도 그녀를 완전히 무시했다.

Todd eventually left his job because of the bad work environment. He didn't make much money, and he felt that his boss **was** always **brushing him off** and ignoring him.

안 좋은 근무 환경 때문에 토드는 결국 자기 직장을 떠났다. 그는 돈을 많이 벌지 못했고, 상사가 언제나 자신을 전혀 인정하지 않고 무시했다고 느꼈다.

Hey, this is serious; we have to talk. Don't **brush me off**!

야, 이건 심각한 문제야. 우리가 이야기해야 하는 문제라고. 내 말 무시하지 마!

Most people are so overwhelmed by political and social issues that they **brush off important topics** like social justice. They feel like they can't do anything to help.

대부분의 사람들이 정치적 사회적 이슈로 너무 압도돼서 사회 정의 같은 중요한 문제는 무시해 버리죠. 사람들은 그런 문제를 해결하기 위해 자신들이 할 수 있는 것이 아무것도 없다고 느껴요.

Die out

: To gradually disappear (often used with plant and animal species)

멸종하다

Linguists are studying languages spoken in the Amazon rainforest. They don't want these unique languages to **die out**.

언어학자들이 아마존 열대 우림 지역에서 사용되는 언어들에 관해 연구하고 있습니다. 학자들은 이 독특한 언어들이 없어지지 않기를 바라죠.

There used to be 30 species of butterflies in this region, but now there are only 20. Ten species **have** unfortunately **died out**.

예전에는 이 지역에 30종의 나비들이 있었지만, 이제는 20종밖에 없습니다. 안타깝게도, 10종은 멸종했습니다.

Scientists thought that this species of bear **had died out**, but recently several have been spotted in the woods.

과학자들은 이 종의 곰이 멸종했다고 생각했지만, 최근 들어 숲에서 몇 마리가 발견되었다.

Ellen does research on the seeds of ancient plants that **have died out**. She hopes to be able to possibly get the seeds to grow in a lab.

엘렌은 멸종된 고대 식물의 씨앗에 관한 연구를 합니다. 그녀는 그 씨앗들이 연구실에서 자라는 것이 가능해질 수 있기를 희망합니다.

Hang out with someone

: To spend a lot of time with someone

누군가와 시간을 함께 보내다

Every Friday night, I **hang out with my sister and her husband**.

매주 금요일 밤, 난 우리 언니랑 형부와 함께 시간을 보내.

My mom doesn't want me to **hang out with those kids**. She thinks they are a bad influence on me.

우리 엄마는 내가 그 아이들과 어울리지 않기를 바라셔. 엄마는 그 아이들이 나한테 나쁜 영향을 미친다고 생각하시거든.

Sam is a big talker. I don't mind **hanging out with him** sometimes, but I don't want to do it often.

샘은 허풍쟁이야. 샘과 가끔씩 어울리는 건 싫지 않지만, 자주 그러고 싶진 않아.

I haven't seen my friends from college in years. We **hung out** every day **with each other** when we were in school.

난 대학 때 친구들을 몇 년 동안 보지 못했어. 학교 다닐 때는 매일 함께 시간을 보냈었는데.

Come across as ~

: To appear in a certain way, or for something to give a specific impression

(어떤 특정한) 인상을 주다

I don't want to **come across as uncaring**, but you can't live in my spare bedroom forever. At some point, you need to get a job and move out.

무정한 사람처럼 보이고 싶지는 않지만, 네가 우리 집의 남는 방에서 언제까지 살 수는 없어. 어느 시점에서는 직업을 구해서 이사를 나가야 한다고.

When you first meet Lisa, she can **come across as very critical**, but once you get to know her, you'll realize that she is very kind.

리사를 처음 만나면, 그녀가 아주 비판적인 사람처럼 보일 수 있지만, 일단 그녀를 알게 되면, 넌 그녀가 매우 친절한 사람이란 걸 알게 될 거야.

Jack: Sheila, how do you like the wording of this email?

Sheila: This first part **comes across as professional**, but the second part sounds a bit rude. I think we should change the language in the second part.

잭: 실라, 이 이메일의 어법이 어떤 것 같니?
실라: 첫 부분은 전문가다워 보이지만, 두 번째 부분은 좀 무례하게 들려. 우리가 두 번째 부분의 말씨를 바꿔야 한다고 생각해.

We saw this great musician last night. Before he got on the stage, he was sitting at the bar and he **came across as really shy**, but when he got on stage, he had amazing energy!

우린 어젯밤에 이 멋진 뮤지션을 봤어. 무대에 오르기 전에는, 그는 바에 앉아 있었고, 아주 수줍음이 많아 보였지만, 무대에 오르자 그는 놀라운 에너지를 가지고 있었지.

✐ocabulary POINT 1

Make a difference 표현은 '(취하는 조치가) 결과에 적지 않은 영향을 미치다'(to have a significant impact on the results)라는 말입니다. 구어체 회화에서 굉장히 자주 쓰이는 표현이니까 예문을 보면서 자신의 말로 만들어 보세요.

Stacey tells Brandon that the work she does with her community organization **makes a difference** in fighting climate change.
스테이시는 브랜든에게 그녀가 공동체 조직과 함께하는 일이 기후 변화에 맞서는 데 큰 영향을 미치고 있다고 말합니다.

My grandparents saved a little money every month for their whole lives. In the end, they had quite a lot of savings. Over time their money grew, so those small, monthly contributions **made a big difference**.
우리 조부모님은 평생 매달 조금씩 돈을 저축했다. 결국, 그분들은 꽤 많은 돈을 저축했다. 시간이 지나면서 돈이 더 모였고, 그래서 그 작지만 다달이 모든 돈이 큰 도움이 됐다.

When I finish medical school, I want to work in a rural area that doesn't have many doctors. I feel like I can **make a real difference** in people's lives this way.
의대를 졸업하면, 나는 의사들이 많이 없는 시골 지역에서 일하고 싶어. 이런 식으로 내가 사람들의 삶에 큰 변화를 일으킬 수 있을 거라고 생각하거든.

I could have dropped out of high school, but my 10th grade history teacher believed in me and encouraged me. Her help **made a difference** in my life. I went on to university, studied hard, and now I'm a successful computer scientist.
난 고등학교를 중퇴할 수도 있었지만, 10학년 때 역사 선생님이 내가 할 수 있다고 날 믿어 주시고 격려해 주셨어. 그분의 도움은 내 삶에 커다란 변화를 일으켰지. 나는 대학으로 진학했고, 열심히 공부해서 지금은 성공한 컴퓨터 공학자야.

Vocabulary POINT 2

이 과에서 구동사 freeze over를 공부하고 있는데, freeze가 들어간 다른 표현도 함께 익히고 넘어갈까요?

Put a freeze on something: To create a temporary stop to something
무언가를 일시적으로 중단하다

우리는 put a freeze on hiring new employees(일시적으로 신규 채용을 중단하다)처럼 이 표현을 사업체나 직장 관련 문맥에서 많이 들을 수 있습니다. 이런 문맥에서 "hiring freeze"(고용 동결)도 자주 쓰이는 표현이니 함께 익히세요.

We'd like to hire some new office staff, but the company **has put a hiring freeze on all of the departments**. When the **hiring freeze** is over, we'll advertise positions.
우리는 사무실 직원을 새로 뽑고 싶지만, 회사가 모든 부서의 고용을 동결했다. 이 고용 동결이 끝나면, 우리는 채용 광고를 낼 것이다.

The government hasn't given its workers a raise in two years. Apparently, they **have put a freeze on salary increases** for the foreseeable future.
정부는 2년 동안 공무원들의 급여를 인상하지 않았다. 보아하니, 당분간 임금 인상을 동결한 것 같다.

When hell freezes over: The impossibility of a situation
어떤 상황이 완전히 불가능하다

Freeze over가 들어간 재미있는 이디엄 표현입니다. 지옥(hell)은 전통적으로 뜨거운 불구덩이로 묘사되기에 지옥이 얼음으로 뒤덮인다는 것은 아주 불가능한 일일 거예요.

A: My grandfather is super liberal.
B: Do you think he'll ever vote for a conservative president?
A: **When hell freezes over**!
A: 우리 할아버지는 완전 진보주의자셔.
B: 네 생각에 너희 할아버지가 언젠가는 보수 대통령 후보를 뽑아 주실 것 같아?
A: 해가 서쪽에서 뜬다면! (절대로 그런 일은 없을 거야!)

Vocabulary POINT 3

스테이시는 브랜든에게 "help me get to the bottom of this"라고 말합니다. 이는 브랜든이 가진 스트레스의 원인이 무엇인지 알아내려고 하는 말입니다. 이렇게 미국인들은 무언가의 원인을 알아내려고 할 때, get to the bottom of something을 자주 사용합니다.

There have been many robberies in town this past month. Police are working hard to **get to the bottom of this situation**.
지난달에 이 도시에서 많은 강도 사건이 있었다. 경찰은 이 상황의 원인이 무엇인지 알아내려고 열심히 일하고 있다.

Customer: I've had three different mechanics look at my car, and it's still leaking oil. No one can figure out where the leak is coming from.
Car mechanic: If you can leave the car here for a day, I can examine everything thoroughly so that we can **get to the bottom of this** and find the leak.
고객: 제가 정비사 세 분께 제 차를 보였지만, 여전히 기름이 새고 있어요. 아무도 어디에서 기름이 새어 나오는지를 못 알아냈어요.
자동차 정비공: 이곳에 차를 하루 동안 두고 가시면, 제가 모든 것을 철저하게 검사해서 이 문제의 원인을 알아내고 새는 곳을 찾겠습니다.

Bruce has had a terrible fear of flying all his life, but he would like to travel the world. He's working with a therapist to **get to the bottom of this fear**, so that he can feel okay about flying.
브루스는 평생 비행기 타는 것에 끔찍한 공포가 있었지만, 세계를 여행하고 싶어 해. 자신에게 있는 이 공포의 원인을 알아내려고, 그래서 비행하는 것이 괜찮게 느껴질 수 있도록 하려고 치료사를 만나고 있어.

Vocabulary POINT 4

브랜든은 "···we need to do a 180 on how we live."라고 말합니다. Do a 180는 '(무언가를) 갑작스럽게 완전히 반대로 바꾸다'(to make a sudden change from a decision or opinion to the complete opposite of that original decision or opinion)라는 뜻의 이디엄입니다. 우리말에도 '180도 바꾸다' 또는 '180도 다르다' 등의 표현이 있으니 쉽게 외우실 수 있을 거예요.

The senator was a Republican last year, but this year he has joined the Green party. He **has done a** complete **180**.
그 상원의원은 작년에는 공화당원이었지만, 올해는 녹색당에 합류했다. 그 사람이 갑자기 완전히 바뀐 거지.

We were on the way to the beach, but then we saw dark clouds and lightning. We **did a 180** and went home.
우리는 해변으로 가는 길이었지만, 그러다 검은 구름과 번개를 봤거든. 그래서 유턴해서 집으로 갔어.

Peter was a real party animal for most of his life, but when he turned 45, he **did a 180** and became devoutly religious.
피터는 인생 대부분을 엄청나게 파티를 하면서 보냈지만, 45세가 됐을 때, 180도 달라졌고, 독실하게 신앙심 있는 사람이 되었다.

Hank: Martha, what kind of music are you listening to these days? I know you love heavy metal.
Martha: Well, actually, I've been listening to a lot of Mozart and Chopin. I love classical music now.
Hank: Wow! **You've done a 180** in terms of your musical tastes!
행크: 마르타, 넌 요즘 어떤 종류의 음악을 들어? 네가 헤비메탈을 아주 좋아하는 건 알지만 말이야.
마르타: 그게, 실은 내가 모차르트와 쇼팽을 많이 듣고 있어. 지금은 클래식 음악이 너무 좋아.
행크: 우와! 음악적 취향에 있어선 완전히 180도 달라졌구나!

LESSON 22
자연재해가 일어났을 때 서로 돕기

Catherine: Ned, have you seen the news reports on the hurricane in Florida?

Ned: Yes, in fact I was just in Florida near the affected area. I **was taken aback by the damage**. It's one thing to see it on TV and quite another to **see it in person**.

Catherine: We're not too far away from where the storm hit, but we dodged a bullet. Our weather was fine here.

Ned: I'd like to set up a Go Fund Me account to raise some money and supplies for storm victims who need help.

Catherine: That's a great idea, Ned. I can help you **drum up support** for that. People want to help. I know some people who would drive down there to deliver supplies at the drop of a hat.

Ned: Once I have the account, how do you think we should **get the word out** to people about the fundraiser?

Catherine: Social media would be the easiest way.

Ned: On the online account, we can collect donations, but we'll need a place to collect supplies.

Catherine: Well, maybe collecting supplies and money **is going overboard**. Maybe just **gathering up monetary donations** will be enough. We could give the money to a local organization.

Ned: If we collect enough money, maybe we could **split it up** between two organizations.

Catherine: You're dreaming big, Ned!

Ned: Honestly, I've never seen such devastation. **It's got** me **fired up** to do something.

Catherine: You know what, Ned? You've inspired me to do more. Let's brainstorm about other ways to help. I know we can **dream up some ways** to collect a lot of money, and maybe even supplies.

Ned: Now you're talking!

캐서린: 네드, 플로리다주 허리케인에 관한 뉴스 봤니?

네드: 응, 사실 내가 플로리다주의 허리케인 영향 지역 근처에 있었어. 피해 상황을 보고 얼마나 놀랐는지 몰라. 그게 TV로 보는 거랑 실제로 그곳에서 보는 건 완전 다르거든.

캐서린: 폭풍이 강타한 곳에서 여기가 그리 멀지 않은 곳인데, 간신히 (허리케인을) 피했지. 여기 날씨는 괜찮았거든.

네드: 도움이 필요한 폭풍 피해자들에게 보낼 돈과 보급품 마련을 위해 고 펀드 미(Go Fund Me) 계좌를 만들고 싶어.

캐서린: 그거 멋진 생각이다, 네드. 네가 사람들의 지지를 얻을 수 있게 내가 도울게. 사람들은 돕고 싶어 하거든. 난 즉각적으로 보급품을 전달하려고 거기까지 운전해서 내려가기도 할 사람도 몇 명 알아.

네드: 일단 내가 계좌를 만들고 나서 사람들에게 그 모금행사에 관해 어떻게 알리는 게 좋을 것 같니?

캐서린: 소셜 미디어가 가장 쉬운 방법이겠지.

네드: 온라인 계좌로는 기부금을 모을 수가 있지만, 보급 물품을 모을 장소도 필요할 거야.

캐서린: 글쎄, 보급 물품에 돈까지 모금하는 건 지나친 것 같기도 해. 금전적인 기부만 모으는 것도 충분할 것 같아. 그 돈을 해당 지역 단체에 줄 수도 있을 테니까.

네드: 돈을 충분히 모금하게 되면, 그 돈을 두 단체에 나눠 줄 수도 있을 거야.

캐서린: 꿈이 너무 큰 거 아니니, 네드!

네드: 솔직히, 난 그 정도로 폐허가 된 걸 한 번도 본 적이 없거든. 그렇게 보고 나니까 무언가를 해야겠다는 열의가 막 생겨났어.

캐서린: 있잖아, 네드. 너야말로 내가 뭔가를 더 하도록 막 영감을 준다니까. 우리 도울 수 있는 다른 방법들도 함께 생각해 보자. 돈을 많이 모금할 수 있는 몇 가지 방법을 우리가 생각해 낼 수 있을 거야. 아마도 보급품까지도 말이야.

네드: 바로 그거지!

Be taken aback (by ~)

: To be surprised or shocked by something or someone

(~ 때문에) 깜짝 놀라다

When Leslie stood up in the meeting and accused our boss of being unfair, I **was taken aback**. I had no idea she felt that way.

회의 중에 레슬리가 일어나서 우리 상사가 불공정하다고 비난했을 때, 난 깜짝 놀랐어. 난 그녀가 그렇게 느끼는지 전혀 몰랐거든.

The social worker **was taken aback by the condition of the home**. It looked like the place had not been cleaned in months.

그 사회복지사는 그 집의 상태를 보고 많이 놀랐습니다. 마치 몇 달 동안 청소하지 않은 것처럼 보였거든요.

Frank said that the car needed some minor repairs, so I **was taken aback by the $1,200 repair bill**.

프랭크가 별거 아닌 자동차 수리를 해야 한다고 했기에, 1,200달러 수리 비용 계산서를 보고 나는 깜짝 놀랐다.

* 이 구동사에서 be 동사를 다음과 같이 비슷한 다른 동사로 대체해도 됩니다.

I told him that I wanted to quit my job, and he **seemed taken aback by this**.

나는 그에게 직장을 그만두고 싶다고 말했는데, 그는 그 말에 놀란 것 같아 보였어.

MP3 044

See ~ in person

: To see something or someone because you are physically present

~를 실제로 보다

I've seen a Beyonce concert on TV and **in person**. Trust me, **seeing her in person** is amazing!

난 비욘세 콘서트를 TV로도 봤고 실제로도 봤거든. 내 말 믿어. 그녀를 실제로 보면 굉장해!

There was a bear in my garage this morning! If I **had not seen it in person**, I would not have believed it.

오늘 아침 우리 집 차고에 곰이 한 마리 있었어! 내가 그 곰을 실제로 보지 않았다면, 난 믿지 않았을 거야.

After the pandemic restrictions were lifted, it was so good to **see friends in person** again.

팬데믹으로 인한 규제들이 풀린 후에, 친구들을 실제로 다시 볼 수 있어서 정말 좋았어.

As a teacher, I can teach online or in person. I much prefer **seeing my students in person**.

교사로서 난 온라인이나 대면 수업을 할 수 있거든. 난 내 학생들을 실제로 보는 게 훨씬 더 좋아.

Drum up ~ / Drum ~ up

: To gain support usually by strongly persuading others

사람들의 지지나 성원을 얻어내기 위해 ~를 선전하고 알리다

The mayor was running for re-election, so her supporters went door to door trying to **drum support up for her**.

시장은 재선거에 출마하기 때문에 지지자들은 집집마다 돌아다니면서 시장에 대한 지지를 얻기 위해 애썼다.

The new café offered a free cup of coffee as a way of **drumming up future business**.

새로 생긴 카페는 앞으로의 사업에 사람들의 성원을 얻으려는 방법으로 무료 커피를 한 잔씩 제공했다.

Advertising your service on social media can help you **drum up business**.

소셜 미디어에 귀사의 서비스를 광고하는 것이 귀사의 사업을 알리는 데 도움이 될 수 있습니다.

He cycled across the country to **drum up support for breast cancer research**.

그는 유방암 연구에 관한 지지를 얻어내기 위해 자전거를 타고 국토를 횡단했다.

Get the word out (about ~)

: To let people know about something

(~에 관한) 말을 퍼뜨리다

We need to **get the word out about the school concert**.

> 우리는 학교 콘서트에 관해서 사람들에게 널리 알려야 해.

Louis and I put up flyers all over town to help **get the word out about the community food drive**.

> 루이스와 나는 공동체 푸드 드라이브(음식 기부 운동)를 널리 알리기 위해 도시 모든 곳에 전단을 붙였다.

I would have come to the event, but I didn't know about it. Your organization needs to do a better job of **getting the word out**.

> 나도 이벤트에 왔을 테지만, 이벤트가 있는지 난 몰랐거든. 너희 단체가 소식을 전하는 일을 좀 더 잘해야겠다.

The company launched a massive advertising campaign to **get the word out about their product**.

> 그 회사는 자사 제품을 널리 알리기 위해서 대대적인 광고 캠페인을 펼쳤습니다.

Go overboard

: To do something excessive/
To do too much of something
무언가를 적당히 하지 않고 지나치게
하다

We only need three photos for the homepage of the website. Don't **go overboard** with too many photos.

> 우리 웹사이트의 홈페이지에 쓸 사진은 세 장만 있으면 돼. 사진을 지나치게 많이 올리지는 마.

I like a minimalist style. Compared to me, my sister **goes overboard** with hair, makeup, and clothing.

> 나는 미니멀리스트 스타일이 좋거든. 나에 비하면 우리 언니는 머리, 메이크업, 옷 모두 지나치게 꾸미는 편이지.

Ricky has some anger management issues. When he's not happy about something, he can **go overboard** with his comments.

> 리키는 분노 조절 문제가 좀 있어. 무언가 마음에 들지 않을 때면, 지나치게 비판을 해대거든.

Our friends really **went overboard** when we visited. They had extra nice sheets in the bedroom for us, and they took us out to dinner twice.

> 우리 친구들이 우리가 방문했을 때 정말 지나치게 잘해 줬어. 우리를 위해 엄청 좋은 침대 시트를 준비했고, 두 번이나 나가서 저녁을 사 줬어.

Gather up ~ /
Gather ~ up

: To gather or collect something
~를 주워 모으다

The garbage can accidentally spilled onto the sidewalk, so we **gathered up all of the trash**.

> 쓰레기통이 실수로 인도에 쏟아져서, 우리는 쓰레기를 다 주워 모았다.

The children **gathered up small sticks** to help build the campfire.

> 아이들은 캠프파이어 불 피우는 것을 돕기 위해 작은 나뭇가지들을 모았다.

I'm gathering up some of my children's baby clothes to give to my brother for his new baby.

> 남동생네 갓난아이에게 입히라고 주려고 우리 애들이 입던 아기 옷들을 몇 가지 모으고 있어.

Before we make this recipe, we need to **gather up the ingredients** and make sure we have everything.

> 이 요리를 시작하기 전에, 모든 재료를 다 모아 놓고 확실하게 다 갖추어야 합니다.

Split up ~ / Split ~ up (into ~)

: To divide something

~을 나누다/분할하다

My friend and I won a little money playing the lottery, so we **split it up** between the two of us.

> 내 친구와 나는 복권을 하다가 얼마 안 되는 돈이 당첨돼서, 둘이서 그 돈을 나눴다.

We can **split up these tasks**, and then the work will go faster.

> 우리가 이 업무들을 분담하고 나면 일이 더 빨리 진행될 겁니다.

The teacher **split the class up into two teams** to play the game.

> 선생님은 그 게임을 할 수 있게 우리 반을 두 팀으로 나눴다.

There's a lot of food left over. Let's **split it up**. Then we'll each have some to take home.

> 음식이 많이 남았어. 음식을 나누자. 그러면 우리 각자가 조금씩 집으로 가지고 갈 수 있을 거야.

Be fired up

: To be enthusiastic and energized about something

무언가에 대해 열정적으로 되다/ 고무되다

We are travelling to Kenya this summer. I can't wait to go; **I'm** really **fired up** about it!

> 우리는 올여름에 케냐로 여행 가거든. 어서 빨리 가고 싶어. 정말 너무 신나!

Adam **is fired up** about starting his new job; the salary is good, and the work is interesting.

> 아담은 새 직장에서 일을 시작하는 걸로 흥분된 상태야. 급여도 좋고, 일도 흥미롭거든.

My grandfather does woodworking as a hobby. **He's** very **fired up** about his latest project: a writing desk for my grandmother.

> 우리 할아버지께서는 취미로 목공 일을 하셔. 할아버지는 가장 최근의 프로젝트에 매우 열정적이시지. 할머니가 쓰실 글쓰기용 책상을 만드시는 거야.

Brian's children are all great athletes, and they **are fired up** about the start of baseball season.

> 브라이언의 아이들은 모두 운동을 아주 잘하는데, 야구 시즌 시작으로 흥분해 있어.

Dream up ~

: To imagine or invent
something

~를 생각해 내다/상상력으로 ~를
만들어 내다

Tom is such a great cook. Even if
we only have three ingredients in
the kitchen, he can **dream up
a fabulous meal** with them.

톰은 진짜 요리를 엄청나게 잘해. 부엌에 음식
재료가 딱 세 가지밖에 없다고 해도 그것들로
기가 막힌 식사를 만들어 낼 수 있거든.

My boss is really creative, and that's
a good thing. However, I wish she
would stop **dreaming up more
work for me to do**!

내 상사는 정말로 창의력이 넘치고, 그건 좋은
일이야. 하지만 상사가 내가 해야 하는 일을 좀
그만 만들어 내면 좋겠어!

I'm broke. I need to **dream up a
new way** to make some money.

난 빈털터리야. 돈을 좀 벌 새로운 방법을 생각해
내야 해.

The healthcare organization
is dreaming up new ways
to encourage people to stop
smoking.

그 의료 기관에서 사람들의 금연을 장려할 새로운
방법을 모색하고 있습니다.

𝒱ocabulary POINT 1

캐서린은 "We dodged a bullet."이라고 말합니다. Dodge a bullet 은 '~을 간신히 피하다'(to narrowly avoid injury, conflict, or a negative situation)라는 의미의 이디엄입니다.

I was going to invest some money but decided to save it. Then the stock market crashed. I **dodged a bullet** by saving my money.

난 돈을 좀 투자하려고 했지만, 그냥 저축하기로 했거든. 바로 그때 주식 시장이 붕괴했지. 돈을 저축하는 것으로 해서 간신히 그 상황을 피했어.

Beth was supposed to give a presentation on Thursday, and she had not prepared well. At the last minute, the presentation was rescheduled for a week later. She **dodged a bullet** there!

베스는 목요일에 발표하기로 돼 있었는데, 준비를 잘하지 못했어. 막판에 발표가 일주일 뒤로 다시 잡혔지. 그녀는 간신히 난처한 상황을 피했고!

Boss: (Showing the newspaper to an employee) I almost hired this guy to be our accountant.
Employee: The guy in this story who embezzled a million dollars?
Boss: Yes. I guess I **dodged a bullet**!

상사: (직원에게 신문을 보여 주면서) 내가 이 사람을 우리 회계사로 고용할 뻔했다네.
직원: 이 기사에서 백만 달러를 횡령한 이 사람 말씀이세요?
상사: 응. 간신히 최악의 상황은 피한 것 같네!

A: There's a recall on that truck that you liked so much. Did you buy one?
B: No, I decided to wait for a better deal.
A: Well, it looks like you **dodged a bullet** by not buying it.

A: 네가 아주 좋아했던 그 트럭 전 제품을 회수한다고 하네. 너도 한 대 샀니?
B: 아니, 더 좋은 가격이 나올 때까지 기다리기로 했었어.
A: 글쎄, 그 트럭을 안 사서 네가 나쁜 상황을 간신히 피한 것 같다.

Vocabulary POINT 2

캐서린은 "I know some people who would drive down there to deliver supplies at the drop of a hat."이라고 말합니다. "At the drop of a hat"은 '즉각적으로'(immediately)
의 뜻을 지닌 이디엄입니다. 다음의 예문을 보면서 익히고 넘어가세요.

When our water heater leaked all over our downstairs, my dad was there **at the drop of a hat** to help us fix it.
우리 급탕 장치가 아래층 전체에 샜을 때, 우리 아빠가 바로 거기로 오셔서 우리가 그걸 고치는 걸 도와주셨어.

I broke my leg last year. My best friend was ready to help **at the drop of a hat**. All I did was say what happened, and she was there.
내가 작년에 다리가 부러졌거든. 나와 가장 친한 친구가 즉시 도와줄 준비가 돼 있었고. 난 어떤 일이 일어났는지 말한 게 다였고, 그 친구가 거기 와 줬지.

Firefighters have to be ready **at the drop of a hat** in case of a fire.
불이 나면 소방관들은 즉각적으로 준비해야 합니다.

참고로, 같은 뜻을 가진 또 다른 표현으로 "at a moment's notice"(당장, 즉석에서)도 있습니다.

The baby could arrive any day; we need to be ready to go to the hospital **at a moment's notice**.
아기가 언제든 나올 수 있어요. 그러니 우리는 즉시 병원으로 갈 수 있게 준비해야 해요.

My boss just asked me to lead a meeting that starts in 10 minutes. I can't do that **at a moment's notice**!
상사가 방금 나한테 10분 후에 시작하는 회의를 이끌라고 했거든. 난 즉석에서 그걸 할 수가 없다고!

Firefighters have to be ready **at a moment's notice** in case of a fire.
불이 나면 소방관들은 즉각적으로 준비해야 합니다.

Lifeguards have to be ready **at a moment's notice** to help swimmers in crisis.
안전요원들은 위기 상황에 처한 수영객들을 돕기 위해 즉각적으로 준비해야 합니다.

Vocabulary POINT 3

대화 마지막 부분에서 캐서린이 네드의 프로젝트를 돕는 이런저런 방법을 말하자, 네드는 "Now you're talking!"이라고 말합니다. 이 표현은 상대방의 말에 아주 적극적으로 찬성하거나 인정할 때 쓰입니다. 한국어로 해석하면 "바로 그거야!" 정도가 되겠습니다.

A: I'm hungry. Let's go out to eat. How does a steak dinner sound to you?
B: Steak dinner? **Now you're talking**!

A: 나 배고파. 우리 밖에 나가서 뭐 먹자. 넌 스테이크 요리 어때?
B: 스테이크 요리? 바로 그거지!

Mom: Where should we go for vacation this year? We could visit Grandma and Grandpa, or maybe go to the beach.
Kids: Disney World!
Dad: Yeah, **now you're talking**!

엄마: 올해는 휴가를 어디로 가야 할까? 할머니 할아버지를 뵈러 갈 수도 있고, 아니면 해변가로 갈 수도 있고.
아이들: 디즈니 월드요!
아빠: 그래, 바로 그거지!

A: I love playing poker with you guys! Okay, so I'm putting $10 down.
B: Well, I'm putting $50 down.
A: Oh, **now you're talking**, Allen! Now it's a real poker game!

A: 난 너희들과 포커하는 게 정말 좋아! 오케이, 난 10달러 건다.
B: 그럼, 난 50달러 걸게.
A: 오, 바로 그거지, 앨런! 이제 진짜 포커 게임이네!

크라우드 펀딩(Crowdfunding)은 온라인으로 하는 모금으로, 어떤 특정한 목적을 위해 많은 사람이 조금씩 기부하는 형태입니다. 미국인들은 주로 의료비나 재난 구조 기금, 또는 예술 프로젝트 등을 위한 기금 마련을 위해 크라우드 펀딩을 이용합니다. 대화에서 네드는 허리케인 피해자들을 위한 기금 마련을 하려고 합니다. 이런 자연재해의 경우, 많은 미국인이 홍수나 태풍, 화재 등에 의한 손실을 보상해 주는 보험에 들지 않은 상태입니다. 의료보험에 가입하지 않은 미국인이 많은 것과 비슷한 상황인 것 같습니다. 게다가, 설사 이런 종류의 보험을 들어서 있다고 하더라도, 보험회사 측에서 보험금을 다 지급하지 않는 경우도 많습니다. 그래서 이런 자연재해로 인해 미국인들이 파산하는 예도 실제로 있습니다. 바로 그런 연유에서 이렇게 힘든 상황이 되면 미국인들은 고 펀드 미(Go Fund Me)와 같은 크라우드 펀딩 플랫폼을 이용해서 도움이 필요한 사람들을 위해 기금을 마련합니다. 참고로, 제삼자뿐 아니라 자기 자신을 위해서도 이렇게 GoFundMe를 이용할 수 있다고 합니다.

LESSON 23
군대

Steve: So, Philip, how long have you been in the Army?

Philip: Eighteen years this May. What about you?

Steve: Eighteen years in July. Were you recruited into the Army?

Philip: No, I **enlisted in the military** on my own right out of high school. I've got a lot of family members who were in the military. A lot of them signed up, but some were drafted into the service, you know, during World War II and Vietnam. Were you recruited?

Steve: Yes, I was. The recruiting officers came to my school, and it seemed like a good idea. I was about to graduate from high school; I was sick of school and didn't want to go to college, but I knew I could use some structure. My mom made me **sleep on it** for a night, but I knew that I wanted to join.

Philip: And then the next thing you knew, you **were shipped off to basic training**!

Steve: (Laughing) Yes, I was! I **was thrown together with a bunch of other dumb 18-year-olds**. They knocked me into shape fast, too! I was up at 5 am every day to **boot up** and go for a run.

Philip: I thought that basic training was bad, but jump school was tougher.

Steve: You did jump school?

Philip: There I was standing in the door of a plane with a sergeant telling me I was gonna jump, or he'd make me jump!

Steve: Of course, you had to jump. Jump school sergeants **aren't known for their sweetness and compassion**!

Philip: I said, "Thank you, sir!" and I jumped! I still have a fear of heights, but I can jump out of planes now. I can thank the Army for **toughening me up**.

Steve: Me, too. I have to say, I was able to **make the most of what the military had to offer**: structure, great job training, a career, benefits. I can retire soon, and I'm not even 50 yet.

Philip: Yes, I've considered **sticking around** for a few more years and retiring later. **I'm so acclimated to military life** now, but a change of career might be good, too.

276

스티브: 그래, 필립, 자네는 군대에 얼마나 있었나?

필립: 올해 5월이면 18년 됐지. 자네는?

스티브: 난 7월이면 18년이야. 자네는 군대에 뽑혀서 간 거야?

필립: 아니, 고등학교 졸업하자마자 그냥 나 혼자 알아서 군에 입대했지. 나는 군대에 있는 가족들이 많거든. 그들 중 많은 수가 지원했지만, 몇몇은 징병 됐어. 자네도 알다시피, 2차 세계대전과 베트남 전쟁 중에 말이야. 자네는 모집된 건가?

스티브: 응, 난 그랬어. 신병 모집 담당 장교들이 우리 학교에 왔는데, 군에 가는 게 좋은 계획 같더라고. 난 고등학교 졸업을 앞두고 있었고, 학교 다니는 게 신물이 나서 대학에 가고 싶지는 않았지만, 뭔가 체계적인 게 필요하다고는 생각했지. 우리 엄마가 하룻밤 자면서 이 결정에 대해 생각해 보게 하셨고, 난 내가 입대를 원하는구나 하고 깨닫게 됐지.

필립: 그런 후에, 자네가 아는 그 다음이 벌어진 거네. 기초 훈련받는 곳으로 보내졌다는 것이고!

스티브: (웃으면서) 맞아, 그랬어! 난 다른 어벙한 열여덟 살짜리 그룹과 같은 상황에 처하게 됐지. 그들은 나를 빨리 교육하기도 했어! 나는 군화를 신고 달리기 위해 매일 아침 다섯 시에 일어났어.

필립: 나는 기초 훈련이 힘들 거라고 생각했지만, 점프 스쿨이 더 힘들었어.

스티브: 자네가 점프 스쿨을 했다고?

필립: 내가 비행기 문에 서 있고, 병장이 나한테 뛰어내려야 한다고 말했어. 아니면 자기가 날 뛰어내리게 할 거라고 말이야!

스티브: 물론, 자네가 점프해야 했겠지. 점프 스쿨 훈련 담당 부사관들은 친절하거나 이해심 있는 걸로 알려져 있지는 않으니까!

필립: 난, "감사합니다, 부사관님!"이라고 말하고 뛰어내렸어! 난 여전히 고소공포증이 있지만, 지금은 비행기에서 뛰어내릴 수는 있어. 난 군대가 나를 더 강하게 단련시켜 준 것에 감사해.

스티브: 나도. 나도 군대에서 제공하는 것들을 내가 최대한 활용할 수 있었다고 말할 수 있어. 규칙적인 생활, 훌륭한 직업 훈련, 직업, 혜택. 난 곧 퇴직할 수 있는데, 아직 50도 안 됐거든.

필립: 그래, 나는 몇 년 정도 더 있다가 나중에 퇴직할까 생각해 봤어. 난 지금 군 생활에 아주 익숙해져 있지만, 직장을 바꾸는 것도 괜찮을 거야.

Enlist in ~

: To officially join the military

～에 입대하다/가입하다

When he turned 18, he decided to **enlist in the army** to serve his country.

18살이 됐을 때, 그는 나라를 지키기 위해 육군에 입대하기로 했다.

My cousin plans to **enlist in the Navy** after he graduates from college.

내 사촌은 대학 졸업 후에 해군에 입대할 계획이야.

She had always dreamed of becoming a police officer, so she decided to **enlist in the police academy**.

그녀는 항상 경찰관이 되기를 꿈꿨고, 그래서 경찰학교에 들어가기로 했다.

Many young people **enlist in the Peace Corps** every year to help people in need around the world.

매년 많은 젊은 사람들이 전 세계의 도움이 필요한 사람들을 돕기 위해 평화 봉사단(The Peace Corps)에 들어간다.

Sleep on ~

: To wait a night (or short period) before making a decision

～에 대한 결정을 하기 전에 하룻밤 자며 생각해 보다

I'm not sure if I want to accept the job offer, so I'm going to **sleep on it** and decide in the morning.

난 내가 그 일자리 제의를 받아들이고 싶은지 잘 몰라서, 하룻밤 자면서 생각해 보고 아침에 결정할 거야.

Before making a big purchase, it's always a good idea to **sleep on it** to ensure you're making the right decision.

값비싼 무언가를 구매하기 전에는 언제나 하룻밤 자면서 네가 옳은 결정을 하는 것인지를 확실히 하는 게 좋아.

The company received a proposal from a potential partner, but they decided to **sleep on it** and review it the next day.

그 회사는 잠재적 협력사로부터 제의를 받았지만, 그 제의에 대해 하룻밤 생각해 보고 그다음 날 검토하기로 했다.

When my friend asked me to go on a trip with her, I told her I needed to **sleep on it** and check my schedule first.

내 친구가 자기와 함께 여행 가자고 나한테 했을 때, 난 하룻밤 자면서 생각해 보고 스케줄도 확인해야 한다고 걔한테 말했어.

278

Be shipped off
to ~

: To be sent somewhere for
school or military duty
**(학교 교육이나 군대 임무 수행을
위해) ~로 보내지다**

After I joined the Army, I **was
shipped off to Fort Bragg** for
basic training.

> 육군에 입대한 후, 나는 기초 훈련을 위해
> 포트 브래그로 보내졌다.

She had worked in the Navy for
many years. She never knew where
she would **be shipped off to**
next.

> 그녀는 오랜 세월 해군에서 근무했다. 자기가
> 다음에 어디로 보내질지는 전혀 몰랐다.

* 참고로, 이 구동사의 능동태형인 ship ~ off to
~의 예문은 다음과 같습니다.

They decided their son needed
more discipline, so they **shipped
him off to an expensive
boarding school** in
Connecticut.

> 그들은 자기네 아들에게 좀 더 훈육이 필요하다고
> 판단했고, 그래서 아들을 코네티컷에 있는 비싼
> 기숙 학교로 보냈다.

Be thrown together with ~

: To find oneself in a situation with other people

다른 사람들과 함께 어떤 상황에 처하게 되다

When I moved to a new city, I **was thrown together with a group of strangers** in my new apartment building.

내가 새로운 도시로 이사 갔을 때, 나는 우리 새 아파트에서 모르는 사람들과 함께 있게 되었다.

During the team-building exercise, employees **were thrown together with colleagues from different departments** to promote collaboration.

팀워크 활동을 하는 동안, 직원들은 협동심을 고취하기 위해 다른 부서에서 온 동료들과 함께하게 되었다.

The road trip was a spontaneous decision, and we **were thrown together with strangers** we met along the way.

그 자동차 여행은 즉흥적인 결정이었고, 우리는 가는 길에 만난 낯선 사람들과 함께하게 되었다.

After the hurricane hit, people from different neighborhoods **were thrown together with each other** as they sought refuge in shelters.

허리케인이 강타하고 지나간 후에, 대피소 피난처를 찾으면서 사람들은 여러 다른 동네에서 온 이들과 함께하게 되었다.

Boot up

: To put your (military) boots on and be prepared to do something

(주로 군대에서) 군화(military boots)를 신고 무언가를 할 준비를 하다

The soldiers needed to **boot up** before going on the march.

> 군인들은 행군을 시작하기 전에 먼저 군화를 신어야 했다.

Be sure that **you're** dressed and **booted up** by 5:30 am. We have a long hike ahead of us.

> 반드시 새벽 5시 30분까지는 옷을 입고 부츠를 신고 있도록 해. 우리는 긴 하이킹을 떠나야 하니까.

The drill sergeant yelled at the new soldier because his bed was not made, and he **was** not **booted up** for the morning inspection.

> 교관이 신병에게 소리를 질렀는데, 신병의 잠자리가 정돈되어 있지 않았고, 아침 검사를 위한 군화를 신고 있지 않았기 때문이다.

* 참고로, 컴퓨터에서 boot up은 타동사(boot ~ up)로 '(컴퓨터를) 부팅하다/시동하다'(to turn on the power supply to a computer)라는 의미로 쓰입니다. (1권 Lesson 19 참조)

Be known for ~

: To be famous, or well-known, for something

~으로 알려져 있다

My grandmother **was known for her delicious apple pie recipe** that everyone in the family loved.

> 우리 할머니는 가족 모두가 좋아하는 할머니의 맛있는 사과파이 조리법으로 유명하셨어.

The city **is known for its beautiful beaches and vibrant nightlife**, attracting tourists from all over the world.

> 그 도시는 전 세계 관광객들을 끌어들이는 아름다운 해변가와 활기찬 밤의 유흥으로 잘 알려져 있습니다.

He **is known for his charitable work** and has donated millions of dollars to various organizations.

> 그는 자선 사업으로 잘 알려져 있는데, 다양한 단체에 수백만 달러를 기부했습니다.

The 10th grade math instructor is very strict. **She's** not **known for being very kind**, but the students in her class seem to learn a lot.

> 10학년 수학 강사는 매우 엄격합니다. 아주 친절한 것으로는 알려져 있지 않지만, 그분 수업에서 학생들이 많이 배우는 것 같습니다.

Toughen up

: To become stronger through experience

(어떤 경험을 통해) 강해지다

After six months of working his first part-time job, my son **toughened up** a bit.

첫 번째 아르바이트 일을 6개월 동안 한 후, 내 아들은 조금 강해졌어.

When I first started playing the guitar, my fingers were so sore. Now that I have played for a few years, my fingers **have toughened up**.

내가 처음 기타를 연주하기 시작했을 때, 손가락이 너무 아팠어. 이제 몇 년 정도 연주를 했더니, 손가락이 단련됐어.

This is a competitive workplace. I found it very stressful in the beginning, but over time **I've toughened up**, and now it's not so bad.

이곳은 경쟁이 심한 직장이거든. 처음에 난 여기가 너무 스트레스를 준다고 생각했지만, 시간이 지나면서 내가 강해졌고, 이제는 그렇게 나쁘지 않아.

* 참고로, toughen up은 타동사로 목적어와 함께 '~를 강하게 하다'라는 의미로도 쓰입니다.

Living in a dorm room in college **toughened me up**. I had no privacy and had to learn how to live with other people.

대학교 기숙사 방에서 사는 게 나를 강하게 만들었어. 내게는 사생활이 없었고 다른 사람들과 함께 사는 법을 배워야 했거든.

Make the most of ~

: To receive as much benefit as possible from ~

~을 최대한 활용하다

While on vacation, I always try to **make the most of my time** by exploring the city and visiting the attractions.

휴가 동안에, 난 그 도시를 탐험하고 관광 명소를 방문함으로써 늘 내 시간을 최대한 활용하려고 해.

After graduating from college, she decided to take a gap year to travel the world and **make the most of her youth**.

대학을 졸업한 후, 그녀는 갭이어(고등학교나 대학 졸업 후 일이나 여행을 하면서 보내는 1년)를 이용해 세계를 여행하면서 자신의 젊음을 최대한 즐기기로 했다.

With limited resources, he learned to **make the most of what he had** and turned his small business into a success.

한정된 자산으로, 그는 자신이 가지고 있는 걸 최대한 활용하는 법을 배워서 자신의 작은 사업체를 성공적으로 만들었다.

To make the most of his workout, he hired a personal trainer to help him reach his fitness goals.

그는 자신이 하는 운동의 이점을 최대한 끌어내기 위해, 자신의 건강 목표에 도달하는 걸 도와줄 개인 트레이너를 고용했다.

Stick around

: To stay in a place

어떤 장소에 머무르다

After the party, a few friends decided to **stick around** and help clean up.

> 파티가 끝난 후에, 몇몇 친구들은 가지 않고 남아서 청소하는 것을 도와주기로 했다.

The weather was nice, so we decided to **stick around** at the park and enjoy a picnic lunch.

> 날씨가 좋아서, 우리는 공원에 머무르면서 소풍하며 점심 먹는 것을 즐기기로 했다.

The concert was over, but I wanted to **stick around** to see if I could get an autograph from the lead singer.

> 콘서트가 끝났지만, 나는 리드 싱어의 사인을 받을 수 있는지 보기 위해 가지 않고 그곳에 있고 싶었어.

My flight was delayed, so I had to **stick around** at the airport for a few more hours before I could leave.

> 내 비행편이 지연되어서, 떠나기 전에 공항에서 몇 시간 더 머물러야 했다.

Be acclimated to ~

: To be accustomed to ~

~에 익숙해지다

After moving to a new country, it took some time for her to **be acclimated to the cultural differences**.

> 새로운 나라로 이주한 후에, 그녀가 문화 차이에 익숙해지는 데는 시간이 좀 걸렸다.

The hikers spent a few days in the mountains to **be acclimated to the high altitude** before beginning their trek.

> 하이킹하는 사람들은, 트레킹을 시작하기 전에 높은 고도에 익숙해지기 위해 산에서 며칠을 보냈다.

She grew up in a cold climate, so she **was acclimated to the snow** and knew how to drive on icy roads.

> 그녀는 추운 기후에서 자라서 눈에 익숙하고 꽁꽁 언 길에서 운전하는 법을 알았다.

The zookeepers carefully monitored the animals to ensure that they **were acclimated to their new habitat** before introducing them to the public.

> 동물원 관리인들은 동물들을 대중에게 소개하기 전에, (동물들이) 새로운 서식지에 잘 적응하는지를 확인하기 위해 동물들을 세심하게 모니터했다.

𝒱ocabulary POINT

스티브와 필립은 군대가 자신들을 더 나은 사람으로 만들었다고 하는데, 그것은 군대가 그들이 군인답게 행동하도록 엄격하고 능률적으로 그들을 단련시킨 경험을 말합니다. 이때 스티브가 "They knocked me into shape fast, too!"라고 말하죠? To knock ~ into shape 은 '어떤 일을 잘하도록 ~를 교육하다'라는 뜻의 이디엄입니다. 이 표현은 improve(향상하다), correct(바로잡다), revitalize(재활성화시키다) 등의 단어와 동의어로 볼 수도 있지만, 이런 단어들보다는 약간의 강제성(a sense of force)과 더 강해지거나 단단해지다(toughening up)라는 의미가 더해집니다. 예문을 보면서 확실하게 익히고 넘어가세요.

I used to think that my time was my own, but having three kids in five years **knocked me into shape**. (= I accept that I don't have a lot of freedom as a parent.)
나는 내 시간은 나만을 위해 쓸 수 있다고 생각했지만, 5년 동안 세 아이를 키운 게 나를 단련시켰지. (= 부모로서 자유가 많이 없다는 걸 받아들인다.)

This is the weakest soccer team I have ever seen. Give me three months to train them and **knock them into shape**.
이건 이제까지 내가 본 가장 약한 축구팀이에요. 저한테 그들을 훈련하고 강하게 단련시킬 시간을 석 달만 주세요.

Culture POINT

미국에는 부대가 6개로, 육군, 해군, 공군, 해병대, 해안 경비대, 그리고 우주군이 있습니다. 한국과 달리 미국에서는 군 복무가 의무가 아님에도 불구하고, 많은 젊은 남녀들이 고등학교 졸업 후 군에 지원합니다. 그리고 그들 중에서 많은 이들이 채용됩니다. 실제로 각 부대에는 신병 모집을 담당하는 군인들이 있어서, 이들이 지원자들의 질문에 답하고 서류 작성을 도와줍니다. 군 훈련을 일찍 시작하고 싶은 고등학생들과 대학생들은 학교에 있는 ROTC (Reserve Officers' Training Corp) 프로그램에 지원하기도 합니다. ROTC는 군인으로서 경력을 쌓고 싶거나 장교가 되고 싶은 학생들에게 좋은 기회입니다. 군에 입대하기 전에 훈련받을 수도 있고 이들에게 필요한 과목을 수강할 수도 있기 때문입니다.

1973년 이후부터는 미국에서 군에 징집되는 일은 없었지만, 18세와 25세 사이의 모든 미국 남성 시민들은 선발 징병제(the Selective Service System)에 등록해야 합니다. 미국에서 군에 입대하는 것과 관련해서 나이 제한이 있긴 하지만, 이건 부대마다 다릅니다. 일반적으로 최소한 17세는 되어야 입대할 수 있는데, 이때는 부모의 허락과 동의가 필요합니다. 입대 가능한 최대 나이는, 공군과 해군의 경우 39세입니다.

각 부대에서는 특수 훈련을 받을 수 있는 기회도 많습니다. 대화에서 필립이 이야기하듯이, 그는 점프 스쿨에 갔다고 나오는데, 점프 스쿨은 공식적으로 육군 공수학교(Army Airborne School)라고 알려져 있습니다.

많은 미국인에게 군대는 괜찮은 급여와 배움의 기회를 제공하는 안정적인 직장입니다. 미국 군대에는 현역 복무하는 군인들 외에도 보통 시간제(part-time)로 근무하는 주 방위군과 예비군(the National Guard and the Reserve Forces)도 있습니다. 이들은 주로 위기 상황에서 연방 정부와 주정부를 돕는 역할을 합니다.

세계 여러 나라에 주둔하고 있는 미국 군대의 역할에 관해서는 미국 내에서도 논란이 많습니다. 다시 말해, 미국 군대를 대하는 미국인들의 태도가 사람마다 다릅니다. 어떤 미국인들은 군대를 미국인의 자유를 지켜주는 힘으로 보기 때문에, 미국 군대에 우호적(pro-military)입니다. 그렇지만 자신들의 개인적, 종교적 신념으로 인해 군대에 적대적(anti-military)인 미국인들도 있습니다. 이렇게 미국 군대의 역할에 관한 미국인들의 의견은 대단히 개인적인 주관과 견해이기 때문에, 미국인들과 이 주제로 이야기해 보시면 매우 다양한 의견을 들으실 수 있을 거예요.

(In Teri's living room)

Teri: The spring semester **is** almost **over**.

Sophia: Yeah, finally!

Teri: Do you have any special plans for the summer?

Sophia: I'm leaving for Italy next weekend.

Teri: That's wonderful! But why Italy?

Sophia: Because my music teacher told me lots of cool things about Italy. He went there many years ago because he **looks up to Pavarotti** so much and wanted to visit Pavarotti's birthplace.

Teri: I want to visit Pavarotti's birthplace too. By the way, just to let you know, you should always **watch out for pickpockets**.

Sophia: That's so funny because my music teacher also told me to **look out for them there**.

Teri: So, I guess people are restarting to travel abroad. Gosh, I thought some European countries **were falling apart** during the first year of the COVID pandemic.

Sophia: I know what you mean. It was pretty scary.

Teri: Oh, I've got some friends in Venice. If you're planning to stop by there, maybe one of my friends can be your tour guide.

Sophia: That'll be super cool! Actually, I'm going to be in Venice on July 12th.

Teri: Got it! I'll **call around** and see if there's anyone who's available that day. Oh, hold on, let me **check on the broth** in the kitchen. I'll be right back.

Sophia: Take your time!

Teri: (After **checking on the broth**) I need to boil it for another hour or so.

Sophia: By the way, I heard Paula broke up with Tim.

Teri: Paula has been financially supporting Tim for the last couple of years. Recently, he was doing some business and **asked her for more and more money**, which kind of **pissed me off** because I care about her. I didn't mean to **come between them**, but I told Paula that she shouldn't let him take advantage of her.

Sophia: No, she shouldn't.

Teri: Paula also decided enough was enough and finally broke up with him. I heard Tim's having a hard time after Paula left, but I don't really **feel for him**.

Sophia: You know what? I kind of knew he was taking advantage of her as well. I'm not really sure if he's sad because Paula left or because she stopped providing financial support. I just can't trust that guy.

(테리의 거실에서)

테리: 봄 학기가 거의 끝나가네.

소피아: 그러게, 드디어 말이야!

테리: 여름에 특별한 계획이라도 있니?

소피아: 나 다음 주말에 이탈리아로 떠나.

테리: 우와, 멋진걸! 그런데 왜 이탈리아야?

소피아: 왜냐하면 우리 음악 선생님이 이탈리아에 관해 멋진 이야기를 많이 해 주셨거든. 그분은 거기 오래전에 가셨어. 파바로티를 너무 존경해서 파바로티 생가를 방문하고 싶어서 가셨다고 해.

테리: 나도 파바로티 생가 방문하고 싶다. 그건 그렇고, 그냥 알고 있으라고 말해 주는 건데, (거기선) 항상 소매치기를 조심해야 해.

소피아: 야, 이거 웃긴다. 우리 음악 선생님도 나한테 거기서는 소매치기 조심하라고 하셨거든.

테리: 어쨌든, 사람들이 다시 해외로 여행 가기 시작하는 것 같다. 에휴, 난 코로나 팬데믹 첫해에 어떤 유럽 국가들은 무너지는 줄 알았거든.

소피아: 나도 네 말이 무슨 말인지 알아. 정말 무서웠지.

테리: 참, 나 베네치아에 친구가 몇 명 있어. 거기에 들를 계획이라면, 내 친구 중 한 명이 관광 가이드가 돼 줄 수도 있을 거야.

소피아: 그렇게 해 주면 엄청 좋지! 실은 내가 7월 12일에 베네치아에 가거든.

테리: 알았어! 내가 여기저기 전화해서 그날 시간 되는 사람이 있는지 알아볼게. 아, 잠깐만, 부엌에서 국 끓는 것 좀 보고 올게. 금방 올게.

소피아: 천천히 해!

테리: (국 끓는 것을 확인한 후에) 한 시간 정도 더 끓여야겠다.

소피아: 그건 그렇고, 폴라가 팀이랑 헤어졌다는 이야기 들었어.

테리: 글쎄, 지난 2년 정도 폴라가 팀을 재정적으로 도왔잖아. 최근에 팀이 어떤 사업을 하고 있었는데, 폴라에게 점점 더 많은 돈을 요구했어. 난 사실 그것 때문에 좀 화가 났었어. 내가 폴라를 아끼잖아. 내가 둘 사이를 갈라놓을 생각은 없었지만, 폴라한테 팀이 자기를 이용하게 내버려 두면 안 된다고 말했어.

소피아: 그래, 그럼 안 되지.

테리: 폴라도 너무 지나치다고 생각해서 결국은 팀하고 헤어졌어. 폴라가 떠난 후에 팀이 힘들어하고 있다고 들었지만, 난 팀이 하나도 안 불쌍해.

소피아: 그거 아니? 나도 그 사람이 폴라를 이용한다는 걸 좀 알고 있었어. 난 그가 폴라가 떠나서 슬픈 건지 아니면 폴라가 재정 지원을 끊어서 슬픈 건지 정말 모르겠어. 그냥 난 그 사람을 믿을 수가 없거든.

Be over

: To be finished

끝나다

My spouse gets angry too frequently. Is this a sign that my marriage **is over**?

내 배우자는 지나치게 자주 화를 내거든. 이게 내 결혼생활이 끝났다는 징조일까?

Please don't turn on your cell phone until the class **is over**.

수업이 끝날 때까지 휴대폰 켜지 마세요.

It's not **over** until you give up.

네가 포기할 때까지 끝난 게 아니야.

Look up to ~

: To admire ~

~를 존경하다

A: Who do you **look up to**, and why?

B: I look up to Noam Chomsky because he's the father of modern linguistics.

A: 넌 누구를 존경하고, 그 이유는 뭐야?
B: 난 노암 촘스키를 존경하는데, 그분이 현대 언어학의 아버지이기 때문이야.

Kids usually **look up to famous sports players**, but my son **looks up to conductors**.

아이들은 보통 유명한 스포츠 선수들을 존경하지만, 우리 아들은 지휘자들을 존경해.

I really **look up to people like you**, who sacrifice a lot for the community.

난 너처럼 공동체를 위해 희생을 많이 하는 사람들을 정말 존경해.

* 참고로, **look up to ~**와 반대되는 표현은 **look down on ~** (~를 얕보다)입니다.
(1권 Lesson 14 참조)

Watch out (for ~)

: To be careful (of ~)

〜를 조심하다/경계하다

Watch out! There's a truck coming!

조심해! 트럭이 오고 있어!

Watch out for that guy over there. He's very suspicious.

저기 있는 저 남자 조심해. 그 사람 아주 의심스러워.

It was extremely cold last night, so slow down and **watch out for slippery roads**.

어젯밤에 엄청 추웠으니까, 천천히 가면서 길 미끄러우니까 조심해.

Look out (for ~)

: To be careful (of ~)

〜를 조심하다/경계하다

Look out! There's a car coming!

조심해! 차 오고 있어!

Look out for the poison ivy here.

여기서는 덩굴옻나무를 조심해.

In this country, you should always **look out for pickpockets**.

이 나라에서는 항상 소매치기를 조심해야 해.

Fall apart

: To disintegrate/To break into pieces

모든 것이 산산이 부서지다/무너지다/붕괴되다

How did Spain's economy **fall apart**?

스페인의 경제는 어떻게 무너졌습니까?

It looked like many countries **were falling apart** during the pandemic.

팬데믹 동안 많은 나라들이 붕괴되는 것 같아 보였어요.

He **fell apart** after his wife died.

아내가 죽은 후 그는 이겨 내지 못하고 무너졌다.

After he lost his job, his marriage **fell apart**.

직장을 잃은 후, 그의 결혼생활은 무너졌다.

Call around

: To phone different people, trying to find some information

무언가를 알아보기 위해 여기저기 전화하다

I'll **call around** and see if there's anyone who could help us.

내가 여기저기 전화해서 우리를 도와줄 수 있는 사람이 있는지 알아볼게.

Daughter: Mom, are we buying this sofa from the department store?

Mom: I'm not sure because **I've been calling around** trying to get the best deal.

딸: 엄마, 우리 백화점에서 이 소파 사는 거예요?
엄마: 아직 잘 모르겠다. 가장 좋은 가격을 찾으려고 내가 여기저기 전화해 알아보고 있거든.

I've already **called around** but couldn't find anyone who could lend us money.

내가 이미 여기저기 전화해 봤지만, 우리한테 돈을 빌려줄 수 있는 사람을 못 찾았어.

Check on

: To make sure someone or something is okay

무언가가, 또는 누군가가 괜찮은지 확인하다

The nurse comes every four hours to **check on all the patients** here.

여기 있는 환자들이 다 괜찮은지 확인하기 위해 네 시간마다 한 번씩 간호사가 옵니다.

Honey, why don't you go upstairs and **check on the kids**?

여보, 위층에 가서 아이들이 괜찮은지 좀 보고 올래요?

Let me go **check on the broth** on the stove.

가스레인지에 올려놓은 국이 어떤지 가서 좀 보고 올게.

Ask for ~

: To request ~

~를 요청하다/요구하다

What's the best way to **ask for more water** on the plane?

기내에서 물을 더 달라고 하는 가장 좋은 방법이 뭐야?

I would like to know how to **ask for help** professionally.

나는 프로답게 도움을 요청하는 방법을 알고 싶어.

That homeless person stopped us and **asked for money**.

저 노숙자가 우리를 세우고는 돈을 달라고 했어.

Piss off ~ / Piss ~ off

: To make someone angry

〜를 화나게 하다

My roommate always leaves dirty dishes on the sofa, which really **pisses me off**.

내 룸메이트는 맨날 더러운 접시를 소파에 두는데, 그것 때문에 나 정말 화나.

You don't want to **piss off that dog**. He's a pitbull, and he can get really aggressive.

저 개 화나게 하지 마. 핏불인데, 엄청 공격적으로 될 수 있거든.

I've never seen him angry. I feel like it's almost impossible to **piss him off**.

난 그 사람이 화난 모습을 단 한 번도 본 적이 없어. 그 사람을 화나게 하는 건 거의 불가능한 일인 것 같아.

Come between ~

: To disturb a relationship

〜 사이를 갈라놓다/이간질하다

My mom and dad have loved each other for 25 years, and nothing could ever **come between them**.

우리 엄마와 아빠는 25년 동안 서로 사랑하셨는데, 그 어떤 것도 두 분 사이를 갈라놓지 못했지.

I'm not going to let this money problem **come between us**.

난 이 돈 문제가 우리 사이를 갈라놓게 하지 않을 거야.

I don't want to **come between you two**.

난 너희 둘 사이를 갈라놓고 싶지 않아.

Feel for ~

: To feel sympathy and sadness for someone because they're suffering

~에게 동정이나 연민을 느끼다

I really **feel for you**, my friend. I wish I could help you.

> 친구야. 나도 정말 네 아픔이 느껴져. 내가 널
> 도울 수 있으면 좋겠는데.

A: I don't know why I always have a difficult relationship.

B: I completely **feel for your situation**. Relationships are so complicated.

> A: 난 왜 늘 사람과의 관계가 힘든지 모르겠어.
> B: 난 네 상황이 완전히 이해돼. 관계라는 게 정말
> 간단하지 않거든.

I **feel for her** because it's hard for anyone to lose their loved one.

> 난 그녀에게 연민을 느껴. 사랑하는 사람을
> 잃는다는 건 누구에게나 힘든 일이잖아.

G RAMMAR POINT 1

테리의 문장 "So, I guess people are restarting to travel abroad."에서 restart 단어를 보세요. 이 단어는 '시작하다'라는 뜻의 start와 '다시'라는 의미의 접사(affix) re가 합쳐진 단어입니다. 접사를 많이 알면 풍부한 어휘력을 기르는 데 큰 도움이 됩니다. 접사에는 단어 앞에 붙는 접두사(prefix)와 뒤에 붙는 접미사(suffix)가 있습니다. 그러니 기초적인 접두사와 접미사를 몇 가지 공부하고 넘어갑시다.

접두사(prefix)	접미사(suffix)
Re: Again **re**write(다시 쓰다), **re**do(다시 하다), **re**read(다시 읽다), **re**view(복습하다), **re**record(재녹음하다), **re**play(재경기하다)	**-ful: Full of** care**ful**(신중한), hope**ful**(희망적인), help**ful**(도움이 되는), sorrow**ful**(슬픔에 찬), power**ful**(강력한), success**ful**(성공한)
Pre: Before **pre**view(시사회), **pre**wash(애벌 빨래하다), **pre**season(시즌 전), **pre**made(미리 만들어진), **pre**school(유치원)	**-less: Without** hope**less**(희망이 없는), help**less**(무력한), sugar**less**(설탕이 없는), need**less**(소용이 없는), use**less**(쓸모없는)
Un: Not **un**important(중요하지 않은), **un**lock(자물쇠를 풀다), **un**safe(안전하지 않은), **un**employed(실직의), **un**lucky(운 없는), **un**prepared(준비가 안 된), **un**helpful(도움이 안 되는)	**-able: Able to be** wash**able**(물빨래가 가능한), beat**able**(이길 수 있는), eras**able**(지워지는), consider**able**(상당한), ador**able**(사랑스러운), break**able**(깨지기 쉬운), enjoy**able**(즐거운), reli**able**(믿을 만한)
Im: Not **im**polite(무례한), **im**possible(불가능한), **im**mature(미숙한), **im**perfect(불완전한), **im**patient(인내심이 없는)	**-ible: Able to be** gull**ible**(잘 속아 넘어가는), collect**ible**(징수할 수 있는), revers**ible**(되돌릴 수 있는), access**ible**(접근할 수 있는), flex**ible**(유연한)
In: Not **in**appropriate(적절치 않은), **in**sane(제정신이 아닌), **in**complete(불완전한), **in**capable(능력이 안 되는), **in**accurate(부정확한)	**-er: A person** play**er**(선수), help**er**(도우미), teach**er**(선생님), swimm**er**(수영 선수), catch**er**(포수), defend**er**(수비수), lead**er**(지도자), do**er**(실천가)
Dis: Not **dis**like(좋아하지 않다), **dis**honest(부정직한), **dis**appear(사라지다), **dis**qualify(자격이 안 되다), **dis**respect(무례, 결례)	
Mis: Wrong **mis**hear(잘못 듣다), **mis**behave(비행을 저지르다), **mis**interpret(오역하다)	
Ex: Former **ex**-president(전 대통령), **ex**-wife(전처), **ex**-boyfriend(전 남자친구)	

GRAMMAR POINT 2

테리는 부엌에서 끓고 있던 국을 가서 확인한 후에 "I need to boil it for another hour or so."(한 한 시간가량 국을 더 끓여야겠어.)라고 말합니다. "Or so"는 이렇게 어떤 수량 뒤에 붙어서 '대략'(approximately)이라는 의미를 띱니다. 비슷한 의미를 가진 다른 표현들과의 차이점은 위의 표현처럼 수량 뒤에 붙는다는 점입니다.

We're planning to stay there for two weeks **or so**.
우리는 그곳에 2주쯤 있을 계획이야.

A: How much was the ticket?
B: 25 dollars **or so**.
A: 티켓이 얼마였지?
B: 25달러쯤 됐던 것 같아.

✒️*Vocabulary* POINT

소피아는 팀 이야기를 하면서 "I just can't trust that guy."라고 말합니다. 여기서, 한국어로 번역하면 똑같이 '믿다'의 뜻인 trust와 believe의 차이점을 공부해 봅시다. Believe는 어떤 사람이 한 말(statements of fact)을 믿는다고 말할 때 쓰는 단어입니다. 반면, trust는 어떤 사람이 하는 말과 행동(actions/behaviors)을 모두 신뢰한다는 뜻입니다. 그러니 trust가 believe보다 더 깊이 믿고 신뢰한다는 뜻이겠지요?

A: I didn't lie to you. Please **believe me**.
B: I **believe you**.
A: 저는 거짓말하지 않았습니다. 제 말을 믿어 주세요.
B: 난 네 말을 믿어.

Look! You lied to me three times. How can I **believe what you say**?
이것 봐요! 당신은 나한테 세 번이나 거짓말했어요. 어떻게 당신이 하는 말을 믿을 수 있겠어요?

I wouldn't hire that guy as our accountant because I don't **trust him**.
나는 그 사람을 우리 회계사로 고용하지 않을 거야. 난 그를 신뢰하지 않거든.

I know you can take care of things well while I'm gone. I **trust you**.
내가 없는 동안 당신이 일을 잘 해낼 거라는 걸 압니다. 당신을 신뢰하거든요.

Taylor: Hey, **I'm** just **throwing away the garbage**. Are you leaving now?

Riley: No, I just got home. I **stayed out** last night because I had to **care for my nephew** at the hospital.

Taylor: Oh, no! What happened?

Riley: He says there was just a minor fender bender, but he didn't want to **go into the details of it**. Later, it **turned out** that the accident occurred while he was drunk driving. Now I know why his story didn't **add up** because he **left out the most important information** on purpose. I don't know what gets into kids these days.

Taylor: I'm so sorry to hear that. You look exhausted. Why don't you get some rest?

Riley: Yeah, I feel like I **used up all my energy**, but I need to **change into new clothes** and go to work. After our team **dove into this new project**, we're short-handed all the time.

Taylor: Gosh, I'm not envious of you. Hang in there!

Riley: Thanks!

영어로 말하고 싶은, 또는 못 알아들을 것 같은 예문에 체크해 보세요.

MP3 049

테일러: 얘, 나 지금 쓰레기 버리는 건데. 넌 지금 나가니?

라일리: 아니, 나 방금 집에 왔어. 병원에서 조카를 돌봐야 해서 어젯밤에 외박했어.

테일러: 어머나, 어째! 무슨 일이 있었는데?

라일리: 걔 말로는 그냥 작은 접촉 사고가 있었다고 하는데, 자세한 이야기는 하기 싫어하더라고. 나중에, 걔가 음주 운전을 하다가 사고가 났다는 게 밝혀졌지. 그제야 왜 걔가 하는 이야기가 말이 안 되는 소리였는지 알겠더라고. 걔가 의도적으로 가장 중요한 정보는 빼고 말했거든. 요즘 애들이 대체 왜 그러는지 모르겠어.

테일러: 그 얘기 들으니까 나도 마음이 안 좋네. 너 많이 피곤해 보인다. 좀 쉬는 게 어때?

라일리: 응, 에너지를 다 소진해 버린 것 같지만, 나 옷 갈아입고 출근해야 해. 우리 팀이 새 프로젝트에 뛰어든 후부터, 항상 일손이 부족하거든.

테일러: 아이고, 너 부러워할 게 아니네. 꿋꿋하게 버텨!

라일리: 고마워!

Throw away ~ / Throw ~ away

: To dispose ~

〜를 버리다

Son: Dad, can we repair these shoes?

Dad: Honey, they're too old, so let's just **throw them away**.

아들: 아빠, 이 신발 고칠 수 있을까요?
아빠: 얘, 그 신발 너무 오래됐으니까, 그냥 버리자.

I think somebody accidentally **threw away that document** while cleaning the office.

난 사무실 청소를 하던 중에 어떤 사람이 실수로 그 서류를 버린 것 같아.

Please don't **throw away everything** here because some of them are important documents.

여기 있는 것을 다 버리지는 마세요. 왜냐하면 이중 어떤 것들은 중요한 서류거든요.

Please **throw away that milk**. I think it went bad.

그 우유는 버려. 상한 것 같아.

Stay out

: To be away from home at night/To not come home at night

외박하다

When I was a teenager, my mom wouldn't let me **stay out** at night, but now I'm in college, and I can do whatever I want to!

내가 십 대였을 때, 엄마는 내가 외박을 못 하게 하셨지만, 이제 난 대학생이니까, 뭐든 내가 하고 싶은 대로 할 수 있어!

A: Did Alexander wake up?

B: He's not at home now. He **stayed out** last night.

A: 알렉산더는 일어났니?
B: 걔 지금 집에 없어. 어젯밤에 외박했거든.

Tanya is just 16 years old. She's not allowed to **stay out** at night.

타냐는 겨우 16살이야. 걔는 밤에 외박하는 게 허락 안 되지.

Care for ~

: To take care of ~/To like ~/ To want ~

**〜을 보살피다/돌보다,
〜을 좋아하다/원하다/즐기다**

She's a nurse who **cares for cancer patients**.

그녀는 암 환자들을 돌보는 간호사입니다.

They **care for orphans** here.

여기서는 고아들을 돌봅니다.

Would you **care for a cup of tea**?

차 한 잔 드시겠습니까?

I don't **care for spicy food**.

전 매운 음식을 즐기지 않아요.

Would you **care for another glass of Chardonnay**?

샤르도네 한 잔 더 드시겠습니까?

Go into ~

: To talk about ~ in detail

～에 관해서 자세하게 설명하다

If you want me to, I can **go into more detail**.

네가 원한다면, 내가 더 자세하게 설명해 줄게.

Let's **go into that** later.

그것에 대해서는 나중에 자세하게 이야기하자.

I wanted to hear more about what had happened, but she didn't want to **go into detail**.

난 무슨 일이 있었는지 더 듣고 싶었지만, 그녀가 자세하게 이야기하기 싫어했어.

Could you please **go into detail** about what you can offer in the new contract?

새로운 계약에서 무엇을 제공해 주실 수 있는지에 관해 더 자세히 말씀해 주시겠습니까?

Turn out ~

: To prove to be the case

～으로 드러나다/～라고 밝혀지다/ 알고 보니 ～더라/～라고 판명나다

The CEO of the investment company **turned out to be an impostor**.

그 투자 회사의 CEO가 알고 보니 사기꾼이었어.

It **turned out that Jim was cheating on his wife the whole time**.

짐이 자기 아내를 내내 속여 왔다는 사실이 드러났다.

The guy who proposed to Ava **turned out to be a married man**.

에이바에게 청혼한 그 남자가 유부남이라는 사실이 밝혀졌다.

Add up

: To make sense

말이 되다/앞뒤가 맞다

Her story doesn't **add up** at all.
> 그녀가 하는 이야기는 전혀 앞뒤가 안 맞아.

What he told me didn't **add up** to me.
> 그가 나한테 해준 이야기가 내 생각에는 앞뒤가 안 맞았어.

Something in the suspect's statement doesn't **add up**.
> 그 용의자의 진술 중 어떤 건 말이 안 돼.

Leave out ~ / Leave ~ out

: To omit ~

~를 빼다/제외하다/생략하다/ 소외시키다

They **left me out** throughout the whole conversation.
> 그들은 대화 내내 나를 소외시켰어.

Please make sure you don't **leave out any important details**.
> 중요한 세부 사항은 어떤 것도 빠뜨리지 않도록 확인하세요.

This sentence seems too long. Let's **leave out a couple of modifiers** here.
> 이 문장은 너무 긴 것 같아. 여기 수식어를 두어 개 빼자.

Please go over the contract one more time and make sure nothing **is left out**.
> 그 계약서 한 번 더 검토하고 아무것도 빠진 것이 없도록 하세요.

Use up ~ / Use ~ up

: To exhaust ~

~를 전부 다 써 버리다/소진하다/ 다 써서 없애다

After they arrived in Seoul, they **used up all their money** within a week.

서울에 도착한 후, 그들은 일주일도 안 돼서 가지고 있던 돈을 모두 다 써 버렸다.

Let's **use up all the leftover ingredients** tonight.

오늘 밤에 남은 재료를 모두 다 소진하자.

Please don't **use all the hot water up** because the kids need a bath too.

따뜻한 물 다 쓰지 마세요. 아이들도 목욕해야 하니까요.

Change into ~

: To put on different clothes

(다른 옷으로) 갈아입다

As soon as he got home, he **changed into pajamas** and went to bed.

그는 집에 오자마자 잠옷으로 갈아입고 잠자리에 들었다.

While the kids **are changing into their swimsuits**, I'll set up the umbrella at the beach.

아이들이 수영복으로 갈아입을 동안, 난 해변가에 파라솔 설치할게요.

Nora was so tired that she fell asleep on the couch without **changing into pajamas**.

노라는 너무 피곤해서 잠옷으로 갈아입지도 않고 소파에서 잠들었다.

Dive into ~

: To start ~ enthusiastically
(어떤 일에) 열의를 가지고 적극적으로 뛰어들다

Right after the meeting, they all **dove into their work**.

> 회의가 끝난 직후, 그들은 모두 자기 일에 뛰어들었다.

We might as well **dive into this project** right away if we want to finish it before the deadline.

> 우리가 마감 시간 전에 그걸 끝내려면 이 프로젝트에 즉시 뛰어들어야 해.

When the car broke down during the road trip, everyone was so exhausted, and no one wanted to **dive into fixing the car**.

> 자동차 여행 중에 차가 고장 났을 때, 모두가 너무 지쳐서 아무도 차를 고치는 일에 적극적으로 뛰어들고 싶어 하지 않았다.

I don't understand how he can **dive into another relationship** just like that. I mean his wife died a couple of weeks ago!

> 난 그 사람이 어떻게 그냥 그렇게 다른 사람과 바로 사귈 수 있는지 이해가 안 돼. 그러니까 내 말은 자기 아내가 2주 전에 죽었잖아!

G RAMMAR POINT 1

Turn out ~은 '알고 보니 ~더라, ~라고 밝혀지다, ~으로 드러나다'라는 뜻의 구동사입니다. Turn out 뒤에는 밝혀진 내용 전체가 들어간 that절을 사용할 수도 있고, to부정사를 사용해도 됩니다. 참고로, that절의 경우 that을 생략할 수도 있습니다.

It **turned out (that) what he said was all lies**.
그가 말한 것이 전부 다 거짓말이라는 사실이 밝혀졌다.

It **turned out (that) Sonia's small mistake had led to the failure of the whole project**.
알고 보니, 소니아의 작은 실수가 그 프로젝트 전체의 실패로 이어졌던 거더라고.

What he said **turned out to be all lies**.
그가 말한 것이 전부 다 거짓말이라는 사실이 밝혀졌다.

The rumor about James **turned out to be true**.
제임스에 관한 소문이 알고 보니 사실이었더라.

G RAMMAR POINT 2

구동사 leave out ~/leave ~ out은 사람을 목적어로 취하면 '~를 제외하다, ~를 소외시키다'라는 의미가 됩니다. 그러니 이 구동사를 수동태로 사용하면, '제외되다, 소외감을 느끼다'라는 의미가 되겠지요? 이때 주목할 점은 '소외감을 느끼다'의 의미로 쓰일 때는 be 동사 대신 feel을 씁니다.

She **was left out** from the last promotion.
지난번 승진에서 그녀는 제외됐다.

When I was taking the dance class, I **felt** so **left out**.
그 댄스 수업을 들을 때, 난 너무나도 소외감을 느꼈어.

G RAMMAR POINT 3

구동사 use up ~은 '~을 완전히 다 써 버리다'의 의미입니다. 이렇게 동사 뒤에 부사 up이 붙으면 '완전히 ~ 하다, ~하는 것을 완전히 끝내다'의 의미가 더해집니다.

Use up ~: ~를 완전히 다 쓰다
Finish up ~: ~를 완전히 끝내다
Clean up ~: ~를 청소하는 것을 끝내다
Eat up ~: ~를 완전히 다 먹어치우다
Drink up ~: ~를 다 마셔 버리다
Read up ~: ~에 관해 철저하게 (또는 많은 것을) 읽다
Heal up: 상처가 완전히 다 아물다

Vocabulary POINT 1

이번 레슨에서 우리는 구동사 dive into ~가 '(어떤 일에) 적극적으로 열의를 가지고 뛰어들다'의 의미로 쓰인다고 공부했습니다. 그렇지만 dive into ~는 문자 그대로 '(물속으로) 뛰어들다'의 뜻으로도 자주 쓰입니다. Dive가 '다이빙하다, (물 속으로) 뛰어들다'라는 의미를 가진 동사이니까요.

There was a swimming pool in my old house. I would **dive into the pool** on a hot summer day.
옛날 우리 집에는 수영장이 있었거든. 더운 여름날에는 그 수영장에 뛰어들곤 했지.

As soon as we all **dove into the water**, we realized it was too cold to swim.
우리 모두 물속에 뛰어들자마자, 수영하기에 너무 추운 날씨라는 사실을 깨달았어.

그런데 흥미롭게도 dive into 뒤에 음식이 목적어로 오면 '(무언가를) 아주 열심히 먹다'(to start eating ~ in a very enthusiastic way)라는 뜻이 됩니다.

As soon as the kids got home, they all **dove into the pasta** that their mom made.
아이들은 집에 도착하자마자, 모두 엄마가 만든 파스타를 열심히 먹어댔다.

Are you ready to **dive into this freshly baked cheesecake**?
갓 구운 치즈케이크 맛있게 먹을 준비가 됐니?

Vocabulary POINT 2

Care for ~는 '무언가를 좋아하다'라는 뜻의 구동사죠? "Would you care for ~?"라고 하면 '~를 드시겠습니까?'라는 의미가 됩니다. 여기서 기억하실 것은 이 구동사는 격식을 갖춘 자리에서 쓰이는 정중한 표현이라는 사실입니다. 고급 영어로 올라갈수록 격식을 갖춘 영어(formal English)와 일상생활 영어(casual/informal English)를 구분해서 사용하셔야 합니다.

Well, I don't **care for broccoli**.
(정중하게) 글쎄, 저는 브로콜리는 별로 안 좋아해서요.

Would you **care for some coffee**?
(정중하게) 커피 좀 드시겠습니까?

INDEX 1

영어 키워드 인덱스

Be known for ~ : To be famous, or well-known, for something	~으로 알려져 있다	281
Be messed up : To be wrong/bad/unfair/unjust	나쁘다/부당하다/잘못된 일이다	81
Be out of tune : To sing or play music in the incorrect pitch	음정에 틀리게 노래를 부르거나 악기를 연주하다	59
Be over : To be finished	끝나다	288
Be pumped up : To be excited (about ~)	(~에 관해) 신나다/흥분하다	54
Be riddled with ~ : To be full of mistakes or unwanted things	(실수나 어떤 부정적인 것들) ~투성이다	245
Be shipped off to ~ : To be sent somewhere for school or military duty	(학교 교육이나 군대 임무 수행을 위해) ~로 보내지다	279
Be taken aback (by ~) : To be surprised or shocked by something or someone	(~ 때문에) 깜짝 놀라다	266
Be thrown together with ~ : To find oneself in a situation with other people	다른 사람들과 함께 어떤 상황에 처하게 되다	280
Be up for ~ : To want to do ~	~를 하고 싶어 하다	184
Be/Go along for the ride : To do something with other people even though you are not helping much/To do something with other people even though you are not very interested in it	무언가를 열심히 하지 않고 소극적으로 참여하다	247
Beat up ~/Beat ~ up : To injure someone by hitting them	~를 두들겨 패다	196
Believe in ~ : To trust the value of ~	~의 가치를 믿다	144
Belt out ~/Belt ~ out : To sing in a loud and vigorous way	아주 큰 소리로 (노래 등을) 부르다	57
Block out ~/Block ~ out : To stop painful memories/thoughts	(불쾌한 기억을) 지우다/떨쳐 버리다	235
Boil down to ~ : To arrive at the most important part of ~	결국 ~로 요약되다	157
Boot up : To put your (military) boots on and be prepared to do something	군화(military boots)를 신고 무언가를 할 준비를 하다	281
Break down ~/Break ~ down (into ~) : To reduce something large into smaller components	큰 무언가를 작게 나누다/분절하다	210

Carve out ~ : To make space or time for ~	~를 위한 공간이나 시간을 만들다	209
Change into ~ : To put on different clothes	(다른 옷으로) 갈아입다	302
Check on : To make sure someone or something is okay	무언가가, 또는 누군가가 괜찮은지 확인하다	291
Check out ~/Check ~ out : To inform oneself about ~	~을 직접 확인하다/조사하다	134
Chill out : To relax	긴장을 풀다	56
Chip away at ~ : To gradually and continuously work at ~ so that the task is reduced	~를 계속해서 조금씩 깎아내다/ 계속 일해서 업무량이 서서히 줄어들게 하다	208
Clean up ~/Clean ~ up : To clean or organize a place or situation	~을 깨끗하게 청소하다/ (어떤 상황을) 정리하다	102
Close off ~/Close ~ off : To block access to ~	~를 차단하다/고립시키다/ 차단시키다	158
Come across as ~ : To appear in a certain way, or for something to give a specific impression	(어떤 특정한) 인상을 주다	259
Come back to someone : To start to remember something	누군가에게 기억이 나기 시작하다	232
Come between ~ : To disturb a relationship	사이를 갈라놓다/이간질하다	292
Come in : To enter a place	어떤 장소로 들어가다	20
Come up with ~ : To compose (a song/ music)	(노래나 곡 등을) 만들다	110
Come up : To occur/happen unexpectedly	(어떤 일이) 예상치 않게 일어나다	149
Count ~ in : (In music) To perform a music cue to create a uniform start to a musical piece	(음악 연주 시) ~가 연주를 시작하도록 신호를 주다	112
Count on ~ : To depend on ~	~에 의지하다/의존하다	145
Crank out ~/Crank ~ out : To produce ~ quickly	~를 빠르게 만들어 내다	207
Cut down ~/Cut ~ down : To make ~ fall by cutting it	~를 잘라서 넘어뜨리다	18
Cut down on ~ : To reduce ~	~를 줄이다	30

Cut in (on ~) : To interrupt someone while they are speaking	(다른 사람이 말하는 도중에 자르고) 대화에 끼어들다/(남이 말하고 있는 도중에) 끼어들다	14
Cut out ~/Cut ~ out : To stop doing ~/ To stop eating ~	~를 그만두다/~를 그만 먹다	18

D

Deal with ~ : To be about or to cover (a particular topic)	(어떤 주제를) 다루다	212
Die back : With plants, when the leaves on a plant die, but the roots remain alive	(식물의) 잎이 지다 (하지만 뿌리는 여전히 살아 있는 상태를 말함)	104
Die for ~ : To eagerly want ~	~를 간절히 원하다	221
Die out : To gradually disappear (often used with plant and animal species)	멸종하다	258
Dig up ~/Dig ~ up : To remove ~ from the ground by digging	~을 땅에서 파내다	103
Dive into ~ : To start ~ enthusiastically	(어떤 일에) 열의를 가지고 적극적으로 뛰어들다	303
Divvy up ~/ Divvy ~ up : To divide ~ into portions	~를 분배하다	211
Double back : To return in the direction you came from	왔던 길로 되돌아가다	159
Doze off : To fall asleep	잠들다, 졸다	168
Drag out ~/Drag ~ out : To unnecessarily prolong	필요 이상으로 ~을 질질 끌다	223
Dream up ~ : To imagine or invent something	~를 생각해 내다/ 상상력으로 ~를 만들어 내다	271
Drop by : To make a visit (often one that is unplanned)	(보통 계획 없이) 잠깐 들르다	69
Drum up ~/Drum ~ up : To gain support usually by strongly persuading others	사람들의 지지나 성원을 얻어내기 위해 ~를 선전하고 알리다	267
Dry out ~/Dry ~ out : To make ~ become too dry	~을 지나치게 건조하게 만들다	42
Dry up : To become extremely dry	바싹 마르다	255

Get a hold of ~ : To make contact with ~	~와 연락하다/연락이 되다	80
Get around : To go to many different places	여기저기 돌아다니다	14
Get away with ~ : To do something without experiencing any problems although it's not the best way of doing it	최고의 방법은 아니지만 ~를 별문제 없이 해내다	44
Get away with ~ : To not be punished/criticized for ~	~으로 벌이나 비판을 받지 않다	197
Get back (to ~) : To return	(원래 있던 자리로) 돌아오다	206
Get back to ~ : To talk to ~ later in order to give a reply	~에게 나중에 답을 주다	21
Get down to ~ : To start ~ by giving it attention	무언가에 착수하다/어떤 일을 시작하다	46
Get into ~ : To disturb ~ or the contents of ~	~를 건드리다/~의 내용물을 건드리다	105
Get kicked off (of ~) : (With technology) To lose Internet connectivity and access to a particular online function	인터넷 연결이 끊기거나 온라인의 어떤 프로그램에서 연결이 끊기다	92
Get on with ~ : To perform or make progress in a certain way	~를 진척이 있게 해나가다/~를 계속해 나가다	207
Get online : To start using or accessing the Internet	인터넷에 접속해서 사용하기 시작하다	90
Get out (of ~) : To leave (~)	~에서 나가다/떠나다	79
Get out! : I can't believe it!	설마!/말도 안 돼! (상대가 한 말이 믿기지 않을 때 쓰는 표현)	78
Get over ~ : To recover from illness	(병에 걸렸거나 아픈 상태에 있다가) ~에서 회복하다	40
Get the word out (about ~) : To let people know about something	(~에 관한) 말을 퍼뜨리다	268
Get to ~ : To arrive at a place/To start a task	~에 도착하다/(어떤 업무를) 시작하다	159
Get up to speed on ~ : To have the most recent information about ~	~에 관한 가장 최근 정보를 알다	224
Give away ~/Give ~ away : To give or donate ~ to someone without asking for payment	~를 (돈을 받지 않고 그냥) 주다/기부하다	30

Give up ~/Give ~ up : To stop ~/To disclaim ~	~를 그만두다/~를 포기하다	222
Go (way) back to ~ : To have existed since ~	특정 기간부터 있어 왔다/ ~로 거슬러 올라가다	234
Go after ~ : To pursue ~/To try to get ~	~을 추구하다/얻으려 하다	83
Go for ~ : To try to get[achieve/obtain] ~/To make a decision on ~/To choose ~	~를 얻으려 하다/~로 결정하다/ ~를 선택하다	146
Go free : To not be punished/criticized for something they did	벌을 받지 않다/비난받지 않다/ 자유의 몸이 되다	198
Go into ~ : To talk about ~ in detail	(~에 관해서) 자세하게 설명하다	300
Go on : To continue	계속하다	67
Go overboard : To do something excessive/To do too much of something	무언가를 적당히 하지 않고 지나치게 하다	269
Go through ~ : To be scrutinized, examined, or approved by a person or agency	4	134
Go well : To do well	잘 되어 가다	156
Grow out ~/Grow ~ out : To grow hair or nails to a longer length	(머리카락이나 손톱 등을) 기르다	43

H

Hand over ~/Hand ~ over : To give someone else responsibility for something	(권력이나 책임 등을) 이양하다/ 양도하다/넘겨주다	232
Hang on : To wait for a short time	잠깐 기다리다	80
Hang out with someone : To spend a lot of time with someone	누군가와 시간을 함께 보내다	258
Hanker after ~ : To crave ~	~를 몹시 원하다/갈망하다	242
Head (over) to ~ : To go to a place	~로 가다/향하다	169
Head up ~/Head ~ up : To lead a group, team, or organization	(어떤 그룹이나 조직을) 이끌다	68
Hear out ~/Hear ~ out : To listen to all that someone is trying to say	~가 하려는 이야기를 끝까지 들어주다	19

Hearken back to ~ : To remember a time period from the past	(과거의 어떤 시절을) 돌아보게 하다/ 기억나게 하다	233
Hold back ~/Hold ~ back : To not tell ~ to people/To not show how one is feeling	~를 비밀로 간직하고 말하지 않다/ 감정을 누르거나 참다	82
Hold up (someone)/Hold (someone) up : To steal from a person by threatening them with a weapon	~에게 무기를 들이대면서 강도질을 하다	181
Hold up (something)/Hold (something) up : To rob (a place)	(상점이나 은행을) 강도질을 해서 털다	182
Hurry up ~/Hurry ~ up : To make someone hurry/To do something more quickly	(누군가를) 재촉하다/(어떤 일이) 빨리 되게 하다	160
Hurry up : To move or act more quickly	서두르다	161

I

Identify with ~ : To be closely associated with something or someone	(누군가나 무언가에) 동감하다/ 동질감을 느끼다/동일시하다	211
Improvise on ~ : To use an existing item, such as music, as the foundation for creating something new	(음악 등에서) 기존에 있던 곡을 바탕으로 즉흥적으로 음악을 만들어 연주하다	114

J

Join in ~ : To take part in an activity, often after the activity has started	어떤 활동에 참여하다 (이미 시작된 어떤 활동에 중간에 참여할 때 주로 쓰임)	113
Jump at ~ : To eagerly accept an opportunity (Often used with the words "chance" or "opportunity.")	(기회나 제의 등을) 덥석 붙잡다/ ~에 선뜻 달려들다	224

K

Keel over : To fall over suddenly, and usually to die	갑자기 쓰러지다	168
Keep to oneself : To spend most of the time alone without talking to other people	다른 사람들과 이야기하지 않고 대부분의 시간을 혼자 보내다	81

Knock back ~ : To drink (usually alcohol)	(보통 술을) 마시다	58
Know about ~ : To have knowledge of ~	~에 관한 지식이 있다	136

L

Laze around : To relax or do very little work	느긋하게 게으름을 피우며 보내다	70
Let in ~/Let ~in : To allow entry	입장을 허락하다/들어오게 허락하다	91
Log in : To do the procedure to begin using a computer, database, or system	(컴퓨터나 데이터베이스, 시스템 등을 사용하기 시작할 때) 로그인하다	90
Look after ~ : To care for ~	~을 돌보다	102
Look back on ~ : To remember what has happened in the past	~를 되돌아보다	234
Look forward to ~ : To positively anticipate ~	~를 고대하다/기대하다	55
Look into ~ : To get more facts or information about ~	~에 관해 조사해 정보를 얻다	136
Look out (for ~) : To be careful (of ~)	~를 조심하다/경계하다	289
Look through ~ : To examine/read ~ quickly	~를 급히 살펴보다	111
Look up ~/Look ~ up : To search for information about ~	~ (~에 관한 정보를) 찾아보다	20
Look up to ~ : To admire ~	~를 존경하다	288
Lose track of ~ : To not be able to make contact with ~/To fail to stay informed about ~	~와 만남이 끊어지다/~에 대한 정보를 놓치다	79
Luck out (with ~) : To have an advantage due to good luck	(~에 관한) 운이 좋다	161

M

Make the most of ~ : To receive as much benefit as possible from ~	~을 최대한 활용하다	282

Map out ~/Map ~ out : To devise a path or way from one location to another	(한 장소에서 다른 곳으로 가는 이동 경로를) 자세하게 계획하다/ (무언가를) 세심하게 계획하다	158
Marry down : To marry a person who is in a lower socio-economic class	자신보다 사회 경제적 지위가 낮은 사람과 결혼하다	147
Marry for ~ : To get married because of ~	~때문에 결혼하다	148
Marry into ~ : To become a member of a family or a group by getting married to a member of that family or group	~ 집안으로 시집/장가가다	148
Marry off ~/Marry ~ off : To get rid of one's child by having them marry someone	~를 시집/장가보내다	149
Marry up : To marry a person who is in a higher socio-economic class	자신보다 사회 경제적 지위가 높은 사람과 결혼하다	147
Mess up ~/Mess ~ up : To cause someone psychological problems	~에게 큰 정신적(심리적) 문제를 안겨 주다	82
Mess up ~/Mess ~ up : To mishandle a situation or leave a situation untidy	(어떤 문제나 상황을) 잘못 처리하다, 엉망으로 해 놓다	41
Mix up ~/Mix ~ up : To mix ingredients together	재료를 함께 넣어 섞다	47
Move around (in ~) : To physically move or change your position	몸을 움직이다/자세를 바꾸다	157
Move away : To move from one house/ place to another	이사하다/떠나다	32

P

Pack up ~/Pack ~ up : To pack items into a container such as a box or bag	짐을 싸서 어딘가에 집어넣다	28
Part with ~ : To give up ownership or possession of ~	~를 다른 사람에게 주거나 없애다	29
Pay off : To be worth one's effort	성과가 있다/노력할 가치가 있다/ 수고한 보람이 있다	213
Pig out (on ~) : To eat a lot (of ~) enjoying the food	~를 마음껏 마구 먹다	71
Piss off ~/Piss ~ off : To make someone angry	~를 화나게 하다	292

Play around with ~ : To experiment with ~	~를 가지고 이런저런 실험을 해 보다	115
Pluck up the courage : To develop the courage to do something when you are afraid	(두려움을 견디고) 용기를 내다/ 용기 내서 무언가를 하다	125
Plug in ~/Plug ~ in : To connect an electrical device to an electrical outlet or power supply	콘센트에 꽂아 전원을 연결하다	137
Point out ~/Point ~ out : To draw attention to something that someone finds important, or to direct someone's attention to something	~를 지적하다/가리키다	95
Pore over ~ : To study or read ~ carefully	~를 자세히 파다/조사하다/보다	244
Print out ~/Print ~ out : To produce a paper copy of ~ using a printer	프린터로 ~를 출력하다	19
Psych oneself up (for ~) : To make oneself feel confident when you are afraid	(~를 위해) 마음의 준비를 하다/ 정신적으로 대비하다	124
Pull off ~/Pull ~ off : To accomplish ~	~를 해내다	66
Pump up ~/Pump ~ up : To make ~ excited (about ~)	(~에 관해) 누군가를 흥분하게 하다/바람을 넣다	54
Put one's back into ~ : To work very hard at ~/To make an effort	~에 열심히 노력하다	225
Put out : To extinguish ~	(불 등을) 끄다	254
Put together ~/Put ~ together : To assemble ~	~를 조립하다	32

R

Reminisce about ~ : To happily remember past events	(행복한 추억을) 회상하다	236
Rip off ~/Rip ~ off : To cheat someone, often monetarily	~에게 바가지를 씌우다	133
Rip out ~/Rip ~ out : To remove ~ (in a way that requires some force)	(물리적인 힘을 사용해서) ~을 제거하다	172
Run away : To leave a place in order to escape from a situation	도망가다	195

Run into ~: To meet someone by chance	~를 우연히 만나다/마주치다	170
Run off: To move away from a place or someone in order to escape from a situation	도망가다/달아나다	78
Run out (of ~): For the supply of something to be used completely	~를 완전히 다 써 버리다	173

S

Sail through ~: To proceed in a quick and easy way with no difficulties	~를 쉽게 넘어가다/어려움 없이 순조롭게 통과하다	246
Scoot over: To move along to make room for other people	몸을 조금 움직여 자리를 좁혀 앉다	15
Scroll down: To move down (lower) on a computer screen	(화면 등에서) 스크롤 해 내려가다	94
Scroll up: To move up (higher) on a computer screen	(화면 등에서) 스크롤 해 올라가다	94
See ~ in person: To see something or someone because you are physically present	~를 실제로 보다	267
Sell out (of ~): To sell the entire stock (of ~)	다 팔아버리다/매진하다	170
Set ~ on fire: To cause something to burn	~에 불을 지르다	256
Set up ~/Set ~ up: To plan and prepare ~ (such as an interview or a meeting)	(인터뷰나 회의 같은) 어떤 자리를 마련하다	184
Settle in: To become familiar with a new situation such as a new home, job, or school	(새집, 새 직장, 새 학교 등에) 적응하다	33
Shake up ~/Shake ~ up: To make radical changes to something (such as an organization or system)	(어떤 조직이나 시스템을) 대대적으로 개혁하다/개편하다	221
Shoot down ~/Shoot ~ down: To kill someone by shooting them	~를 총으로 쏘아 죽이다	197
Show off ~/Show ~ off: To showcase or highlight ~	~를 자랑하다/으스대다/드러내다	45
Show up for ~: To arrive or appear for a scheduled appointment or event	예정된 약속 장소나 행사 장소에 도착하거나 나타나다	122

Shrink from ~ : To avoid something or be unwilling to do something (usually something unpleasant)	~를 피하다/~하는 것을 꺼리다	120
Shrivel up : To wither and wrinkle because of a loss of moisture	수분 부족으로 시들어 쪼그라들다	103
Sing along with ~ : To vocally accompany a singer or song	~와 함께 노래하다	59
Sit back : To make no effort/To pause in one's efforts (often used with "relax")	어떤 일에 관여하지 않고 그냥 편히 있다	66
Sit down : To move from a standing to a sitting position	앉다 (서 있다가 앉는 동작)	15
Slack off : To do something with less energy or effort than is needed	게으름을 피우다	243
Sleep on ~ : To wait a night (or short period) before making a decision	~에 대한 결정을 하기 전에 하룻밤 자며 생각해 보다	278
Sober up : To become sober after drinking alcohol or because of a distressing event	(술을 마신 후에) 술이 깨다/(충격적인 일로 인해) 정신이 확 들다	57
Solo over ~ : (In music) For one instrument to improvise in relationship to the chord progressions within a piece of music	(음악 연주 시) 코드 진행에 맞춰 한 악기가 즉흥 연주를 하다	113
Speak on ~ : To give a lecture on a topic	~에 관해 강의하다	120
Split up ~ /Split ~ up (into ~) : To divide something	~을 나누다/분할하다	170
Stand ~ up : To not show up for a date	~를 바람맞히다	83
Stand up to ~ : To resist something or defend against it	(어려움이나 문제 등에) 잘 견뎌내다/맞서다	123
Stand up : To move from a sitting position to a standing position	일어서다 (앉아 있다 일어서는 동작)	16
Stay out : To be away from home at night/To not come home at night	외박하다	299
Stick around : To stay in a place	어떤 장소에 머무르다	283
Stress out over ~ : To feel stressed, anxious, or nervous about ~ /To make someone feel stressed	~에 관해 스트레스를 받다/~에 관해 누군가에게 스트레스를 주다	105

T

Take ~ into custody : To arrest ~	~를 체포하다/수감하다	182
Take apart ~/Take ~ apart : To disassemble ~	~를 분해하다	31
Take away ~/Take ~ away : To remove ~	~를 제거하다/치우다/ 가지고 가 버리다	16
Take cover : To hide	숨다	198
Take over ~ : To dominate ~	~를 장악하다	104
Take place : To occur/To happen	일어나다	192
Talk someone into ~ : To convince someone to do something	누군가에게 ~을 하도록 설득하다	132
Tear down ~/Tear ~ down : To demolish ~	~를 파괴하다/해체하다/허물다/ 헐다	172
Test out ~/Test ~ out : To test something to make sure that it works, or to see how people respond to it	무언가가 잘 되는지 시험 삼아서 해 보다	93
Think of ~ : To conceive of an idea or to imagine ~	~을 머릿속에 떠올리다/생각하다/ 기억하다	236
Thrive under ~ : To grow successfully or flourish because of someone or something's positive influence	어떤 긍정적인 영향 때문에 잘 자라거나 번창하다	69
Throw away ~/Throw ~ away : To dispose ~	~를 버리다	298
Toughen up : To become stronger through experience	(어떤 경험을 통해) 강해지다	282
Track down ~/Track ~ down : To look for someone in different places and finally find them	~를 추적해서 찾아내다	199
Trade in ~/Trade ~ in : To use an item, such as a car, as a form of payment or partial payment	(자동차와 같은) 쓰던 물건과 새 물건을 바꾸면서 차액만 지불하는 거래 방식으로 하다	135
Trick someone into ~ : To force or trick someone into doing something against their will	누군가를 속여서 ~하게 하다/ ~에게 사기를 쳐서 ~하게 하다	133
Tune up ~/Tune ~ up : (With instruments) To tune or adjust a musical instrument to the correct pitch	악기를 음이 맞도록 조율하다	110

Turn oneself in : To go to the police and tell them the truth after committing a crime	경찰에 자수하다	199
Turn out ~ : To prove to be the case	~으로 드러나다/~라고 밝혀지다/ 알고 보니 ~더라/~라고 판명나다	300
Turn over : For an engine to start	(엔진이) 돌아가기 시작하다, 시동이 걸리다	135
Turn to ~ : To direct one's attention towards someone or something	관심이나 주목을 ~로 돌리다	185

U

Use up ~/Use ~ up : To exhaust ~	~를 전부 다 써 버리다/소진하다/ 다 써서 없애다	302

W

Wash away : To carry something away, or to erode something away, by the movement of water	(물의 흐름으로) 휩쓸어 가다	255
Watch out (for ~) : To be careful (of ~)	~를 조심하다/경계하다	289
Work for ~ : To be suitable for someone or something	(~에) 잘 맞다/(어떤 사람에게) 잘 맞다	42
Work on ~ : To spend time improving, repairing, or creating ~	~를 향상하거나, 고치거나, 만들어내려고 시간을 보내다	114
Wrap up ~/Wrap ~ up : To wrap an item with a material, such as paper or cloth, for protection	(종이나 천 등으로) ~을 싸다	29

Z

Zero in on ~ : To focus your attention on ~	~에 모든 신경을 집중시키다	245

INDEX 2

한글 키워드 인덱스

ㄱ

고대하다	**Look forward to ~**: To positively anticipate ~	55
고립시키다	**Close off ~/Close ~ off**: To block access to ~	158
고무되다 (무언가에 대해)	**Be fired up**: To be enthusiastic and energized about something	270
공간이나 시간을 만들다 (~를 위한)	**Carve out ~**: To make space or time for ~	209
관심이 많다 (~에)	**Be into ~**: To be interested in ~	112
관심이나 주목을 ~로 돌리다	**Turn to ~**: To direct one's attention towards someone or something	185
괜찮은지 확인하다 (무언가가, 또는 누군가가)	**Check on**: To make sure someone or something is okay	291
군화(military boots)를 신고 무언가를 할 준비를 하다	**Boot up**: To put your (military) boots on and be prepared to do something	281
그만 먹다	**Cut out ~/Cut ~ out**: To stop doing ~/To stop eating ~	18
그만두다	**Cut out ~/Cut ~ out**: To stop doing ~/To stop eating ~	18
그만두다	**Give up ~/Give ~ up**: To stop ~/To disclaim ~	222
급히 ~를 살펴보다	**Look through ~**: To examine/read ~ quickly	111
기겁하다 (어떤 일로 인해)	**Freak out**: To lose emotional control or experience extreme emotions regarding something	121
기대하다	**Look forward to ~**: To positively anticipate ~	55
기르다 (머리카락이나 손톱 등을)	**Grow out ~/Grow ~ out**: To grow hair or nails to a longer length	43
기르다, 양육하다	**Bring up ~/Bring ~ up**: To raise ~	144
기부하다 (돈을 받지 않고 그냥)	**Give away ~/Give ~ away**: To give or donate ~ to someone without asking for payment	30
기억나게 하다 (과거의 어떤 시절을)	**Hearken back to ~**: To remember a time period from the past	233
기억하다	**Think of ~**: To conceive of an idea or to imagine ~	236

기존에 있던 곡을 바탕으로 즉흥적으로 음악을 만들어 연주하다	**Improvise on ~**: To use an existing item, such as music, as the foundation for creating something new	114
긴장을 풀다	**Chill out**: To relax	56

ㄲ

깜짝 놀라다 (~ 때문에)	**Be taken aback (by ~)**: To be surprised or shocked by something or someone	266
깨끗하게 ~를 청소하다	**Clean up ~/Clean ~ up**: To clean or organize a place or situation	102
꺼리다 (~하는 것을)	**Shrink from ~**: To avoid something or be unwilling to do something (usually something unpleasant)	120
끄다 (불 등을)	**Put out**: To extinguish ~	254
끝나다	**Be over**: To be finished	288
끼어들다 (다른 사람이 말하는 도중에 자르고)	**Cut in (on ~)**: To interrupt someone while they are speaking	14

ㄴ

나가다 (~에서)	**Get out (of ~)**: To leave (~)	79
나누다	**Split up ~/Split ~ up (into ~)**: To divide something	170
나쁘다	**Be messed up**: To be wrong/bad/unfair/unjust	81
나중에 ~에게 답을 주다	**Get back to ~**: To talk to ~ later in order to give a reply	21
넘어지다 (땅에)	**Fall down**: To collapse to the ground	17
노력할 가치가 있다	**Pay off**: To be worth one's effort	213
누군가를 속여서(사기를 쳐서) ~하게 하다	**Trick someone into ~**: To force or trick someone into doing something against their will	133
누군가를 흥분하게 하다 (~에 관해)	**Pump up ~/Pump ~ up**: To make ~ excited (about ~)	54
누군가에게 ~을 하도록 설득하다	**Talk someone into ~**: To convince someone to do something	132
누군가에게 기억이 나기 시작하다	**Come back to someone**: To start to remember something	232

누군가에게 스트레스를 주다 (~에 관해)	**Stress out over ~** : To feel stressed, anxious, or nervous about ~/To make someone feel stressed	105
누군가와 시간을 함께 보내다	**Hang out with someone** : To spend a lot of time with someone	258
느긋하게 게으름을 피우며 보내다	**Laze around** : To relax or do very little work	70

ㄷ

다 들어가다 (사람들이나 물건들이 …에)	**Fit ~ into …** : To find enough room for items in a container, or space for people	28
다 팔아버리다	**Sell out (of ~)** : To sell the entire stock (of ~)	170
다루다 (어떤 주제를)	**Deal with ~** : To be about or to cover (a particular topic)	212
다른 사람들과 이야기하지 않고 대부분의 시간을 혼자 보내다	**Keep to oneself** : To spend most of the time alone without talking to other people	81
다른 사람들과 함께 어떤 상황에 처하게 되다	**Be thrown together with ~** : To find oneself in a situation with other people	280
다른 사람에게 주거나 없애다	**Part with ~** : To give up ownership or possession of ~	29
달아나다	**Run off** : To move away from a place or someone in order to escape from a situation	78
대대적으로 개혁하다, 개편하다 (어떤 조직이나 시스템을)	**Shake up ~/Shake ~ up** : To make radical changes to something (such as an organization or system)	221
대신해 일하다 (~를)	**Fill in for ~** : To do someone else's job when they cannot	206
더 강하게 하다 (~를)	**Build up ~/Build ~ up** : To strengthen or improve	123
더 좋아지게 하다	**Fix up ~/Fix ~ up** : To repair or improve ~	45
덜해지다 (어떤 것의 정도가)	**Ease up** : To lessen in intensity	213
덥석 붙잡다 (기회나 제의 등을)	**Jump at ~** : To eagerly accept an opportunity (Often used with the words "chance" or "opportunity.")	224
도망가다	**Run away** : To leave a place in order to escape from a situation	195

도망가다	**Run off** : To move away from a place or someone in order to escape from a situation	78
도착하다 (〜에)	**Get to ~** : To arrive at a place/To start a task	159
돌보다	**Look after ~** : To care for ~	102
돌아가기 시작하다 (엔진이)	**Turn over** : For an engine to start	135
돌아보게 하다 (과거의 어떤 시절을)	**Hearken back to ~** : To remember a time period from the past	233
돌아오다 (원래 있던 자리로)	**Get back (to ~)** : To return	206
동감하다	**Identify with ~** : To be closely associated with something or someone	211
동시에 진행되다	**Be in sync (with ~)** : To be a condition when two or more people or things work well together the same time and rate	93
동일시하다	**Identify with ~** : To be closely associated with something or someone	211
동정이나 연민을 느끼다 (〜에게)	**Feel for ~** : To feel sympathy and sadness for someone because they're suffering	293
동질감을 느끼다	**Identify with ~** : To be closely associated with something or someone	211
되돌아보다	**Look back on ~** : To remember what has happened in the past	234
두들겨 패다	**Beat up ~/Beat ~ up** : To injure someone by hitting them	196
드러나다 (〜으로)	**Turn out ~** : To prove to be the case	300
드러내다	**Show off ~/Show ~ off** : To showcase or highlight ~	45

ㄸ

땅에서 〜를 파내다	**Dig up ~/Dig ~ up** : To remove ~ from the ground by digging	103
떠나다	**Move away** : To move from one house/place to another	32
떠나다 (〜에서)	**Get out (of ~)** : To leave (~)	79
떨어뜨리다	**Bring down ~/Bring ~ down** : To lower/reduce ~	183

몸을 움직이다	**Move around (in ~)**: To physically move or change your position	157
몸을 조금 움직여 자리를 좁혀 앉다	**Scoot over**: To move along to make room for other people	15
몹시 원하다	**Hanker after ~**: To crave ~	242
몹시 흥분하다 (어떤 일로 인해)	**Freak out**: To lose emotional control or experience extreme emotions regarding something	121
무기를 들이대면서 강도질을 하다	**Hold up (someone)/Hold (someone) up**: To steal from a person by threatening them with a weapon	181
무너지다	**Fall apart**: To disintegrate/To break into pieces	290
무언가가 잘 되는지 시험 삼아서 해 보다	**Test out ~/Test ~ out**: To test something to make sure that it works, or to see how people respond to it	93
무언가나 누군가를 완전히 무시하다 (보통 갑작스럽게)	**Brush off ~/Brush ~ off**: To dismiss something or someone usually in an abrupt way	257
무언가를 열심히 하지 않고 소극적으로 참여하다	**Be/Go along for the ride**: To do something with other people even though you are not helping much/To do something with other people even though you are not very interested in it	247
무언가를 적당히 하지 않고 지나치게 하다	**Go overboard**: To do something excessive/To do too much of something	269
무언가에 착수하다	**Get down to ~**: To start ~ by giving it attention	46

ㅂ

바가지를 ~에게 씌우다	**Rip off ~/Rip ~ off**: To cheat someone, often monetarily	133
바람맞히다	**Stand ~ up**: To not show up for a date	83
바람을 넣다 (~에 관해)	**Pump up ~/Pump ~ up**: To make ~ excited (about ~)	54
바싹 마르다	**Dry up**: To become extremely dry	255
밝혀지다 (~라고)	**Turn out ~**: To prove to be the case	300
버리다	**Throw away ~/Throw ~ away**: To dispose ~	298

벌을 받지 않다	**Go free** : To not be punished/criticized for something they did	198
벌이나 비판을 받지 않다 (~으로)	**Get away with ~** : To not be punished/criticized for ~	197
보내지다 (학교 교육이나 군대 임무 수행을 위해 ~로)	**Be shipped off to ~** : To be sent somewhere for school or military duty	279
보살피다, 돌보다	**Care for ~** : To take care of ~/To like ~/To want ~	299
부당하다	**Be messed up** : To be wrong/bad/unfair/unjust	81
분배하다	**Divvy up ~/ Divvy ~ up** : To divide ~ into portions	211
분절하다	**Break down ~/Break ~ down (into ~)** : To reduce something large into smaller components	210
분할하다	**Split up ~/Split ~ up (into ~)** : To divide something	170
분해하다	**Take apart ~/Take ~ apart** : To disassemble ~	31
불로 ~를 완전히 태워 없애 버리다	**Burn down ~/Burn ~ down** : To completely destroy ~ with fire	183
불법으로 몰래 들어가다 (건물이나 자동차 등에)	**Break into ~** : To enter (a house/building/car) illegally	193
불을 지르다 (~에)	**Set ~ on fire** : To cause something to burn	256
붕괴되다	**Fall apart** : To disintegrate/To break into pieces	290
비난받지 않다	**Go free** : To not be punished/criticized for something they did	198
비밀로 간직하고 ~를 말하지 않다	**Hold back ~/Hold ~ back** : To not tell ~ to people/To not show how one is feeling	82
빠르게 만들어 내다	**Crank out ~/Crank ~ out** : To produce ~ quickly	207
빨리 되게 하다 (어떤 일이)	**Hurry up ~/Hurry ~ up** : To make someone hurry/To do something more quickly	160

사람들의 지지나 성원을 얻어내기 위해 ~를 선전하고 알리다	**Drum up ~/Drum ~ up** : To gain support usually by strongly persuading others	267

사이를 갈라놓다	**Come between ~**: To disturb a relationship	292
상기시키다, 떠오르게 하다 (어떤 기억이나 추억을)	**Call up ~/Call ~ up (such as memories)**: To cause someone to remember ~	235
상상력으로 ~를 만들어 내다	**Dream up ~**: To imagine or invent something	271
생각하다	**Think of ~**: To conceive of an idea or to imagine ~	236
생각해 내다	**Dream up ~**: To imagine or invent something	271
서두르다	**Hurry up**: To move or act more quickly	161
선뜻 달려들다 (~에)	**Jump at ~**: To eagerly accept an opportunity (Often used with the words "chance" or "opportunity.")	224
선택하다	**Go for ~**: To try to get[achieve/obtain] ~/ To make a decision on ~/To choose ~	146
설마! (상대가 한 말이 믿기지 않을 때 쓰는 표현)	**Get out!**: I can't believe it!	78
성과가 있다	**Pay off**: To be worth one's effort	213
수감하다	**Take ~ into custody**: To arrest ~	182
수고한 보람이 있다	**Pay off**: To be worth one's effort	213
수리하다	**Fix up ~/Fix ~ up**: To repair or improve ~	45
수분 부족으로 시들어 쪼그라들다	**Shrivel up**: To wither and wrinkle because of a loss of moisture	103
술이 깨다 (술을 마신 후에)	**Sober up**: To become sober after drinking alcohol or because of a distressing event	57
숨다	**Take cover**: To hide	198
쉽게 넘어가다	**Sail through ~**: To proceed in a quick and easy way with no difficulties	246
스크롤 해 내려가다 (화면 등에서)	**Scroll down**: To move down (lower) on a computer screen	94
스크롤 해 올라가다 (화면 등에서)	**Scroll up**: To move up (higher) on a computer screen	94
스트레스를 받다 (~에 관해)	**Stress out over ~**: To feel stressed, anxious, or nervous about ~/To make someone feel stressed	105

승인받기 위해 ∼에게 검사 등을 받는 절차를 거치다	**Go through ∼** : To be scrutinized, examined, or approved by a person or agency	134
시동이 걸리다	**Turn over** : For an engine to start	135
시작하다 (어떤 업무를)	**Get to ∼** : To arrive at a place/To start a task	159
시집가다 (∼ 집안으로)	**Marry into ∼** : To become a member of a family or a group by getting married to a member of that family or group	148
시집보내다	**Marry off ∼/Marry ∼ off** : To get rid of one's child by having them marry someone	149
신나다 (∼에 관해)	**Be pumped up** : To be excited (about ∼)	54
실제로 ∼를 보다	**See ∼ in person** : To see something or someone because you are physically present	267

ㅆ

싸다 (종이나 천 등으로 ∼를)	**Wrap up ∼/Wrap ∼ up** : To wrap an item with a material, such as paper or cloth, for protection	29
쓰던 물건과 새 물건을 바꾸면서 차액만 지불하는 거래 방식으로 하다	**Trade in ∼/Trade ∼ in** : To use an item, such as a car, as a form of payment or partial payment	135

ㅇ

아주 큰 소리로 (노래 등을) 부르다	**Belt out ∼/Belt ∼ out** : To sing in a loud and vigorous way	57
악기를 음이 맞도록 조율하다	**Tune up ∼/Tune ∼ up** : (With instruments) To tune or adjust a musical instrument to the correct pitch	110
앉다 (서 있다가 앉는 동작)	**Sit down** : To move from a standing to a sitting position	15
알고 보니 ∼더라	**Turn out ∼** : To prove to be the case	300
알려져 있다 (∼으로)	**Be known for ∼** : To be famous, or well-known, for something	281
어떤 긍정적인 영향 때문에 잘 자라거나 번창하다	**Thrive under ∼** : To grow successfully or flourish because of someone or something's positive influence	69

어떤 서식을 작성하다	**Fill out ~/Fill ~ out** : To write information into a form	160
어떤 일에 관여하지 않고 그냥 편히 있다	**Sit back** : To make no effort/To pause in one's efforts (often used with "relax")	66
어떤 일을 시작하다	**Get down to ~** : To start ~ by giving it attention	46
어떤 자리를 마련하다 (인터뷰나 회의 같은)	**Set up ~/Set ~ up** : To plan and prepare ~ (such as an interview or a meeting)	184
어떤 장소로 들어가다	**Come in** : To enter a place	20
어떤 장소에 머무르다	**Stick around** : To stay in a place	283
어떤 활동에 참여하다 (이미 시작된 어떤 활동에 중간에 참여할 때 주로 쓰임)	**Join in ~** : To take part in an activity, often after the activity has started	113
어려움 없이 순조롭게 통과하다	**Sail through ~** : To proceed in a quick and easy way with no difficulties	246
얻으려 하다	**Go after ~** : To pursue ~/To try to get ~	83
얻으려 하다	**Go for ~** : To try to get[achieve/obtain] ~/ To make a decision on ~/To choose ~	146
엉망으로 해 놓다	**Mess up ~/Mess ~ up** : To mishandle a situation or leave a situation untidy	41
에너지가 소진되어 육체적으로나 정신적으로 완전히 지치다	**Be burned out (with ~)** : To feel physical or mental exhaustion caused by too much work or stress	220
여기저기 돌아다니다	**Get around** : To go to many different places	14
여기저기 전화하다 (무언가를 알아보기 위해)	**Call around** : To phone different people, trying to find some information	290
연락이 되다, 연락하다 (~와)	**Get a hold of ~** : To make contact with ~	80
연마하다 (기술이나 실력 등을)	**Brush up on ~** : To improve your knowledge of or skill at something that you were once good at	70
연주를 시작하도록 신호를 주다 (~가)	**Count ~ in** : (In music) To perform a music cue to create a uniform start to a musical piece	112
열심히 노력하다 (~에)	**Put one's back into ~** : To work very hard at ~/To make an effort	225
열의를 가지고 적극적으로 뛰어들다 (어떤 일에)	**Dive into ~** : To start ~ enthusiastically	303

열정적으로 되다 (무언가에 대해)	**Be fired up**: To be enthusiastic and energized about something	270
예상치 않게 일어나다 (어떤 일이)	**Come up**: To occur/happen unexpectedly	149
예정된 약속 장소나 행사 장소에 도착하거나 나타나다	**Show up for ~**: To arrive or appear for a scheduled appointment or event	122
완전히 다 써 버리다	**Run out (of ~)**: For the supply of something to be used completely	173
완전히 얼음으로 뒤덮이다	**Freeze over**: To become completely covered by ice	256
왔던 길로 되돌아가다	**Double back**: To return in the direction you came from	159
외박하다	**Stay out**: To be away from home at night/ To not come home at night	299
요구하다, 요청하다	**Ask for ~**: To request ~	291
용기를 내다 (두려움을 견디고), 용기 내서 무언가를 하다	**Pluck up the courage**: To develop the courage to do something when you are afraid	125
우연히 만나다	**Run into ~**: To meet someone by chance	170
우연히 만나다	**Bump into ~**: To meet someone by chance	169
운이 좋다 (~에 관한)	**Luck out (with ~)**: To have an advantage due to good luck	161
유발하다	**Bring about ~/Bring ~ about**: To cause something to happen	254
으스대다	**Show off ~/Show ~ off**: To showcase or highlight ~	45
음정에 맞게 노래를 부르거나 악기를 연주하다	**Be in tune**: To sing or play music in the correct pitch	58
음정에 틀리게 노래를 부르거나 악기를 연주하다	**Be out of tune**: To sing or play music in the incorrect pitch	59
의지하다, 의존하다 (~에)	**Count on ~**: To depend on ~	145
이간질하다	**Come between ~**: To disturb a relationship	292
이끌다 (어떤 그룹이나 조직을)	**Head up ~/Head ~ up**: To lead a group, team, or organization	68
이런저런 실험을 해 보다 (~를 가지고)	**Play around with ~**: To experiment with ~	115

이사하다	**Move away** : To move from one house/place to another	32
이양하다. 양도하다, 넘겨주다 (권력이나 책임 등을)	**Hand over ~/Hand ~ over** : To give someone else responsibility for something	232
익숙해지다 (~에)	**Be acclimated to ~** : To be accustomed to ~	283
인상을 주다 (어떤 특정한)	**Come across as ~** : To appear in a certain way, or for something to give a specific impression	259
인터넷 연결이 끊기거나 온라인의 어떤 프로그램에서 연결이 끊기다	**Get kicked off (of ~)** : (With technology) To lose Internet connectivity and access to a particular online function	92
인터넷에 접속해서 사용하기 시작하다	**Get online** : To start using or accessing the Internet	90
일어나다	**Take place** : To occur/To happen	192
일어나다, 발생하다 (보통 좋지 않은 일이)	**Break out** : To start to happen (usually something unpleasant)	192
일어서다 (앉아 있다 일어서는 동작)	**Stand up** : To move from a sitting position to a standing position	16
입대하다	**Enlist in ~** : To officially join the military	278
입장을 허락하다	**Let in ~/Let ~in** : To allow entry	91
잎이 지다 (하지만 뿌리는 여전히 살아 있는 상태를 말함)	**Die back** : With plants, when the leaves on a plant die, but the roots remain alive	104

ㅈ

자랑하다	**Show off ~/Show ~ off** : To showcase or highlight ~	45
자세를 바꾸다	**Move around (in ~)** : To physically move or change your position	157
자세하게 설명하다 (~에 관해서)	**Go into ~** : To talk about ~ in detail	300
자세하게(세심하게_ 계획하다 (한 장소에서 다른 곳으로 가는 이동 경로를)	**Map out ~/Map ~ out** : To devise a path or way from one location to another	158
자세히 보다, 자세히 조사하다, 자세히 파다	**Pore over ~** : To study or read ~ carefully	244
자신보다 사회 경제적 지위가 낮은 사람과 결혼하다	**Marry down** : To marry a person who is in a lower socio-economic class	147

335

자신보다 사회 경제적 지위가 높은 사람과 결혼하다	**Marry up** : To marry a person who is in a higher socio-economic class	147
자유의 몸이 되다	**Go free** : To not be punished/criticized for something they did	198
잘 견뎌내다 (어려움이나 문제 등에)	**Stand up to ~** : To resist something or defend against it	123
잘 되어 가다	**Go well** : To do well	156
잘 맞다 (어떤 사람에게, ~에)	**Work for ~** : To be suitable for someone or something	42
잘라서 넘어뜨리다	**Cut down ~/Cut ~ down** : To make ~ fall by cutting it	18
잘못 처리하다 (어떤 문제나 상황을)	**Mess up ~/Mess ~ up** : To mishandle a situation or leave a situation untidy	41
잘못된 일이다	**Be messed up** : To be wrong/bad/unfair/unjust	81
잠깐 기다리다	**Hang on** : To wait for a short time	80
잠깐 들르다 (보통 계획 없이)	**Drop by** : To make a visit (often one that is unplanned)	69
잠들다	**Doze off** : To fall asleep	168
장가가다 (~ 집안으로)	**Marry into ~** : To become a member of a family or a group by getting married to a member of that family or group	148
장가보내다	**Marry off ~/Marry ~ off** : To get rid of one's child by having them marry someone	149
장악하다	**Take over ~** : To dominate ~	104
재료를 함께 넣어 섞다	**Mix up ~/Mix ~ up** : To mix ingredients together	47
재촉하다 (누군가를)	**Hurry up ~/Hurry ~ up** : To make someone hurry/To do something more quickly	160
적응하다 (~에)	**Adjust to ~** : To get used to a situation by modifying your behavior or learning new behavior	223
적응하다 (새집, 새 직장, 새 학교 등에)	**Settle in** : To become familiar with a new situation such as a new home, job, or school	33
전부 다 써 버리다, 소진하다	**Use up ~/Use ~ up** : To exhaust ~	302
정리하다 (어떤 상황을)	**Clean up ~/Clean ~ up** : To clean or organize a place or situation	102

정보를 놓치다 (~에 대한)	**Lose track of ~** : To not be able to make contact with ~/To fail to stay informed about ~	79
정신이 확 들다 (충격적인 일로 인해)	**Sober up** : To become sober after drinking alcohol or because of a distressing event	57
정신적으로 대비하다	**Psych oneself up (for ~)** : To make oneself feel confident when you are afraid	124
제거하다	**Take away ~/Take ~ away** : To remove ~	16
제거하다 (물리적인 힘을 사용해서)	**Rip out ~/Rip ~ out** : To remove ~ (in a way that requires some force)	172
조립하다	**Put together ~/Put ~ together** : To assemble ~	32
조사하다	**Check out ~/Check ~ out** : To inform oneself about ~	134
조사해 정보를 얻다	**Look into ~** : To get more facts or information about ~	136
조심하다	**Watch out (for ~)** : To be careful (of ~)	289
조심하다	**Look out (for ~)** : To be careful (of ~)	289
조화를 이루다 (~와)	**Be in sync (with ~)** : To be a condition when two or more people or things work well together the same time and rate	93
존경하다	**Look up to ~** : To admire ~	288
졸다	**Doze off** : To fall asleep	168
좋아하다, 원하다, 즐기다	**Care for ~** : To take care of ~/To like ~/To want ~	299
주다 (돈을 받지 않고 그냥)	**Give away ~/Give ~ away** : To give or donate ~ to someone without asking for payment	30
주워 모으다	**Gather up ~/Gather ~ up** : To gather or collect something	269
줄이다	**Cut down on ~** : To reduce ~	30
줄이다	**Bring down ~/Bring ~ down** : To lower/reduce ~	183
지나치게 ~를 건조하게 만들다	**Dry out ~/Dry ~ out** : To make ~ become too dry	42
지식이 있다 (~에 관한)	**Know about ~** : To have knowledge of ~	136

ㅋ

코드 진행에 맞춰 한 악기가 즉흥 연주를 하다 (음악 연주 시)	**Solo over ~** : (In music) For one instrument to improvise in relationship to the chord progressions within a piece of music	113
콘센트에 꽂아 전원을 연결하다	**Plug in ~/Plug ~in** : To connect an electrical device to an electrical outlet or power supply	137
큰 무언가를 작게 나누다	**Break down ~/Break ~ down** (into ~) : To reduce something large into smaller components	210
큰 정신적(심리적) 문제를 ～에게 안겨 주다	**Mess up ~/Mess ~ up** : To cause someone psychological problems	82

ㅌ

탈출하다 (감옥을)	**Break out** (of ~) : To escape from prison	180
투성이다 (실수나 어떤 부정적인 것들)	**Be riddled with ~** : To be full of mistakes or unwanted things	245
특정 기간부터 있어 왔다	**Go (way) back to ~** : To have existed since ~	234

ㅍ

파괴하다	**Tear down ~/Tear ~ down** : To demolish ~	172
판명나다 (～라고)	**Turn out ~** : To prove to be the case	300
포기하다	**Give up ~/Give ~ up** : To stop ~/To disclaim ~	222
프린터로 ～를 출력하다	**Print out ~/Print ~ out** : To produce a paper copy of ~ using a printer	19
피하다	**Shrink from ~** : To avoid something or be unwilling to do something (usually something unpleasant)	120
필요 이상으로 ～을 질질 끌다	**Drag out ~/Drag ~ out** : To unnecessarily prolong	223

ㅎ

하고 싶어 하다 (～를)	**Be up for ~** : To want to do ~	184

하려는 이야기를 끝까지 들어주다 (~가)	**Hear out ~/Hear ~ out** : To listen to all that someone is trying to say	19
함께 노래하다 (~와)	**Sing along with ~** : To vocally accompany a singer or song	59
해내다	**Pull off ~/Pull ~ off** : To accomplish ~	66
해체하다	**Tear down ~/Tear ~ down** : To demolish ~	172
향상하거나, 고치거나, 만들어내려고 시간을 보내다 (~를)	**Work on ~** : To spend time improving, repairing, or creating ~	114
허물다	**Tear down ~/Tear ~ down** : To demolish ~	172
헐다	**Tear down ~/Tear ~ down** : To demolish ~	172
화나게 하다	**Piss off ~/Piss ~ off** : To make someone angry	292
회복하다 (병에 걸렸거나 아픈 상태에 있다가)	**Get over ~** : To recover from illness	40
회상하다 (행복한 추억을)	**Reminisce about ~** : To happily remember past events	236
휩쓸어 가다 (물의 흐름으로)	**Wash away** : To carry something away, or to erode something away, by the movement of water	255
흥분하다 (~에 관해)	**Be pumped up** : To be excited (about ~)	54